KB193558

골프의 성지에서 깨달은 삶의 지혜

Golf

골프의 성지에서 깨달은 삶의 지혜

Golf

윤영호·윤예성 **지음** | 폴 스튜어트 **감수**

메디치

이 책에 쏟아진 찬사

저자들과 자주 골프를 치며 이야기를 나눈다. 골프에 대한 대담하고 창의적인 이들의 의견은 내가 미처 생각하지 못한 곳까지 이른다. 이들의 글을 읽을 때면, 유럽 골프의 우상인 세베 바예스테로스Seve Ballesteros의 창의적이고 담대한 골프 경기를 보는 것처럼 즐겁다. 이 책이 속히 번역되어 영국 독자들이 읽어볼 수 있기를 고대한다.

— 폴 스튜어트 (런던 골프클럽 프로페셔널)

이 책은 골프와 골퍼에 대한 깊은 질문으로 가득하면서도 경쾌하고 친근하며 재미있다. 골프의 발상지에서 쌓은 경험과 깨달음으로 가득한 이 책은 가치 면에서 수백 번의 골프 라운드와 맞먹을 정도다.

— 류석무 (《한국골프장총람》, 《한국의 골프장 이야기》 저자)

저자는 골프에 인생 절반을 낭비했다고 자폭한다. 반전이다. 그가 빚어낸 골프 성지 순례기와 골프 예찬은 우리 삶에 필요한 지혜로 가득하다.

— 민학수 (《조선일보》 골프 전문기자)

골프는 잘될 때도 잘되지 않을 때도 있다. 슬럼프를 극복하며 정상을 향해 부단히 노력하는 것이 골프는 잘될 때도 잘되지 않을 때도 있다. 슬럼프를 극복하며 정상을 향해 부단히 노력하는 것이 골퍼의 자세다. 골프 정신에 대한 온전한 이해는 그런 노력의 단단한 토대가 된다. 그래서 이 책은 프로선수를 포함한 모든 골퍼에게 유익하다.

— 장훈천 (KPGA 골프선수, 타이틀리스트 퍼포먼스 코치)

골프코스 설계와 인생은 예측할 수 없는 변수로 가득하지만 그 안에서 길을 찾는 과정 자체가 즐거움이다. 골프의 고향에서 만난 골프 이야기를 풍부한 감성과 인문학적 통찰력으로 풀어낸 이 책은 코스 설계자들에게도 큰 영감을 준다.

— 이현강 (오렌지골프디자인 대표)

이 책에 소개된 주요 골프코스

로열 도녹

세인트앤드루스 올드코스

걸레인

르네상스

로열 트룬

뮤어필드

프레스트윅

턴베리

로열 포트러시

로열 카운티다운

포트마녹

로열 버크데일

둔벡

라힌치

밸리부니온

로열 블랙히스

센추리온

펜나드

더그로브

리치몬드파크

런던

로열 포트콜

월튼히스

로열 세인트조지

손턴

로열 노스데번

골퍼의 행복과 행운 그리고 깨달음

명문 골프코스를 탐방하며 얻은 깨달음을 한 권의 책으로 내놓게 되었다. 아일랜드 최고의 골프 성지 중 한 곳인 라힌치 골프클럽에서 만난 존 글리슨 대표와의 대화가 이 글의 계기다.

"당신에게 골프란 무엇인가?"
"골프는 내 인생 절반의 낭비다."
"그렇다면 당신은 왜 낭비를 선택했나?"
"골프에 관련된 모든 순간이 너무 행복했기 때문이다."

다양한 골프코스에서 골프를 즐기는 다채로운 골퍼의 행복을 우리나라 500만 골퍼에게 전달하고 싶었다.

행복이란 무엇인가? 행복은 즐겁거나 편안한 상태일 수도 있고, 강럴한 체험이나 자기 초월의 순간일 수도 있다. 걱정 없음이거나 무위일 수도 있고, 성취나 소유일 수도 있다. 어쩌면 행복이란 욕망이 충족된 상태가 아니라, 욕망의 본질을 이해하고 능동적으로 찾아가는 과정일 수 있다. 골프의 성지를 찾아 골프를 치면서, 행복이 무엇이든 골프를 통해 달성하지 못할 행복은 많지 않을 것이라고 생각하게 되었다.

존 글리손과의 인터뷰를 마치고 클럽하우스를 나오니 네 명의 골퍼가 1번 홀에서 티샷하고 있었다. 그들이 골프를 치는 이유는 모두 다를 것이고, 골프를 통해 느끼는 행복도 다양할 것이다. 공이 날아가는 방향과 1번 홀 페어웨이를 봤다. 그린은 오르막에 위치해 있는데, 핀으로 가는 코스가 행복으로 가는 길처럼 보였다. 그 길에 골퍼의 성취, 고생과 좌절이 있을 것이다. 알베르 카뮈가 《시지프 신화》를 마무리하면서 쓴 두 개의 문장이 머릿속에 떠올랐다. "산 정상을 위한 분투 자체가 인간의 마음을 채우기에 충분하다. 우리는 시지프가 행복하다고 상상해야만 한다."

골프를 치면서 행복하다고 느낀다면 우리는 어떤 의미에서 이미 행운아다. 때로 골프를 치면서 아쉬울 때도 있다. 투자되는 시간과 돈에 비해 행복의 양이 적다고 느낄 수도 있다. 그렇다면 너무 많은 자원을 투여하고 있거나 골프의 행복을 외적인 것에서 찾기 때문일 수 있다. 우리가 놓친 골프의 행복이 있을 수 있다는 노파심이 이 책을 쓰게 된

계기 중 하나다.

책을 쓰면서 '골프의 성지에서 깨달은 삶의 지혜', '명문 코스에서 깨달은 삶의 교훈'이라는 부제를 생각했다. '골프의 성지', '명문'이라는 표현이 내포하는 골프코스 서열화에 거부감을 느낄 골퍼도 있을 것이다. 로리 맥길로이Rory McIlroy는 2025년 AT&T 페블비치 프로암을 우승하면서 "우리 게임에는 다른 코스보다 조금 더 의미 있는 코스가 있다"라고 페블비치 링크스 코스를 칭찬했다. 맥길로이의 품격 있는 말을 빌려 '다른 코스보다 조금 더 의미가 있는 골프코스에서 깨달은 삶의 지혜'라고 말하는 것이 이 책의 성격을 더 정확히 표현한다.

한국 골퍼들에게 다소 생소한 스코틀랜드, 웨일스와 아일랜드 링크스 골프코스를 자세히 소개했다. 잉글랜드의 히스랜드 골프코스와 파크랜드 골프코스가 우리나라의 파크랜드 골프코스와 어떻게 다른지 살펴보는 것도 의미가 있다고 생각한다. 미국의 골프가 스코틀랜드 골프와 어떻게 다르고, 세계 최고 골프클럽의 골프와 소박한 동네 골프가 어떻게 다른지도 소개했다. 다양한 골프클럽과 코스에는 고유한 행복이 있다. 골프가 우리에게 제공하는 다채로운 행복을 보면서, 골퍼 앞에 한마디를 붙인다면 '행복한'이라는 수식어가 가장 잘 어울린다고 생각했다.

아름다운 코스에서 좋은 동반자와 함께하는 골퍼는 행복하다. 간혹 사회적 지위를 드러낼 목적으로 골프가 소비되기도 한다. 과시적 소비가 동반되는 경우가 있고, 타인의 욕망을 추종하는 것처럼 보일 때도 있다. 그 속에도 행복이 있지만, 골프가 그러한 목적에만 머문다면 우리는 골프를 온전히 누리지 못한다고 감히 생각한다. 프랑스의 정신분석학자 자크 라캉은 "인간은 본질적으로 타자의 욕망을 욕망한다"라고 말했지만, "나의 욕망은 과연 나의 것인가"라고 자문할 수 있다. 주체적 욕망을 찾는 노력 속에서 우리는 더 행복하고 더 자유로울 수 있다. 골프코스에서 자유가 동반된 행복을 느낄 수 있는 골퍼가 진정한 행운아다.

타인의 욕망으로부터 최대한 멀어지는 방법이 있다. 동반자와 캐디없이 홀로 골프백을 등에 메고 골프를 쳐보는 것이다. 잘 친 샷에 홀로 기뻐하고, 잘 못 치면 다시 치면 그만인 골프를 치면서 골퍼는 외로움과 지루함도 골프의 중요한 부분이라는 것을 깨닫는다. 그 순간 골프가 우리 삶의 완벽한 메타포처럼 느껴져 골프에 더 애정이 생긴다.

동반자가 없어도, 상대를 이기겠다는 팽팽한 긴장감이 없어도 골프코스는 여전히 아름답고, 아름다움은 골퍼에게 행복감을 준다. 그때 문득 다시 알베르 카뮈가 떠오를지도 모른다. "대지의 모습이 너무나 기억에 생생할 때, 행복의 부름이 아주 강렬할 때, 우리의 마음속에 슬픔이 고개를 들기 마련이다." 자연 속에서 홀로 느끼는 행복과 슬픔, 그

것이 골프의 또 다른 아름다움이다. 우리나라 골프코스에서 그것이 가능하지 않다면, 이 책에 등장하는 '더 의미 있는' 골프코스를 찾아보거나 한적한 동네의 '덜 의미 있는' 골프코스를 찾아보는 것도 방법이다. 독자가 이 책을 읽으면서 뙤약볕이나 비바람 속에서 홀로 골프를 쳐보고 싶다는 생각을 한 번이라도 가진다면, 이 책을 쓰는 목표가 달성되는 셈이다.

런던에서

윤영호·윤예성

차례

PART 1 골프의 역사

PART 2 골프와 자연

PART 1

골프의 역사

최초의 골프클럽은 어떤 모습일까?
– 고급 클럽하우스의 모델, 뮤어필드

"전 세계 골퍼가 가장 플레이해보고 싶은 코스가 세인트앤드루스
올드코스라면, 영국 골퍼가 가장 플레이해보고 싶은 코스는 뮤어
필드다."

"골프가 세인트앤드루스에서 시작되었지만, 골프 룰은 뮤어필드가
만들었고, 그들은 골프클럽 문화를 선도했다."

스코틀랜드에서 시작된 골프는 19세기 말과 20세기 초에 세계 전역
으로 전파되었다. 그런데 어느 지역은 발상지보다 성황을 이루었고, 어
느 지역에서는 발상지에서 찾아볼 수 없는 원리주의가 생겼다. 어떤 면
에서 종교의 전파를 닮았다.

스코틀랜드에서 골프는 자연을 좋아하는 사람이면 남녀노소, 계층
에 상관없이 누구나 즐길 수 있는 레저활동이다. 골프가 전파된 지역의

자연환경은 스코틀랜드와 다르기 때문에 골프도 다를 수밖에 없다. 스코틀랜드 해안과 다른 지형에 골프코스를 만들기 위해서는 많은 돈이 들고, 코스 조성 비용은 골퍼가 부담한다. 그리하여 골프는 상류층의 고상한 취미가 되었다. 어떤 골프클럽은 골프의 매너와 에티켓을 최초의 골프클럽보다 더 강조한다.

스코틀랜드 에든버러의 귀족과 상류층도 골프를 쳤다. 그들은 자기들끼리 즐기는 것을 선호했기에 '명예로운 에든버러 골프모임(HCEG, The Honorable Company of Edinburgh Golfers)'을 만들었다. 1744년에 에든버러 시의회는 골프대회를 개최하여 우승자에게 은으로 만든 골프채를 주기로 했다. 그런데 공통의 룰이 없는 것이 문제였다. HCEG가 경기 요강을 만들었고, 이것이 오늘날에 이르는 골프 룰이 되었다.

HCEG는 최초의 골퍼 모임이었고, 클럽하우스 건물을 가진 최초의 골프클럽이었다. 증빙된 기록상으로 HCEG보다 앞선 곳은 없다. 부유했던 그들은 더 좋은 골프코스를 원했다. 리스 링크스에서 시작된 클럽은 머슬버러로 옮겨갔고, 마침내 지금의 뮤어필드Muirfield에 정착했다. 스코틀랜드 링크스 골프코스가 대부분 공유지인 것과 다르게 뮤어필드는 HCEG가 독점적으로 소유하는 땅이다. 울타리를 쳐서 골프코스와 골프코스 아닌 곳의 경계를 지었다.

뮤어필드 클럽하우스는 전 세계 고급 클럽하우스의 모델이 되었다. 대부분의 스코틀랜드 골프클럽은 뮤어필드 문화와 거리가 있었지만, 잉글랜드와 다른 나라의 고급 골프클럽은 뮤어필드 문화를 따라갔다.

HCEG가 선도한 골프클럽의 에티켓

뮤어필드 클럽하우스에서는 정장, 넥타이와 구두가 필요하다. 골퍼는 가방을 등에 메고 한 손에는 양복을, 다른 한 손에는 구두를 들고 뮤어필드 정문으로 들어온다. 다른 영국 골프장에서는 보기 드문 광경이다.

HCEG는 모든 골퍼에게 세계에서 가장 오래되고 순수한 자신들의 룰을 따르도록 요구한다. 골프코스에서는 재단된 바지를 입어야 하며, 바지에 돌출된 주머니가 있어서는 안 된다. 모든 셔츠는 카라가 있어야 하며, 상의를 하의 속에 넣어 입어야 한다. 반바지를 입을 때는 발목을 덮는 양말을 신어야 한다.

클럽하우스 안에서는 모자를 쓸 수 없다. 오전 10시 30분 이전에는 골프복을 입고 클럽하우스 안으로 들어갈 수 있지만, 클럽하우스에 머무르는 동안에는 골프 신발과 점퍼를 입을 수 없다. 오전 10시 30분 이후에 남성은 재킷과 타이를 착용해야 하며, 여성은 재킷이나 소매가 있는 드레스를 입어야 한다.

뮤어필드 정문을 통과하는 순간부터 모바일 디바이스를 사용할 수 없다. 클럽하우스 안과 밖은 물론이고 골프코스에서도 마찬가지다. 다만, 골프코스에서 사진을 찍거나 스코어를 기록하거나 스케줄을 확인할 목적으로 사용할 수는 있다. 클럽하우스 안에서는 사진 촬영이 허용되지 않는다.

골프가 끝나고 레스토랑에 들어간 골퍼는 원하는 자리에 앉을 수

뮤어필드 10번 홀에서 티샷을 준비하고 있는 골퍼

없고 일렬로 늘어선 테이블을 순서대로 채워야 한다. 학교 식당보다 엄격하다. 3코스로 나오는 점심은 최고지만, 더욱 좋은 것은 분위기다. 사방 벽면에 1744년부터 지금까지 역대 캡틴과 레코더의 초상화와 사진이 걸려 있다. 레코더는 경기 스코어와 베팅을 관리하는 회원이다. 역대 캡틴과 레코더가 지켜보는 가운데 테이블에 앉아 있으면, 골프의 신성함에 매료된다. 그래서 골프에 대한 농담보다는 골프의 역사와 철학에 관해 이야기해야 할 것 같은 느낌을 받는다.

골프는 칸트가 말하는 예술에 가깝다. 칸트는 아름다움을 '순수한 감각적인 만족'이라고 정의했다. 골프에는 시각, 청각, 촉각의 만족이 있다. 고급 클럽하우스에서 우리는 후각과 미각의 만족을 경험한다. 칸트에 따르면, 어떠한 것이 객관적인 목적이나 유용성은 없지만, 감각적으로는 만족스러우며, 만족을 주는 것이 어떠한 목적을 가진 것처럼 느낄 때 사람들은 그것을 아름답다고 느낀다. 예술은 이러한 '목적이 없는 목적성Purposiveness without Purpose'에 바탕을 둔다.

우리는 링크스 골프코스에서 자연의 아름다움을 만난다. 굴곡진 모래언덕dune은 특별한 존재 목적이 없고 유용성도 별로 없지만, 골퍼에게 감각적 만족을 준다. 그러나 모래언덕에서 그린을 응시하는 골퍼는 골프의 모든 것에 어떤 목적이 있는 것처럼 느낀다. 링크스 코스에서 우리는 '목적이 없는 목적성'이 무엇인지 깨닫는다. 그리하여 우리는 골프가 칸트식 예술이라고 느낀다.

스코틀랜드 노부부에게
골프 철학을 묻다

'스코틀랜드 대중 골프와 다른 뮤어필드 골프는 목적이 없을까?' '어떠한 목적성을 가지고 있는가?' 뮤어필드 클럽하우스에서 골프코스를 보며 생각에 잠겨 있었다. 해가 지고 있었고 석양이 비치는 골프코스에는 어떤 목적이 있는 것처럼 보였다. "진지한 젊은 골퍼 양반! 무엇을 그리 생각하고 있어?" 갑자기 들려온 목소리에 뒤를 돌아보니 스마트한 차림을 한 노년의 골퍼 부부가 있었다. 그들은 뮤어필드 드레스코드를 잘 따르고 있었다.

남성 골퍼는 뮤어필드의 오랜 회원이었다. 배우자인 여성 골퍼도 뮤어필드 회원인지 물었더니, 그녀는 뮤어필드를 좋아하지 않는다고 말했다. 뮤어필드는 자신과 철학이 다르다고 했다. 나는 물었다. "당신의 철학은 무엇인가?" 그녀는 내일 걸레인 골프코스로 오면 들려주겠다라고 말했다. 그녀의 철학은 왠지 뮤어필드의 철학보다 '목적 없는 목적성'에 더 가까울 것 같았기에 걸레인에 가보기로 했다. 이에 관한 이야기는 PART 3에서 이어진다.

역사 속의 골프, 골프 속의 역사
– '최초'로 기록되지 못한 최초의 골프클럽

1400년대 스코틀랜드 세인트앤드루스 지역에서 골프를 쳤다는 기록이 있다. 당시 골프공은 가죽에 새 깃털을 넣어서 만들었다. 골프공한 개 값이 골프채 하나 값과 같았기에 골프가 대중화되기 힘들었다. 그런데도 젊은이들이 골프를 많이 쳤다. 스코틀랜드 왕 제임스 2세는 활쏘기와 창·검술을 연마해야 하는 젊은이가 골프에 몰두하는 것을 걱정했다. 잉글랜드와 항시적 전쟁 상태였기 때문이다. 그래서 1457년에 칙령을 반포하여 골프를 금지시켰다.

1501년에 잉글랜드 헨리 7세와 스코틀랜드의 제임스 4세 사이에 글래스고 평화협약이 체결되면서 골프 금지도 풀렸다. 우리나라에서도 김영삼 대통령이 1990년대에 공무원이 골프 치는 것을 금지한 적이 있다. 후에 김영삼 대통령은 골프를 금지한 적이 없다고 부인했지만, 글로벌 경쟁이 심화되던 시기에 공무원이 골프보다는 외국어나 국제경제에 신경 쓰기를 바랐던 대통령의 의중이 있었던 듯하다. 골프는 시간과 정신을 많이 빼앗아가는 운동이다.

세계 최초 여성 골퍼,
스코틀랜드의 메리 여왕

골프 금지가 풀리고 제임스 4세도 골프를 즐겼다. 1502년과 1503년 기록에 의하면, 제임스 4세가 골프채와 골프공을 산 기록이 있다. 잉글랜드와 스코틀랜드의 평화협약은 골프 역사뿐만 아니라 영국 역사에 중요한 사건이었다. 협약의 결과로 헨리 7세의 딸 마거릿 튜더와 제임스 4세가 결혼하게 되었다.

그 결혼으로 제임스 5세가 태어났다. 제임스 5세가 1542년에 죽었을 때 유일한 혈육은 갓 태어난 딸이었다. 메리 Mary (Queen of Scots)는 태어난 지 6일 만에 스코틀랜드 왕이 되었다. 메리 여왕은 골프를 즐겼다. 메리 여왕은 기록으로 존재하는 최초의 여성 골퍼다.

메리 여왕이 골프를 치고 있을 당시 잉글랜드에는 헨리 7세의 손녀로 대영제국의 기틀을 다진 엘리자베스 1세 여왕이 있었다. 엘리자베스 1세 여왕은 스코틀랜드 메리 여왕보다 아홉 살이 위지만 왕은 16년 늦게 되었다. 두 여왕의 관계를 다룬 소설, 영화, 드라마가 많다. 메리는 권력 암투에 밀려나 아들에게 왕위를 넘겨주고 잉글랜드로 피신했다. 엘리자베스 여왕이 돌봐줄 것으로 예상했으나, 뜻밖에도 잉글랜드에서 감금 신세가 되었다. 골프는 고사하고 건물 밖으로 나가는 것도 어려웠다. 메리 여왕은 결국 엘리자베스 여왕에 의해 반역죄로 처형되었다. 메리 여왕의 삶 자체가 드라마틱한 사건의 연속이었다. 인류 최초의 여성 골퍼는 번뇌의 여왕이었다.

메리의 아들, 잉글랜드에 골프를 가져오다

엘리자베스 1세가 죽고 튜더 가문에는 후손이 없었다. 가장 가까운 혈통은 최초의 여성 골퍼인 메리 여왕의 아들, 스코틀랜드 왕 제임스 6세였다. 1603년에 제임스 6세가 잉글랜드로 와 제임스 1세가 되었다. 그렇게 유나이티드 킹덤United Kingdom이 시작되었다.

성경의 영어 번역본 중 하나인 '킹 제임스 성경'의 제임스가 바로 그다. 그는 그리니치 궁전에 살았다. 그리니치 천문대가 있는 곳이다. 스코틀랜드와 잉글랜드가 연합 왕국이 되었지만, 갈등은 이후에도 100년 넘게 지속되었고 부분적인 전투도 있었다. 제임스 1세는 주변에 적이 많고 믿을 사람이 없었기 때문에 궁전 관계자를 스코틀랜드 사람으로 채웠다. 그를 따라온 귀족만 50명이 넘었다.

그리고 그들 중에 골퍼가 있었다. 그들은 그리니치 천문대 남쪽의 블랙히스Blackheath 초원에서 골프를 쳤다. 제임스 1세의 아들이 1606년에 이곳에서 골프를 즐겼다는 기록이 있다. 이것이 잉글랜드의 첫 번째 골프 기록이다. 제임스 1세도 골프를 쳤다. 로열 블랙히스 골프클럽은 1608년에 클럽이 설립되었다고 주장한다. 만약 그것이 1608년이 사실이라면, 로열 블랙히스는 세계 최초의 골프클럽이 된다.

찰스 다윈이 직접 키운 손자인 버나드 다윈은 최초의 골프 전문기자였다. 〈타임스〉 골프 칼럼니스트이자 R&A(영국왕립골프협회)의 캡틴을 역임한 그는 "전 세계가 다 알다시피 로열 블랙히스 골프클럽은 세상에서 가장 오래된 골프클럽이다"라고 말했다.

그러나 누군가 골프를 쳤다는 것과 최초의 골프클럽이 만들어졌다는 것은 다르다. 왕과 귀족은 블랙히스에서 골프를 치고 궁전에서 식사했을 것이므로 클럽하우스도 필요하지 않았을 것이다. 로열 블랙히스가 골프클럽이라는 기록은 1766년부터 존재한다. 그때부터 캡틴이 있었고 멤버 규약이 있었다. 1766년은 HCEG가 설립된 1744년보다 22년 뒤고, R&A가 설립된 1754년보다 12년 후다. 에든버러에 있는 로열 버지스 골프 소사이어티는 HCEG나 R&A보다 빠른 1735년에 설립되었다고 알려져 있지만, 기록은 로열 블랙히스보다 4년 늦은 1770년부터 존재한다. 그리하여 역사적 타이틀은 HCEG, R&A, 로열 블랙히스 골프클럽 순으로 주어졌다.

더 오랜 역사를 가진 것으로 추정되고 그럴만한 개연성이 있지만, 기록으로 증빙되지 않는 것은 안타까운 일이다. 우리 역시 비록 동네 골프라고 하더라도 골프 역사의 소중한 일부가 되기 위해서는 기록을 잘 남겨두어야 한다. 우리 스스로 기록하지 않으면 누구도 기록해 두지 않을 것이기 때문이다.

시크한 클럽하우스와 골프 박물관

로열 블랙히스 골프클럽은 1차 대전이 끝나고 1923년, 7홀 코스를 떠나 지금의 코스로 이전해 왔다. 그리니치에서 이곳까지는 차로 10분 거리다.

로열 블랙히스 정문은 굳게 닫혀 있다. 보통의 골프코스가 문을 열어놓는 것과 대조적이다. 정문 앞에 가면 선명한 골프클럽 로고가 보인다. 로고의 왼쪽은 골프채 두 개가 X자 모양으로 교차해 있고, 오른쪽은 세인트앤드루스가 X자 모양의 십자가를 들고 서 있다. 로열 블랙히스는 스코틀랜드 클럽이라는 의미를 담고 있다.

정문을 통과하자마자 엘섬 로지Eltham Lodge로 불리는 클럽하우스가 보인다. 1664년에 쇼Shaw 가문의 저택으로 지어진 클럽하우스 건물은 외부에서 내부까지 아름다움 자체다. 엘섬 로지를 소개한 책에서 존 부니는 "완벽함이 편안함을 만나는 곳"이라고 묘사했다. 클럽하우스로 지어진 것은 아니지만 현재 클럽하우스로 사용하고 있는 건물 중 가장 오래된 건물에 속한다. 아일랜드에는 1400년대 지어진 건물을 클럽하우스로 쓰고 있는 곳도 있다.

클럽하우스 3층에는 골프 박물관이 있다. 박물관은 사전에 예약한 사람에 한해서 둘러볼 수 있다. 우리 일행에게 전시품을 설명해준 사람은 클럽하우스 매니저인 마크였다. 박물관에는 1663년에 땅을 확보한 문서와 골프계에서 가장 오래된 메달(1792년)이 있다. 가장 인상적인 진열품은 은으로 만들어진 골프채와 골프채에 매달린 은방울이다.

1766년부터 골프클럽 캡틴 이름을 은방울에 적어놓고 있다. 그 외에도 그림, 골프채, 트로피, 컵, 접시, 스푼과 메달 등을 볼 수 있다. 박물관이 일반 공개에서 예약자 공개로 바뀐 것은 전시품 중 1843년에 수여된 메달 하나가 관람객에 의해 도난당했기 때문이다.

2층 복도에는 캡틴의 이름이 적혀 있는 유리잔이 있다. 살아 있는 캡틴의 유리잔은 손이 잘 닿는 선반 중앙에 있고, 캡틴이 죽으면 진열장 상단이나 하단으로 옮겨진다. 다이닝룸에는 1965년에 역대 캡틴이 모여 저녁 모임을 하는 그림이 있다. 한 손에는 시가, 다른 한 손에는 위스키를 들고 이야기를 나누는 전·현직 캡틴은 모두 스코틀랜드 옷을 입고 있다. '골퍼가 된 이상 캡틴을 한번 해봐야지!'라는 생각이 들게 만드는 그림이다.

로열 블랙히스는 대지가 넓고 코스도 광활하지만 드라이빙 레인지와 같은 연습시설은 없거나 빈약하다. 쇼 가문의 저택 앞마당에 연습 그린을 하나 만들었고, 뒷마당에는 18번 홀 그린을 만들었다.

18번 홀 그린은 클럽하우스와 무척 가까워서 세컨 샷이 길게 날아갈 경우 공이 클럽하우스 유리창을 깰 수도 있다. 실제로 그런 일이 종종 일어난다. 나와 함께 간 동반자도 30야드 어프로치에서 탑핑을 쳐서 공을 클럽하우스로 날려 보냈다. 다행히 공은 유리창 바로 밑을 맞고 튕겨나왔다. 설령 유리창을 깼다고 해도 플레이어에게 책임을 묻지는 않는다.

골퍼의 공이 유리를 깨고 클럽하우스로 들어간다면, 그것은 아웃오브 바운스로 간주되지만, 골퍼는 공이 놓인 상태 그대로 치고 싶은 열망을 가진다. 로열 블랙히스 골프클럽은 이러한 골퍼의 바람을 충족시켜주기 위해 클럽하우스 건물 안에서 18번 홀 그린에 어프로치를 하는 대회를 매년 개최하며, 우승자에게 창틀 모양의 트로피를 수여한다.

우리 일행에게 박물관을 보여준 클럽하우스 매니저 마크는 클럽하우스 벽면을 때리고 유리창을 깨는 골퍼의 좌절을 종종 본다. 마크에게 골프는 마음대로 되는 것이 하나도 없는 좌절의 게임이다. 그래서 그는 골프를 치지 않는다. 하지만 그는 '골프는 원래 자기 마음대로 되지 않는 운동'이라는 핵심을 간파하고 있다.

로열 블랙히스 골프코스는 17번 홀 오르막을 제외하면 경사가 거의 없는 평지에 자리 잡았다. 오비가 거의 없어서 좌우로 볼이 벗어나도 옆 홀에 가서 치면 된다. 중간중간에 나무가 홀로 향하는 주요한 길목을 듬성듬성 막고 있어서 드로나 페이드를 구사해야 할 때가 많다. 마음대로 되는 것이 없는 골프에서 드로나 페이드 성공률은 낮을 수밖에 없지만, 시도 자체가 골퍼에게 즐거움을 준다.

그리니치 밑에 있던 원래의 로열 블랙히스 7개 홀 골프코스는 히스랜드 코스였다. 1번 홀은 370야드, 2번 홀은 355야드, 3번 홀은 380야드, 4번 홀은 540야드, 5번 홀은 500야드, 6번 홀은 230야드, 7번 홀은 440야드로 구성되어 있었다. 지금의 골프코스는 히스랜드가 아닌 파크랜드 코스다. 그것은 로열 블랙히스의 찬란한 역사 속에 남은 아쉬움이다. 히스랜드와 파크랜드의 차이점에 대해서는 PART 4에서 자세히 다루겠다.

골프의 성지 탐방
– 골프의 성배, 세인트앤드루스 올드코스

스코틀랜드 세인트앤드루스는 골프가 시작된 곳으로 널리 알려져 있다. 이후 골프에 진심인 전 세계 골퍼가 이곳으로 모여들었다. 세인트앤드루스는 '골프의 고향', '골프의 성지'로 불리며, 이곳을 방문하는 골퍼를 '골프의 순례자'라고 부른다. 올드코스에서 플레이하기 위해서는 핸디캡 증명서를 제출해야 한다. 골프의 고향에 온 사람이 진정한 골퍼인지 확인하는 과정이다.

바비 존스Bobby Jones는 1930년 한 해에 디오픈, 브리티시 아마추어 오픈, US 오픈과 US 아마추어 오픈을 모두 우승하고 은퇴했다. 그는 말했다. "세인트앤드루스 올드코스에서 클라레 저그Claret Jug를 들어 올리지 못했다면, 골퍼로서 경력을 완성했다고 할 수 없다." 디오픈을 우승했지만, 올드코스 우승을 달성하지 못한 로리 맥길로이는 또 이렇게 말했다. "올드코스에서 디오픈을 우승하지 못했다고 골퍼로서 완성이 아니라고 말하는 것은 공정하지 못하다. 그러나 그것이 우리 스포츠의 성배Holy Grail라는 것은 분명하다."

클라레 저그는 1872년에 제작된 디오픈의 트로피다. 트로피 명칭이 클라레 저그인 이유는 포도주를 담는 주전자 모양이기 때문이다. 영국인은 보르도 레드 와인을 클라레라고 부른다. 클라레 저그는 잔이 아니라 주전자지만, 선수들에게는 성배일 수 있다. 그러나 올드코스에서 플레이하고 나면, 올드코스 대지 자체가 성배라는 생각이 든다. 그 성배의 구조를 자세히 살펴보자.

홀과 벙커에 이름이 붙은 올드코스

번Burn(1번 홀)에서 어드레스 자세를 취하면 긴장과 흥분에 사로잡힌다. 마을 주민, 관광객, 플레이를 기다리는 골퍼와 캐디 등 수십 명이 티샷을 지켜보고 있기 때문만은 아니다. 골프의 역사를 장식했던 골퍼, 당대의 모든 우수한 프로골퍼와 수많은 유명인사가 같은 곳에서 같은 자세로 숨을 들이마시고 내쉬며 어드레스를 했다는 생각 때문이다. 그들이 지금의 나와 같은 장소에서 숨을 들이마시고 내쉬었다. 어딘가에 남아 있던 그들의 흥분과 긴장이 전달됨을 느낀다. 이러한 느낌은 다른 스포츠에서 좀처럼 경험하기 어렵다. 모든 테니스 선수가 윔블던 센터코트에 설 수 있는 것은 아니다. 최고의 테니스 선수 중 하나인 닉 키리오스Nick Kyrgios도 2022년 윔블던 결승에서 처음으로 센터코트에 서

보았다. 마찬가지로, 최고의 축구 선수가 모두 웸블리 경기장에 서지는 못한다. 모두가 있었던 자리에서 그들과 같은 자세를 취하고 있는 느낌은 특별하다. 1번 홀 이름이 번인 이유는 페어웨이를 가로지르는 실개천 이름이 스윌컨 번Swilcan Burn이기 때문이다. 실개천 폭은 운동신경이 좋은 성인이 뛰어넘을 수 있는 정도다.

다이크Dyke(2번 홀)에 서면 흥분과 긴장감은 잦아들지만, 공략 지점이 잘 보이지 않아 난감하다. 비로소 링크스 코스에 온 느낌을 받는다. 이 홀이 다이크(돌담)로 불리는 이유는 17번 홀 옆에 돌담이 있기 때문이다. 17번 홀과 2번 홀은 페어웨이를 공유한다. 원래 올드코스는 11개 홀을 갔다가 같은 홀을 다시 돌아오는 22홀 구조였다. 지금은 시계 반대 방향으로 돌지만, 처음에는 시계 방향으로 돌았다. 여전히 많은 홀이 페어웨이를 공유하고, 14개 홀은 그린을 공유한다. 골프코스가 18홀로 구성되는 이유는 22홀이었던 올드코스가 짧은 홀 8개를 통합하여 4개로 만들었기 때문이다.

카트게이트Cartgate(3번 홀)에 서면 오른편에 줄줄이 대기하고 있는 페어웨이 벙커가 무섭다. 370야드 파4 홀에 10개의 벙커가 있다. 이 홀이 '카트게이트'라고 불리는 이유는 이곳으로 카트 길이 지나갔기 때문이다. '게이트'는 스코틀랜드어로 길이라는 의미다.

진저비어Ginger Beer(4번 홀)는 생강으로 만든 사이다로 영국인이 마시는 전통적 음료수다. 1850년대에 앤더슨이라는 소년이 이곳에서 가판대를 놓고 진저비어를 팔았기 때문에 붙은 이름이다.

홀오크로스Hole O'Cross(5번 홀)의 O'는 '오프'를 뜻한다. 우측에 있는 일곱 개의 벙커인 세븐 시스터스를 피하기 위해서 좌측 14번 홀 쪽으로 공을 넘겨서 그린을 공략해야 한다는 의미를 담고 있다. 13번 홀과 그린을 공유하는 5번 홀 그린은 앞에서 뒤까지의 거리가 99야드에 달한다. 90야드가 넘는 퍼팅을 해야 할 수도 있다. 퍼팅그린의 크기가 무려 3,473제곱미터에 달한다.

헤더리Heathery(6번 홀)에 서면 링크스 코스의 상징인 자주색 꽃 헤더heather와 노란색 꽃인 고스gorse(가시금작화)의 빛깔이 화려하다.

가장 높은 곳에 있는 하이High(7번 홀), 166야드로 짧은 쇼트Short (8번 홀), 전반의 끝을 알리는 엔드End(9번 홀)는 간결하고 직관적인 이름이다.

바비 존스Bobby Jones(10번 홀)는 전설적 골퍼를 기리기 위한 홀이다. 바비 존스는 오거스타 내셔널 골프클럽을 설립했고, 오거스타 코스를 설계했고, 마스터스 대회를 창립했다. 덕분에 그는 골프의 성배에 이름을 남기게 되었다.

11번 홀부터는 홀 이름이 반복된다. 7번 홀이 하이 아웃High Out이라면, 11번 홀은 하이 인High In이 되는 방식이다. 11번 홀 그린 왼쪽에는 힐Hill이라는 이름의 벙커가 있다. 바비 존스가 1921년 디오픈에서 벙커샷을 4번 실패한 후에 스코어 카드를 찢어버리고 경기를 포기한 곳이다. 바비 존스는 이 사건을 인생에서 가장 불명예스러운 순간으로 회상했다. 매너와 실력을 모두 갖춘 골퍼도 때로는 자제심을 잃는 것이 골프다. 힐은 모두를 겸손하게 만들고, 스스로를 되돌아보게 만든다. 올드 코스에서 처음 플레이할 때 내 공도 힐에 빠졌지만, 두 번 만에 성공적으로 탈출했다. 힐은 골퍼에게 자랑할 거리를 주기도 한다.

12번은 헤더리 인Heathery In, 13번은 홀오크로스 인Hole O'Cross In, 14번은 롱Long, 15번은 카트게이트인Cartgate In이다. 13번 홀 페어웨이 중앙에는 관Coffins이라고 불리는 벙커가 있다.

홀 이름은 골퍼의 경험이 쌓이면서 하나둘씩 지어진다. 홀을 번호로 부르지 않고, 이름으로 부르면 골퍼가 디봇*과 피치마크**를 더 잘 정리한다. 벙커에 이름이 있으면 골퍼는 벙커 정리를 더 잘한다. 이런 현상은 골프에 국한되지 않는다. 공터에 쓰레기가 떨어져 있을 때는 행인이 쓰레기를 줍는 비율은 7%인데, 공터에 이름을 붙이면 쓰레기 줍는 비율은 41%로 크게 는다. 인격화로 인해 보살핌의 욕구가 생기는 것이다.

코너 오브 다이크Corner of Dyke(16번 홀) 우측으로는 세인트앤드루스 링크스 골프 아카데미와 연습시설이 자리 잡고 있다.

로드Road(17번 홀)에 서면 세인트앤드루스 도심으로 돌아왔음을 알게 된다. 신성한 골프가 막바지에 달했다는 의미다. '로드'는 오른편으로 길이 있어 붙여진 이름이다. 길옆으로는 돌담이 있고, 돌담 오른편에는 올드코스 호텔이 있다. 티샷의 타깃 방향은 호텔에 딸린 레스토랑이다. 볼을 띄우지 못하면 레스토랑 건물을 때리게 된다. 공을 띄워 건물을 넘긴다고 해도 슬라이스가 나면 호텔 건물 벽 어딘가를 맞히게

---

* 클럽이 지면을 타격하여 생긴 손상.
** 골프공이 그린에 떨어져 생긴 자국.

올드코스 18번 홀에서 티샷을 준비하는 골퍼

된다. 건물에 유리창도 있고, 호텔 관내에 사람도 있어서 여간 부담스럽지 않다. 긴장과 흥분으로 1번 홀을 시작했다면, 17번 홀에서는 오로지 긴장만 남는다. 티샷을 잘 친 후에 느끼는 만족감은 더할 나위 없이 좋다.

톰 모리스Tom Morris(18번 홀)에 서면 가까이에 올드코스의 상징물인 스윌컨 브리지Swilcan Bridge가 보이고, 18번 홀 그린 뒤로 R&A 클럽하우스가 보인다. 골프의 성배에 발자취를 남긴 감격은 다리를 건너며 절정에 달한다. 타이거 우즈도 마찬가지였다. 2022년 150회 디오픈에서 타이거 우즈는 컷오프가 확정된 상황에서 다리를 건널 때, 모자를 벗어 팬들에게 인사하며 눈물을 흘렸다. 세인트앤드루스에서 태어나 자란 올드 톰 모리스는 초기 디오픈의 지배자로 디오픈을 4회 우승했다. 그의 아들 영 톰 모리스도 4회 우승했으며, 클라레 저그에 처음으로 이름을 새겼다.

성지에는 수많은 골퍼의 발자취가 있다

올드코스에서 처음 플레이할 때는 경황이 없었다. 두 번째 플레이할 때는 여유가 조금 생겨 주변을 살펴볼 수 있었다. 로드(17번) 왼쪽 러프에서 공을 찾고 있는데, 다이크(2번) 러프에서 공을 찾고 있는 골퍼를 만났다. 인사를 걸어와서 간단한 인사말로 화답했다. 그는 디오픈과 마스터스를 우승한 샌디 라일Sandy Lyle이었다. 세 번째 라운드에서는 하이 아웃(7번)과 하이 인(11번)이 교차하는 지점에서 콜린 몽고메리Colin Montgomerie를 만났다. 네 번째 방문 때는 클럽하우스에서 닉 팔도Nick Faldo를 만났다. 유명인사를 어렵지 않게 만날 수 있는 것이 올드코스의 장점이다. 그러나 그러한 기쁨은 올드코스 플레이가 주는 만족감의 사소한 일부다.

이곳에는 600년 넘게 쌓여온 수많은 골퍼의 발자취가 있다. 그 긴 시간 동안 골퍼는 같은 위치에서 같은 자세를 취했고, 같이 실망하고 같이 환호했다. 같은 벙커에서 고생했고, 욕설을 쏟아붓다가 스스로를 자책하는 모습도 다른 듯 같았다. 러프에서 공을 잃어버렸고, 행운의 버디에 같이 웃었다. 같은 대지에 발자국을 남겼고, 같은 하늘 아래 숨을 내쉬었다. 수많은 사람이 함께 남긴 발자취가 이곳이 골프의 성지이자 성배인 이유다.

만약 예수 그리스도가 최후의 만찬에서 포도주를 따라 마신 잔이 아직도 남아 있고, 그 잔에 포도주를 따라 마실 기회가 있다면, 기독교인 누구나 그 기회를 놓치려 하지 않을 것이다. 올드코스에 발자취를 남기는 것은 골퍼에게 축복이자 영광이다.

퍼블릭 코스인 세인트앤드루스 올드코스는 인터넷을 통해 두 명 이상이 조를 이뤄 티타임을 신청할 수 있다. 티타임은 이틀 전에 추첨을 통해 결정되는데, 아쉽게도 당첨 확인 후에 한국에서 세인트앤드루스로 가기는 빠듯하다. 세인트앤드루스 링크스 코스에는 올드코스 외에도 예약이 비교적 쉬운 6개의 링크스 코스가 있다. 올드코스에 발자취를 남겨야 한다면, 일요일이 기회다. 골프가 없는 일요일에 올드코스는 공원으로 모두에게 개방된다.

한국에서 장거리 비행을 거쳐 도착했는데, 반드시 올드코스에서 골프를 쳐야겠다면, 방법이 전혀 없는 것은 아니다. 3명이 조를 이뤄 당첨된 조의 남은 한 자리와, 당첨되었지만 오지 못하는 자리가 대기자에게 배정된다. 전날 밤 9시부터 노숙하며 기다리는 순례자도 있지만 꼭 그렇게 하지 않아도 된다. 새벽 3시 정도에만 가면 자리를 얻을 수 있다. 기다리면서 세계 각지에서 온 골프 순례자와 이야기를 나누는 것은 또 다른 즐거움이다.

골프코스의 원형은 어떠했을까?
– 바다가 만든 이색 코스, 로열 노스데번

초기 골프코스의 형태는 어떠했을까? 그 힌트를 얻으려면, 잉글랜드 데본에 위치한 로열 노스데번Royal North Devon 골프클럽에 가보는 것이 좋다.

골프의 고향 세인트앤드루스에서 그러한 힌트를 찾기는 어렵다. 골프의 '성배'는 이미 관광지화되었고, 전 세계의 골퍼를 만족시키기 위해서 코스 관리가 현대화되었다. 7개의 세인트앤드루스 링크스 코스에는 온갖 최신 장비가 있다. 풀타임, 파트타임과 교육생까지 합하면 그린키퍼가 150명이 넘는다.

영국 전역에 골프코스가 본격적으로 생긴 시기는 19세기 중후반이다. 미국에서는 그보다 조금 늦은 20세기 초반에 많은 골프코스가 만들어졌다. 골프가 스코틀랜드를 벗어나 영국 전역으로 퍼진 이유는 크게 세 가지다.

첫째는 산업화 결과로 레저를 즐기는 인구가 증가했기 때문이고, 둘째는 골프채와 골프공이 대량 생산되기 시작하여 비용이 줄었기 때문이다. 앞서 말한 것처럼 골프공이 생각보다 비쌌다. 공 하나 가격이 골프채 하나 가격과 같았다. 셋째는 철도의 발전이다. 철도가 생기면서 레저를 즐기는 사람들이 멀리 여행할 수 있게 되었다. 골프코스가 있는 곳으로 철도가 연결되었고, 철도와 인접한 곳에 새 골프코스가 생겼다. 클럽하우스가 기차역이 된 곳도 있고, 기차역이 클럽하우스가 된 곳도 있다.

로열 노스데번 골프클럽은 1864년에 골프코스를 만들었는데, 이는 잉글랜드에 만들어진 최초의 골프코스다. 최초의 잉글랜드 골프코스가 부유한 사람이 많고 교통편이 좋은 런던 근교가 아닌 노스데번에 생긴 것은 의외다. 노스데번은 지금도 교통편이 불편하다. 런던에서 차로 4시간이 넘게 걸린다. 노스데번에 잉글랜드 최초로 골프코스가 생긴 이유를 설명할 방법은 하나다. 큰 작업 없이 골프코스를 만들 수 있는 지형이었기 때문이다.

초식동물과 골프코스의 관계를 이해하다

골프코스는 바닷가 모래사장과 농경지 사이의 경작이 불가능한 땅에 만들어졌다. 모래 지반이어서 작물 재배가 불가능했고, 저지대여서 바닷물이 종종 침범했다. 소금기가 올라오는 상황에서도 잘 자라는 식

풀은 마람그래스marram grass*와 페스큐그래스fescue grass**였다. 페스큐그래스는 토끼, 양, 말이 좋아하는 풀이다. 동물이 풀을 뜯어 먹으면서 잔디는 짧게 유지되었고, 산책이나 운동하기에 좋았다.

노스데번의 웨스트워드호Westward Ho 해변이 정확히 그렇다. 동네 사람들은 이곳 해변 공유지에서 양과 말을 길렀다. 모래 둔덕도 높지 않아 멀리서도 양떼나 말의 움직임을 한눈에 볼 수 있었다. 스코틀랜드 골프 전문가가 보기에 이곳은 골프가 시작된 자신들의 땅과 비슷했다. 이곳은 지금도 공유지이기 때문에 양과 말의 방목을 막을 수 없다.

양과 말이 많으면 코스에 배설물이 널리게 되고, 코스에 있는 동물이 공에 맞을 수도 있다. 방법은 하나다. 공이 떨어지는 지역의 풀을 미리 짧게 깎아 양과 말이 코스에 덜 들어오게 만드는 것이다. 로열 노스데번 골프클럽은 페어웨이 잔디를 기계를 이용해 짧게 깎는다. 나머지 부분은 동물이 풀을 뜯게 둔다. 양과 말은 놀랍도록 짧게 풀을 뜯는다. 기계로 잔디를 깎은 페어웨이와 동물이 뜯어 먹은 러프의 잔디 길이 차이는 미세하다.

그럼에도 불구하고 페어웨이에 동물이 전혀 들어오지 않는 것은 아니다. 러프와 러프 사이를 이동하기 때문이다. 노스데번의 페어웨이에서는 배설물과 말발굽 자국을 종종 볼 수 있다. 때로는 그린을 통과하기도 하기 때문에 그린 주변에는 양 눈높이에 맞게 줄이 매어 있다.

---

* 바다 옆 모래언덕에서 자라는 풀로, 모래가 날리지 않도록 안정시키는 역할을 한다.
** 한지형 잔디로, 건조한 모래형질에서 잘 자란다. 잎이 길게 자라고 밀도가 높아 잡초처럼 보이기도 한다.

골프코스에서 잔디를 뜯고 있는 양떼

    로열 노스데번에 도착해보니 1번 홀과 18번 홀은 물에 잠겨 있었다. 오전에 비가 조금 왔지만, 그 정도 비에 골프장이 잠긴다면 이곳은 링크스 골프코스라고 말하기 어려워 보였다. 골프 성사 여부를 걱정하는 우리에게 골프클럽 직원은 30분이 지나면 물이 빠질 것이라고 했다. 믿기지 않았지만, 커피를 마시는 사이에 물은 거짓말처럼 사라졌다.

    골프가 시작되었다. 홀을 채웠던 물은 빠졌지만, 벙커에는 여전히 물이 남아 있었고, 1번 홀에는 약간의 캐주얼 워터*가 남아 있었다. 동물의 배설물이 신경 쓰였지만, 러프에 있는 양과 말은 정겨웠다. 2번 홀 그린에서 방파제가 보였다. 바닷물이 목초지에 침범하는 것을 막기 위

---

*   비 등으로 인해 코스 위에 일시적으로 고인 물.

해 쌓은 것이다. 평탄하기만 한 코스인 줄 알았는데 3번, 4번, 5번, 6번, 7번, 8번 홀과 바다 사이에는 비교적 높은 모래 둔덕이 있었다. 모래 둔덕은 방파제가 없어도 바닷물을 막아낼 수 있을 정도로 높아 보였다. 그중 가장 높은 홀인 6번 홀은 알프^{Alp}라는 이름이 붙어 있었다. 페어웨이와 러프는 여느 링크스 골프코스처럼 굴곡이 심해서 링크스 코스의 재미를 만끽하기에 손색이 없었다.

코스 중간중간에는 수로가 있었고 저지대에는 워터 해저드가 있었다. 링크스 골프코스에서 발견되기 어려운 특징이었다. 중간에 비가 왔고, 바다 안개가 코스로 올라오기도 했으며, 구름 사이로 햇살이 비치기도 했다. 변화무쌍한 날씨였다. 링크스 코스를 아름답게 만드는 마람 그래스는 하단부는 잔디색이며 상단부는 갈색이다. 그러나 이곳 마람 그래스는 거무튀튀하여 아름답지 않았으며, 먹구름 속에서는 무섭다는 생각마저 들었다. 여러 차례 공은 페어웨이를 벗어나 러프에 떨어졌고, 그때마다 풀을 뜯기에 여념이 없는 동물들과 마주쳤다. 페어웨이와 러프의 구분도 정확하지 않아서 우리는 양과 말이 있는 곳을 러프라고 칭하기로 했다.

양과 말이 있는 곳에도 잔디는 꽤 고르게 분포되어 있었다. 다른 풀은 생각보다 많지 않았다. 제초제를 사용하지 않는 야생에서 다른 식물의 생장이 억제되는 이유가 궁금했다.

모래의 특성과
바닷물의 역할을 이해하다

12번 홀에서 18번 홀까지는 다시 평지였다. 우리 공은 간혹 수로에 빠졌다. 수로가 많다는 사실에 조금 짜증이 났다. 골프코스의 재미를 충분히 만끽하지 못했다고 생각하는 와중에 골프가 끝났고, 일행 중 한 명이 잃어버린 드라이버 커버를 찾으러 갔다. 그동안 18번 홀 그린에서 다음 조의 플레이를 구경했다. 그들은 18번 홀을 공략하는 법을 정확히 알고 있었고 퍼팅라인도 훌륭하게 읽어냈다. 이곳 회원임이 틀림없었다. 그들에게 물었다. "여기가 링크스 코스가 맞나요?" "맞죠. 전형적인 링크스 코스죠." "그런데 어떻게 벙커에 물이 있고, 중간중간에 수로가 많죠? 빗물이 모래층을 통과하지 않고 저지대에 머물러 있는 이유가 궁금해요." 그들은 웃으며 대답했다. "저건 빗물이 아니고 바닷물이에요. 여기는 봄에 만조 수위가 가장 높아요. 그때가 되면 바닷물이 모래 밑에서 올라와요. 방파제 때문에 넘어오지 못하는 바닷물이 모래층을 뚫고 밑에서 올라오는 거죠. 봄에만 일시적으로 그래요."

깨달음의 순간이었다. 자연은 모두 다른 특징을 가지고, 골프코스도 마찬가지다. 한 번도 가보지 않은 자연을 쉽게 이해할 수 없는 것처럼 골프코스도 그렇다. 모래는 빗물을 땅으로 흘려보내기만 하는 것이 아니라 최고조 만조 때는 밑에서 바닷물을 통과시켜 위로 올려보내기도 한다. 골프코스에 잔디 이외의 다른 식물이 많지 않은 이유도 납득이 되었다. 소금기에 강한 마람그래스와 페스큐그래스를 제외하고 나머지 풀은 봄에 올라오는 바닷물 때문에 잘 자라지 못한다. 바닷물이 제 초제이며 살충제인 셈이다. 수로가 있는 이유와 저지대에 물이 고여 있는 이유도 설명되었다. 마람그래스의 색깔이 거무스름한 것도 이해되었다.

모든 비밀을 알고 나니 골프코스를 충분히 즐기지 못한 이유를 알 것 같았다. 다시 한 번 플레이하고 싶었지만, 해가 대서양 건너편으로 넘어가려는 참이었다.

오거스타 내셔널과
정반대의 코스 관리

클럽하우스에 들어오니 마스터스 대회가 중계되고 있었다. 마스터스는 특별하다. TV로 전달되는 오거스타 내셔널 코스의 잔디는 비현실적인 녹색이었다. 현대미술 작가가 세상에 없는 색을 창조한 것처럼 느껴졌다. 선도 현대적으로 재해석된 듯했다. 그린 라인, 벙커 라인과 페어웨이 라인은 곡선도 직선처럼 보일 정도로 간명했다. 하얀색 벙커 모래에서도 예술적 터치가 느껴졌다. 오거스타 내셔널의 벙커 모래는 일반적인 모래가 아니라 노스캐롤라이나 광산에서 가져오는 수정quartz 가루다. 모래의 정수만 선별하여 벙커에 가져다 놓은 것이다.

페어웨이에는 디봇이 없으며, 티샷박스에도 디봇 자국을 발견하기 어려웠다. 저녁이 되면 디봇이 있는 부위의 잔디를 원통형으로 떼어내

고 그곳을 새로운 잔디로 메우는 작업을 진행한다. 디봇이 다음 날 경기에 영향을 미치지 못하도록 하기 위함이다. 디봇 수리를 얼마나 강조했는지, 떨어져 나간 잔디 조각을 메우는 작업을 선수와 캐디가 빼놓지 않고 했다. 보통의 대회에서는 크게 잘려나간 잔디는 가져다 메우지만, 작은 잔디 조각은 무시하고 넘어가는 경우가 많다. 하지만 마스터스에서는 선수가 앞장서 작은 디봇도 직접 수리했다. 그렇게 하고도 경기 중에 완벽하게 수리가 되지 않은 디봇이 있다면, 녹색 모래를 뿌려 디봇처럼 보이지 않게 만들었다.

영국 골퍼는 잘 관리된 인랜드 골프코스를 '너무 완벽한too perfect' 또는 '완벽하게 손질된perfectly manicured' 코스라고 부른다. 많은 골프코스가 오거스타 내셔널의 코스 관리를 따르려 하지만, 로열 노스데번 골프코스는 반대를 지향한다. 로열 노스데번에서 오후에 골프를 치고, 저녁에 마스터스를 시청하는 계획은 훌륭했다. 두 골프코스의 대비가 뚜렷했고 그로 인해 골프와 골프코스의 역사에 대한 이해가 깊어졌다.

오거스타 내셔널의 골프는 모든 골퍼가 꿈꾸는 최상위 현대 골프다. 로열 노스데번은 과거 골프로, 골프의 원형에 가깝다. 현재를 살기 위해 과거에 대한 이해가 필요하듯이 현대의 골프를 즐기기 위해 우리는 과거의 골프를 경험해볼 필요가 있다. 그런 이유로 로열 노스데번은 반드시 한 번쯤 플레이해봐야 하는 골프코스다.

골프코스의 모델을 만나다
– 우리 인생을 닮은 골프, 로열 도녹

    잭 니클라우스Jack William Nicklaus의 코스 디자인에 가장 큰 영향을 준 사람이 도널드 로스Donald Ross다. 잭 니클라우스는 그를 '골프계의 미켈란젤로'라고 불렀다. 로스는 1900년에서 1948년까지 파인허스트 넘버2를 포함하여 미국에서만 413개 골프코스를 디자인했다. 그는 스코틀랜드 도녹Dornoch에서 어린 시절을 보내며 골프를 쳤다. 로열 도녹은 골프코스를 조성할 때 불도저를 이용한 토목 공사를 하지 않았다. 로스는 골프코스를 디자인할 때마다 로열 도녹의 자연주의 정신을 염두에 두었다.

    허버트 워런 윈드Herbert Warren Wind는 1964년 〈뉴요커〉에 이렇게 썼다. "로열 도녹은 세상에서 가장 자연적인 골프코스다. 로열 도녹에서 골프코스를 연구하고 플레이해보지 않은 골퍼는 골프 교육과정을 온전히 마쳤다고 말할 수 없다."

〈골프스케이프〉 선정 세계 1위 골프코스

　　로열 도녹에는 자연미만 있는 것이 아니다. 톰 왓슨Tom Watson은 뮤어필드에서 개최된 디오픈에서 우승한 직후 로열 도녹에서 골프를 치고 "지금까지 플레이해본 골프코스 중에 가장 재미난 곳이다"라고 말했다. 골프코스의 모델이자 자연미와 재미가 공존하는 로열 도녹 골프클럽은 2020년 〈골프스케이프Golfscape〉가 선정한 세계 톱 100 골프코스에서 1위를 차지했다.

　　로열 도녹이 자리 잡은 스코틀랜드 동해안은 남쪽의 둔바에서 북쪽의 도녹까지 골프코스를 위한 천혜의 조건이다. 링크스 골프코스가 처음 만들어지던 시기를 관찰한 묘사가 아치 베어드Archie Baird가 쓴 《걸레인 언덕에서의 골프Golf on Gullane Hill》에 잘 묘사되어 있다.

　　"바닷물이 밀려 나가고 서쪽에서 바람이 불어와 모래 둔덕을 마르게 했다. 서풍을 타고 날아온 식물의 씨앗이 바다 바위에 맞아 굴러떨어졌고, 그곳에 마람그래스와 벤트그래스*가 자라기 시작했다. 모래에서 소금기가 빠지면서 점차 페스큐그래스가 나타났다. 바람과 모래가 무대를 세팅했다. 그리고 등장한 주인공이 토끼였다. 토끼는 페스큐에서 입맛을 찾았고, 모래 지형에서 굴을 파는 것이 쉽다는 것도 알아차렸다. 토끼는 해변 잔디 위에 관목과 가시덤불이 번지지 않도록 했다. 1956년에 믹소마토시스 바이러스로 토끼가 죽자 관목과 가시덤불이

---

*　밀도가 높고 부드럽고 균일하여 퍼팅 그린과 경기장용으로 많이 쓰인다.

페스큐그래스를 몰아냈다. 토끼의 중요성이 모두에게 확연해졌다."

페스큐와 벤트그래스 아래에 있는 모래 둔덕은 울퉁불퉁하다. 야생 잔디를 관리한 것은 자연 상태의 토끼였고, 방목된 양, 말, 소였다. 초식 동물은 안전을 위해 시야가 확보되는 곳을 선호한다. 구릉이 덜한 곳에서 풀을 뜯었고 그곳이 바로 페어웨이가 되었다. 뜯지 않은 곳이 러프가 되었지만, 구분이 명확한 것은 아니었다. R&A 골프 룰은 페어웨이와 러프를 구분하지 않고 '스루더그린through the green'이라고 칭했다. 현재는 일반구역general area이라고 부른다.

골프코스에 자라는 아스파라거스의 맛

지반이 모래이기에 큰 나무가 자랄 수 없었고, 땅속에서 배수가 이루어져 물이 모여드는 워터 해저드도 없다. 비가 많이 오는 겨울에도 질척거리지 않는다. 따뜻한 해류의 영향으로 북위 57도에 위치한 스코틀랜드 북단의 도녹 지역조차도 눈이 자주 오지 않으며, 온다고 해도 쉽게 녹는다. 링크스 골프코스는 1년 365일 골프를 즐길 수 있다.

살충제를 뿌려 생태계가 교란되면 천혜의 골프코스는 인공의 골프코스가 된다. 토끼가 사라지면 골프코스는 지금과 달라진다. 링크스 골프코스에는 노란 꽃이 피는 고스가 무성하게 자란다. 꽃은 아름답지만 고스의 생장 속도는 빠르다. 그나마 고스의 확장을 막는 것도 토끼의 역할이다. 로열 도녹의 36홀 코스를 관리하는 그린키퍼가 20명이지만,

노란색 꽃, 녹색 잔디, 갈색 모래사장과 푸른색 바다가 조화를 이루는 로열 도녹 챔피언십 코스

토끼가 없다면 그린키퍼는 그보다 훨씬 많아야 한다.

잉글랜드 남쪽에 있는 로열 세인트조지 골프클럽에 갔을 때 캐디는 야생에서 자라는 아스파라거스를 뜯어 와 먹어보라고 했다. 각종 살충제 오염을 걱정한 우리는 혹시 농약을 언제 쳤는지 물었다. "농약이라고?" 캐디가 반문했다. 그의 천진난만한 반응에 신뢰감이 생긴 한 골퍼가 아스파라거스를 먹어보고는, 그 신선한 맛에 반하여 "또 없냐?"고 물었다.

지속 가능한 친환경적인 관리가 링크스 골프코스의 핵심이다. 골프클럽의 모든 일을 세세히 알고 있는 로열 도녹의 캡틴 데이비드 벨은 살충제와 화학비료는 거의 사용하지 않는다고 말했다. 이런 골프코스가 환경을 해친다고 말할 수 있을까?

로열 도녹 캡틴의 골프 철학

골프클럽 회원 중의 리더를 캡틴이라고 부른다. 골프클럽의 모든 결정은 경영위원회에서 한다. 위원회에 의제를 상정하고 승인을 받고 결정 사항을 집행하는 업무를 캡틴이 담당한다. 재무, 코스 관리, 클럽하우스 관리, 프로숍 운영 지원, 주니어 골프 육성을 비롯한 많은 일이 캡틴의 업무다. 캡틴은 골프클럽 최고 책임자에 가깝다.

인구 1,400명의 작은 마을 도녹에서 태어나서 자란 데이비드 벨 David Bell이 할 수 있는 것은 골프밖에 없었다. 데이비드 벨은 어릴 적부터 골프클럽 멤버였지만, 캡틴이 얼마나 많은 일을 하며 얼마나 명예로운 자리인지 몰랐다. 캡틴의 임기는 2년이며 연임하지 않는다. 그는 경제학 발전에 기여한 공을 인정받아 엘리자베스 2세 여왕으로부터 CBE(대영제국 사령관 작위) 타이틀을 받았다. "CBE 타이틀과 로열 도녹 골프클럽 캡틴 중에 어느 것이 더 명예로운가?"라는 질문에 그는 이렇게 답했다. "CBE 타이틀을 유지하기 위해서는 특별한 노력이 필요하지 않다. 그러나 캡틴 역할을 수행하기 위해서는 많은 시간과 노력이 필요하다. 그러한 노력 또한 인생에서 무척 소중한 기억으로 남을 것이다."

캡틴은 상근에 가깝게 일하지만, 보수를 받지 않는다. 많은 골퍼가 플레이를 원하기 때문에 캡틴에게 티타임 부탁이 들어온다. 데이비드 벨의 경우 티타임에 접근할 수 있는 권한이 없다. 캡틴이 누리는 호사는 업무상 방문하는 손님을 만날 경우 커피값을 내지 않아도 되는 정도다.

"당신에게 골프란 무엇인가?" 캡틴은 대답했다. "골프는 라이프 스타일이다." 골프가 그의 삶에 중요한 역할을 하며, 살아가는 방식에 절대적인 영향을 주고 있다는 의미다.

미국의 한 작가는 "로열 도녹의 3번 홀은 인생의 메타포다"라고 말했다. 자연과 함께하는 골프가 인생 자체를 대변하며, 골프를 통해 배운 교훈으로 삶에 대해 깊은 성찰에 도달하게 된다. 골프가 인생의 메타포라면, 우리의 골프는 자연스러워야 한다. 그럴 때 우리의 삶과 골프가 지속 가능해진다. 골프에 어떠한 부자연스러움이 담겨 있다면, 원래의 골프와 멀어졌기 때문일 것이다. 골프코스의 모델이자 삶의 메타포인 로열 도녹에서는 모든 것이 자연스럽게 느껴졌다. 그것이 로열 도녹이 다른 코스보다 우리의 게임에 조금 더 의미가 있는 이유일 것이다.

모든 것이 열려 있는 골프코스
– 스코틀랜드 골프 정신의 핵심: 개방성

컨트리클럽, 골프클럽, 골프코스라는 말이 뒤섞여 쓰이고 있다. 골프장이라는 단어는 골프코스의 번역이지만, 우리의 사용례를 보면 골프클럽과 골프코스를 합한 것에 가깝다. 골프클럽은 골프를 즐기는 사람들의 모임이며, 골프코스는 골퍼가 플레이하는 자연 자체다. 컨트리클럽은 골프 이외에도 테니스, 수영, 볼링과 같은 스포츠를 함께 즐길 수 있는 클럽을 말한다.

우리나라는 골프클럽이 골프코스를 배타적으로 소유하기 때문에 골프클럽과 골프코스의 차이에 주의를 기울이지 않는다. 세인트앤드루스 올드코스는 특정 클럽의 소유가 아니다. R&A 골프클럽이 이곳에 있지만, 사교모임인 클럽이 너무 많은 회원을 받을 수 없었기에 골퍼들의 수요에 따라 여러 다른 클럽이 생겨났다.

링크스 골프코스는 모두의 것이다

에든버러에서 동쪽으로 30킬로미터 떨어진 해안가에는 뮤어필드를 비롯하여 머슬버러, 아처필드, 노스베릭, 르네상스, 걸레인과 같은 명문 코스가 있다. 걸레인 골프코스는 걸레인 골프클럽, 걸레인 여성 골프클럽, 이스트 로디언 골프클럽, 딜튼 캐슬 골프클럽, 걸레인 나인 골프클럽, 걸레인 콤레드스 골프클럽이 공동으로 사용하고 있다.

해안가 링크스 코스는 누구나 양을 치고 산책하는 모두의 땅이었다. 로열 도녹 골프클럽도 골프코스를 소유하고 있지 않다. 자연으로부터 임대할 뿐이며, 선배 세대로부터 물려받아 관리하고, 후배 세대에게 다시 물려준다. 스코틀랜드 사람은 울타리가 쳐진 개인 정원과 산업시설을 제외하고는 자연 속 어디든지 갈 수 있다. 골프클럽이 골프코스를 관리한다고 해서 주민이나 여행자가 골프코스에 들어오고, 가로지르고, 자전거를 타고, 개와 함께 산책하는 것을 막을 수 없다. 골퍼의 권리는 자연을 누릴 인간의 권리에 우선하지 않는다.

산책하는 사람은 골퍼의 플레이를 의도적으로 방해하지만 않으면 언제든, 어디든 갈 수 있다. 어느 관광객이 노스베릭 골프코스의 풍광에 반해 스타터(1번 홀 티샷박스에서 골퍼의 출발을 돕는 사람)에게 골프코스로 들어가서 사진을 찍어도 되는지 물었다. 스타터는 질문의 의미를 몰랐다. 질문 자체가 의외였기 때문이다. 질문 의도를 다시 확인하고는 이렇게 답했다. "당신은 골프코스 어디나 들어갈 권리가 있으며, 사진 찍을 권리가 있습니다. 다만 날아오는 공만 조심하면 됩니다."

오후 늦은 시간에 골프를 치고 있는 로열 도녹의 회원들

로열 도녹의 핵심은 개방성과 접근성

골프코스는 일차적으로 골프클럽이 주인 행세를 하지만, 골프를 치지 않는 지역 주민의 것이기도 하고, 골프를 사랑하는 모든 사람의 것이기도 하다. 모든 사람은 골프 외의 목적으로도 골프코스의 자연을 즐길 수 있다. 또한 골퍼에게는 골프코스를 이용할 기회가 주어져야 한다. 세계 1위의 로열 도녹 골프코스라고 해도 마찬가지다. 많은 골퍼가 플레이를 원하기 때문에 예약이 어렵지만, 누구라도 플레이를 신청할 수 있다. 클럽 멤버나 멤버의 손님이 아니어도 가능하다. 이러한 개방성

이 스코틀랜드 골프 정신의 핵심이라고 로열 도녹 골프클럽의 캡틴은 말한다.

36홀을 가지고 있는 로열 도녹 골프클럽의 멤버는 2,300명이다. 전 세계 각지에 멤버가 있다. 미주 지역에 거주하는 멤버만 700명이 넘는다. 1년에 한 번도 오지 않으면서 연회비를 납부하는 회원도 많다. 그들은 로열 도녹을 사랑하는 마음으로 기꺼이 연회비를 낸다.

멤버 중 지역 주민은 400명이다. 멤버의 연회비는 600파운드인데, 100만 원으로 1년 내내 세계 최고의 골프코스에서 골프를 즐길 수 있으니 로열 도녹의 골프는 열린 스포츠다.

주니어 회원은 100명 있다. 주니어 회원의 연회비는 믿기지 않을 정도로 적은 액수인 3만 4천 원에 불과하다. 로열 도녹 골프클럽은 겨울에 주니어 회원을 미국 플로리다에서 개최되는 골프 캠프에 보내준다. 골프코스가 모두에게 개방되어 있는 것처럼, 도녹의 골프는 남녀노소, 모든 계층에 개방되어 있다. 이곳에서 골프는 오히려 안 하면 손해라고 할 수 있는 여가활동이다.

매년 5월 말에 로열 도녹 골프클럽에서는 캡틴 주간이 열린다. 클럽 멤버와 그들이 초대한 손님이 참여하는 골프 축제가 일주일 동안 이어진다. 데이비드 벨은 매년 아들과 함께 팀을 이뤄 참가한다. 내가 방문한 첫째 날 데이비드 벨과 경기한 팀은 오스트레일리아 광물 기업 대표와 뉴욕에서 온 유명 기업가였다. 둘째 날에 경기한 팀은 에든버러 기차역에서 근무하는 역무원과 그의 친구였다. 셋째 날의 플레이 상대는 《해리포터》 작가 조앤 롤링의 친구와 일론 머스크와 달에서 광물 채취

프로젝트를 진행하는 사업가였다.

자연 속에서 차별 없이 어울리는 것이 골프 정신의 중요한 부분이다. "간혹 플레이 상대를 조정해달라는 요청을 받는가?"라는 질문에 캡틴은 이렇게 답했다. "그런 요청은 거의 없지만, 있어도 받아들여지지 않는다."

로열 도녹 골프코스에서 차로 10분 거리에 카네기 클럽이 있다. 스코틀랜드 출신의 미국 기업가 앤드루 카네기가 1211년에 지어진 스키보 캐슬을 1898년에 매입하여 살았다. 스키보 캐슬은 1982년에 재매각되어 소수만을 위한 컨트리클럽으로 바뀌었다. 클럽이 보유한 대지가 8,000에이커(약 3,200만 제곱미터)에 달한다. 이곳에도 좋은 골프코스가 있다. 멤버와 멤버 동반자만 이용할 수 있고, 하루에 열 팀 정도만 골프를 친다. 로열 도녹의 개방성과 대조를 이룬다.

세상에는 다양한 형태의 골프가 존재한다. 폐쇄성은 부와 명예의 상징이기도 하다. 그런 골프도 현대 골프의 중요한 일부지만, 로열 도녹이 추구하는 골프는 반대 지점에 있다. 출발점에서의 골프는 로열 도녹의 골프와 같았다. 로열 도녹에서의 골프가 좋은 것은 골프의 고귀한 정신이 여러 곳에 자연스럽게 배어 있기 때문이다.

평화의 가교가 된 골프
– 골프에는 정치가 없다, 로열 포트러시

골프코스에는 오비 지역이 있다. 골퍼가 플레이하지 못하도록 지정한 구역이다. 골퍼는 연못, 벙커, 와일드 러프, 해변, 도로를 포함한 어느 곳에서도 골프공이 놓인 그대로 플레이할 수 있다. 단, 오비 구역만을 예외로 한다.

골프코스 영역을 벗어난 곳과 주민 삶을 방해할 소지가 있는 곳을 오비 구역으로 설정하지만, 골퍼가 플레이하기에 위험한 곳도 같이 지정된다. 공이 놓인 곳까지 가는 경로가 위험할 경우도 골퍼 보호 차원에서 오비 구역이 된다. 오비 구역은 어떤 의미에서 골퍼가 가서는 안 되는 곳이라는 의미를 담고 있다.

게리 플레이어Gary Player가 "그냥 가볍게 하는 말이 아니고, 이곳은 내가 플레이해본 링크스 코스 중 단연 으뜸이다"라고 말한 로열 포트러시Royal Portrush는 안타깝게도 한동안 위험지역으로 분류되었다.

1960년대 후반에서 1990년대까지 30년 넘게 골퍼에게는 오비 구역이나 다름없었다. 북아일랜드 역사에 생소한 독자는 '독사가 있거나, 천둥과 폭풍우가 자주 몰아치거나, 지반이 무너질 우려가 있었나?'라는 의문을 품을 수도 있다.

153회 디오픈이 열리는 북아일랜드의 로열 포트러시를 방문했을 때 벨파스트에 있는 유로파 호텔에 머물렀다. 영화 〈벨파스트〉로 익숙한 지역이고 타이타닉호가 만들어진 곳이었기에 볼거리가 많을 것이라고 생각했다. 벨파스트는 로열 포트러시와 로열 카운티다운의 중간에 위치하고 있어서 북아일랜드 골프코스를 탐방하는 골퍼에게 이상적인 곳이다.

빈번한 폭탄테러로 한때 '오비 지역'

유로파 호텔은 전 세계에서 폭탄테러를 가장 많이 당한 호텔이다. 36회에 걸친 폭탄 공격이 있었다. 북아일랜드는 1960년대부터 갈등이 일상화되고 폭력이 난무하는 지역이었다. 영화에서 묘사된 것처럼 프로테스탄트와 가톨릭의 대립이 심각했다. 그러나 종교적인 대립은 아니었다. 통일 아일랜드를 꿈꾸는 세력을 아일랜드 민족주의자, 공화주의자 또는 아이리시라고 불렀다. 우리에게 익숙한 IRA가 대표 단체 중 하나다. 영국에 머물고 싶은 세력은 통합주의자, 왕정 지지자 또는 브리티시라고 불렀다. 아이리시는 가톨릭이었고, 브리티시는 대개 프로테스탄트였다. 그래서 편의상 양측을 가톨릭과 프로테스탄트로 칭했다. 북아일랜드에서 전개되었던 가톨릭과 프로테스탄트의 대립을 '더트러블스 The Troubles'라고 부른다.

더트러블스 기간에 죽은 사람만 3,500명이 넘는다. 폭력이 격화되자 영국은 군대를 북아일랜드로 보냈다. 프로테스탄트는 환영했고, 평화 유지를 원했던 가톨릭도 처음에는 영국군에 기대를 걸었다. 영국군은 폭력의 악순환을 끊을 수 없었고, 은연중에 프로테스탄트에게 경도되었다. 마침내 영국군 주둔 자체가 가톨릭에게는 새로운 폭력의 이유가 되었다.

벨파스트 호텔에 수십 차례나 폭탄테러가 시도되었는데, 누가 북아일랜드로 관광을 오며, 어느 골퍼가 북아일랜드로 골프를 치러 왔겠는가? 그렇게 로열 포트러시는 오비 지역이 되었다.

폭력은 1998년 영국과 아일랜드, 북아일랜드 정치 세력 간에 체결한 '굿프라이데이 협약Good Friday Agreement'에 의해 종식되었다. 그러나 폭력 중단이 모든 갈등의 해소를 의미하지는 않았다. 그 후로도 한동안 프로테스탄트 정치인과 가톨릭 정치인은 서로를 파트너로 생각하지 않았다. 2006년에 세인트앤드루스 협약으로 북아일랜드 통치 방식에 대한 합의가 이뤄지면서 폭력 재발 우려는 크게 줄어들었다.

골프클럽에 던져진 폭탄

북아일랜드 수석장관과 차석장관이 백악관에서 조지 부시 대통령을 만났을 때 차석장관은 "세인트앤드루스 협약이 실행단계에 들어가기 전까지 나는 수석장관과 어떠한 주제로도 이야기를 나누지 않았으며, 심지어 날씨에 관한 이야기도 하지 않았다. 이제는 아주 친밀하게 업무를 협의하며, 어떠한 싸움도 하지 않는다. 우리는 이제 새로운 코스를 세팅했다"라고 말했다. 그의 말에서 갈등의 골을 미루어 짐작할 수 있다.

굿프라이데이 협약이 오비 지역을 골프코스로 바꾸기로 결정한 것이라면, 세인트앤드루스 협약은 골프코스를 건설하기 시작한 것에 해당한다. 북아일랜드 평화협약이 스코틀랜드 세인트앤드루스에서 진행된 것은 공교롭지만 골퍼에게는 큰 의미로 다가온다.

폭탄이 로열 포트러시 골프클럽 인근의 밸모럴 골프클럽 프로숍에 던져진 적도 있지만, 그럼에도 골프코스는 평화로운 공존의 무대였다. 골프클럽과 골프코스에는 정치가 없었다. 발리캐슬 골프클럽은 한 해에 가톨릭이 캡틴을 맡으면 다음 해에는 프로테스탄트가 캡틴을 맡았다. 발리캐슬에서 골프를 치며 자란 닐 자고에는 가톨릭과 프로테스탄트가 늘 화합하며 평화적으로 골프를 쳤다고 기억한다. 프로테스탄트 주민이 많은 포트러시 지역에도 가톨릭 캡틴이 있었고, 프로테스탄트와 가톨릭 간의 갈등은 표면화되지 않았다.

더트러블스 현장을 우리에게 안내해준 핸디 8의 골퍼 마틴에 따르면, 가톨릭 지역과 프로테스탄트 지역을 구분하는 담장이 벨파스트에만 아직도 48개가 존재하며, 북아일랜드 학생 93%가 여전히 가톨릭과 프로테스탄트로 분리된 학교에 다닌다. 그들은 대학교에 가서야 서로 섞이게 된다. 가톨릭인 마틴에게 프로테스탄트 친구는 드문데, 그 친구들은 모두 같은 골프클럽의 멤버들이다. 골프는 그들에게 평화의 가교다.

골프코스는 가톨릭과 프로테스탄트 화합의 장

로열 카운티다운의 프로였으며, 골프 작가이자 해설자였던 데이비드 페허티David Feherty는 로열 포트러시 골프코스를 이렇게 묘사했다. "골프코스 펜스에는 두 개의 구멍이 있었다. 하나는 가톨릭을 위한 구멍이었고, 다른 하나는 프로테스탄트를 위한 구멍이었다. 그러나 그들이 일단 골프코스에 몰래 들어오고 나면, 그들은 가톨릭도 아니고 프로테스탄트도 아니었다. 그들은 그저 같이 골프를 치는 골퍼였다. 골프코스는 오아시스고 피난처며 멀리 떨어진 섬과 같았다."

길게 늘어선 골프코스가 가톨릭 주민이 사는 지역과 프로테스탄트 주민이 사는 지역에 모두 걸쳐 있었고, 각 지역에 몰래 들어갈 수 있는 구멍이 있었다. 아이들이나 돈이 없는 주민이 골프코스에 몰래 들어와 골프를 쳤다. 골프코스가 오아시스이자 피난처였다는 말에서 골프가 대립에 지친 사람들에게 큰 위안이었음을 알 수 있다. 축구가 갈등의 폭발장이었던 것과 대조를 이룬다.

1951년에 로열 포트러시에서 디오픈이 개최되었다. 역대 디오픈을 개최한 골프코스는 총 14곳이다. 그중 네 곳은 디오픈 관객 규모가 커지고 선수들 비거리가 증가하면서 더 이상 디오픈을 개최할 수 없게 되었다. 로열 포트러시 던루스 코스는 큰 대회를 개최하기에 부족함이 없고, 수십만 명을 수용할 수 있는 충분한 공간을 가지고 있지만, 1951년 이후로 디오픈을 개최할 수가 없었다. 정치적 불안정이 가장 큰 원인이었다. 오비 지역에서 골프를 칠 수가 없었기 때문이다. 트럼프 턴베리 Trump Turnberry는 2014년 트럼프가 골프코스를 인수한 이후에 정치적 이유로 배제되었다. 그래서 2019년 이전까지는 여덟 개 코스에서 번갈아 디오픈을 개최하고 있었다.

"환상적이지만 너무너무 어려운 코스"

2019년, 마침내 148회 디오픈이 로열 포트러시에서 개최되었다. 정치적 안정을 되찾은 덕분이다. 굿프라이데이 협약 이후 21년, 세인트앤드루스 협약 이후 13년 만에 일어난 일이다. 148회 대회는 그 어떤 디오픈보다 관중 동원과 시청자 수에서 큰 성공을 거뒀다. 무엇보다 북아일랜드가 더 이상 갈등 지역이 아님을 전 세계에 타전했고, 북아일랜드 경제가 크게 성장하는 계기가 되었다. 148회 디오픈은 스포츠 이벤트가 국민에게 큰 자신감을 심어준 대표적 사례가 되었다. 나아가 골프대회가 평화를 공고화할 수 있다는 것을 보여주었다.

그러한 성과가 인정되어 로열 포트러시는 2025년 153회 디오픈 개최지로 다시 선정되었다. 로열 포트러시가 로타Rotta (순환 목록)에 합류하면서 아홉 개 코스가 디오픈을 번갈아 개최하는데, 5년 만에 다시 개최지로 선정된 것은 이례적이다. 최근에는 세인트앤드루스 올드코스만이 5년마다 한 번씩 디오픈을 개최해왔기 때문이다.

닐 자고에는 캐디를 하면서 '축구와 정치'라는 주제로 박사학위 논문을 쓰고 있다. 그와의 만남은 큰 영감을 주었다. 골프를 마치고 로열 포트러시의 제너럴 매니저인 존 라울러를 만나 로열 포트러시가 준비하고 있는 153회 디오픈에 관한 이야기를 들었다. 미팅을 마치고 골프클럽을 나서는데 닉 팔도가 18홀 그린에서 클럽하우스로 들어오는 것을 보았다. 로열 포트러시의 던루스 코스에 대한 평가를 부탁했다.

"환상적이고 너무너무 어려운 코스죠. 해리 콜트 코스의 진수를 느

낄 수 있는 곳이에요."

"여긴 심지어 당신에게도 어려운 코스인가요?"

"30년 전의 나라면 어떻게든 싸워보겠지만, 지금은 안 되겠는데요."

로열 포트러시가 두고두고 기억에 남는 것은 세계 최고의 명문 골프 코스이기 때문이 아니다. 이곳은 해리 콜트가 디자인한 골프코스가 얼마나 어려우면서도 재미있는지, 골프코스가 얼마나 자연과 어울려 환상적일 수 있는지, 골프가 우리 사회에 얼마나 많은 기여를 할 수 있는지를 깨닫게 해준다. 로열 포트러시가 지금까지 오비 지역으로 남았다면, 골프 역사에 그것에 비견될 만한 손실은 없었을 것이다.

역사 화해의 장이 된 골프
– 더 이상 더블린에 상처는 없다, 포트마녹

　제임스 조이스의 소설 《더블린 사람들》에는 과거에 집착하는 구세대에게 답답함을 느끼는 젊은 세대가 등장한다. 아일랜드 하면 제임스 조이스의 작품을 떠올리는 이들에게 '더블린'이라는 단어는 연민과 동의어다. 모든 아일랜드인의 의식에 어두운 역사가 깊은 상처로 남아 있을 것만 같다.

　아일랜드 1인당 GDP(국내총생산)는 12만 6천 달러로 룩셈부르크 다음으로 높다. 마이크로소프트, 구글, 페이스북 같은 빅테크 기업과 글로벌 금융기관의 유럽 본사가 더블린에 있다. 이들이 아일랜드 더블린에 본사를 두는 이유는 아일랜드 법인세가 12.5%로 영국과 프랑스의 절반 수준이기 때문이다. 영어를 쓰는 유럽 국가, 영국과 미국 모두와 가까운 지리적 위치, 브렉시트로 공고화된 아일랜드의 위상은 낮은 법인세율과 함께 글로벌 기업이 아일랜드에 있어야 할 이유가 된다.

아일랜드의 1인당 GDP가 높은 이유는 글로벌 기업의 회계 처리에 기인하지만, 그것만으로 모든 것이 설명되지는 않는다. 더블린의 1인당 GDP가 20만 달러로 높지만, 더블린을 제외한 지역의 1인당 GDP도 9만 9천 달러로 높다. 골프코스를 찾아 아일랜드 구석구석을 다녀보면, 시골에서도 여유로움과 부유함이 느껴진다. 더블린을 벨파스트와 비교할 때는 물론이고, 아일랜드 시골을 북아일랜드 시골과 비교해도 경제적 차이는 확연하다. 아일랜드 어디를 가나 역동적이며 모던하고, 부족함이 없어 보인다. 글로벌 기업 유럽 본부의 경제적 파급효과는 크다. 낙수효과는 분명하다.

아일랜드의 훌륭한 안보 포지셔닝

아일랜드는 중립국으로 어느 나라와도 군사동맹을 맺고 있지 않으며, 나토에도 가입되어 있지 않다. 나토 회원국은 국방비를 GDP의 2%까지 올려야 한다. 회원국의 안보 무임승차를 허용하지 않기 위해서다. 트럼프 대통령은 나토 회원국이 국방비를 2% 수준까지 늘리지 않는다면, 미국은 그 나라의 안보를 책임지지 않겠다고 공언한 적이 있다. 트럼프가 다시 대통령이 되었기에 나토 회원국은 국방비 증액 압박을 받게 될 것이다.

GDP에서 국방비가 차지하는 비중을 나라별로 살펴보면 영국이 2.3%, 미국이 3.4%, 한국이 2.6%다. 나토 회원국 중에 2%를 밑도는 곳은 크로아티아, 포르투갈, 이탈리아, 캐나다, 벨기에, 슬로베니아, 룩셈브루크와 스페인이다. 가장 낮은 스페인이 1.3%다. 아일랜드의 국방비 비중은 0.23%로 선진국 중 가장 낮고, 다른 중립국인 스위스의 0.76%보다도 3배 이상 낮다.

아일랜드가 나토가 아니고 영국과 상호방위조약이 없다고 하더라도 영국은 다른 나라의 아일랜드 침략을 허용하지 않을 것이다. 아일랜드의 유일한 위험은 영국이지만, 그것은 대서양 반대편 미국에 의해 용인되지 않을 것이다. 안보 무임승차가 아니라 현명한 안보 전략이다. 아일랜드가 영국 서쪽에 위치한 것이 과거의 불행이었다면, 현재는 축복이다.

아일랜드는 국제정치에서 경제적, 군사적으로 훌륭하게 포지셔닝하고 있다. 아일랜드의 경제적 성장은 그러한 포지셔닝 덕분이며, 경제적 번영은 그들을 과거에 대한 집착으로부터 해방시키고 있다.

더블린의 포트마녹 리조트에서 제너럴 매니저로 일하고 있는 윌리엄 커비는 잉글랜드 사람이다. 그는 북아일랜드와 아일랜드에서 17년 동안 일하고 있지만, 아일랜드에서 잉글랜드 사람에 대한 적대감을 느껴본 적이 없다. 북아일랜드에 거주하는 가톨릭 세력으로부터 적대감을 경험한 적은 있지만, 아일랜드에서는 없었다. 그는 《더블린 사람들》에 나오는 구세대 정서를 젊은 세대로부터 느낀 적이 없다고 말한다. 그들은 영국을 적대시하지도, 영국에 바라는 것도 없다. 영국으로부터 독립한 지 100년이 지난 지금 아일랜드는 경제적으로 영국을 넘었고, 정신적으로 과거를 극복했다.

아일랜드가 영국에 바라는 한 가지

북아일랜드에서 148회 디오픈이 개최되었다. 북아일랜드 평화가 디오픈 개최를 가능하게 했지만, 디오픈을 통해 전 세계는 북아일랜드가 더 이상 분쟁 지역이 아니란 것을 확인했다. 북아일랜드는 디오픈을 통해 완전하게 세계와 다시 연결되었다. 분쟁 당사자들은 평화가 가져오는 경제적 이익을 골프를 통해 실감했다. 분쟁 시 골프는 평화의 가교였고, 평화 도래 후에 골프는 평화를 공고화하는 도구였다.

북아일랜드의 성공적인 디오픈을 지켜본 아일랜드 골퍼는 아일랜드 디오픈을 희망하게 되었다. 영국에 크게 기대하는 바가 없는 그들이 바라는 것이 하나 있다면, 디오픈 개최다. 아일랜드 골프 관계자들은 아일랜드에서 디오픈이 머지않은 시기에 개최될 것이라고 낙관하고 있다. 그 희망을 처음 들었을 때는 농담인 줄 알았다. 동아 마라톤을 도쿄에서 개최하는 것, 일본 시리즈 야구를 서울에서 개최하는 것처럼 비현실적으로 느껴졌다.

"그건 브리티시 오픈 아닌가요? 어떻게 영국 밖에서 개최될 수 있죠?"라는 질문에 돌아오는 답변은 늘 같다. "그것은 브리티시 오픈이 아니고 디오픈입니다." 디오픈을 종종 브리티시 오픈으로 부르기도 하지만, 디오픈은 처음부터 디오픈이었고, 한 번도 브리티시 오픈인 적이 없다. 디오픈 개최지 선정은 전적으로 R&A의 소관이다. R&A는 아마추어 챔피언십을 포트마녹 골프클럽에서 개최한 적이 있다. 2024년 위민스 아마추어 챔피언십도 포트마녹에서 개최되었다. R&A 소관의 여러 대회가 이미 아일랜드에서 개최되고 있다면, 위민스 오픈과 디오픈이 아일랜드에서 개최되지 못할 이유는 없다.

북아일랜드 로열 포트러시 디오픈은 평화의 결과였지만 평화를 공고화하는 수단이 되었다. 이는 골프가 우리 사회에 미치는 가장 긍정적인 사례였다. 아일랜드에서 디오픈이 개최된다면, 평화라는 단어 대신 화해라는 단어를 넣어볼 수 있다. 아일랜드 디오픈은 화해의 결과지만 화해를 공고화하는 수단이 될 것이다. 인류 역사에 극적이고 아름다운 한 페이지가 골프에 의해 장식될 것이다.

골프는 아일랜드 산업의 주요한 축이다. 동시에 골프는 아일랜드와 미국, 아일랜드와 영국을 연결하는 주요 매개다. 아일랜드 인구 10분의 1이 골퍼이기 때문에 아일랜드는 R&A의 정치적 제스처를 제대로 이해할 수 있다. 아일랜드에서 디오픈이 개최된다면,《더블린 사람들》의 이미지는 지구 반대편에서 제임스 조이스를 읽었던 사람의 머릿속에도 더 이상 존재하지 않게 될 것이다.

포트마녹, 디오픈 개최를 위한 최적의 후보

포트마녹 골프클럽은 더블린 시내에 있다. 시내 중심부로부터 10분 거리에 있으며, 더블린 국제공항에서도 10분 거리에 있다. 링크스 골프코스가 한 나라의 수도에 있고 세계 100대 골프코스의 상단을 차지하는 경우가 이곳 외에 또 있을까?

존 제임슨John Jameson은 스코틀랜드에서 아일랜드로 넘어온 위스키 사업자였다. 19세기 초에 제임슨은 이미 세계 최고 위스키 브랜드가 되었고 현재 세계에서 세 번째로 많이 팔리는 위스키 브랜드다. 제임슨의 손자인 존 제임슨 3세가 포트마눅에 정착하여 살았고, 골프를 치기 위해 지금의 제임슨 링크스가 있는 곳에 9홀짜리 개인 골프코스를 만들었다. 아일랜드 최초의 골프코스였다. 이후 존 제임슨 3세는 1894년에 포트마눅 반도를 포트마눅 골프클럽에 희사하여 월드클래스 링크스 골프코스를 만들게 했고, 골프클럽 초대 프레지던트를 역임했다.

포트마눅 골프클럽은 반도에 위치하고 있어 양쪽으로 바다가 보이는 독특한 링크스 코스며, 시내에서 가까워 더블린 골퍼의 사랑을 한 몸에 받았다. 도심과 가까워 고정적으로 골프를 치는 회원이 많고, 플레이를 희망하는 골퍼가 많아 티타임을 구하기 어렵다. 멀리 해외에서 오는 골프 순례자를 충분히 수용할 수 없는 것이 아쉬운 점이다.

포트마눅 골프클럽 챔피언십 코스 북쪽으로는 또 다른 18홀 링크스 코스가 있는데, 그 명칭이 포트마눅 링크스 코스였다. 존 제임슨 3세의 9홀 개인 골프코스가 있었던 곳이 18홀 골프코스로 새롭게 태어난 것이다. 포트마눅 골프코스와 포트마눅 링크스 코스를 혼동하는 일이 자주 있었기 때문에 포트마눅 링크스는 2023년 10월에 제임슨 링크스로 이름을 바꾸었다.

디오픈이 아일랜드에서 개최된다면 최우선 후보지는 포트마눅 골프코스가 될 것이며, 제임슨 링크스에는 디오픈을 지원하는 배후시설이 들어설 것이다. 포트마눅과 제임슨 링크스는 25만 관객을 수용하기

포트마녹 클럽하우스와 18번 홀

제임슨 링크스 골프코스 전경

에 충분한 공간을 가지고 있다. 시내 인접성이 좋아 숙박과 교통이 편리한 것은 포트마녹이 디오픈 개최지로 최적임을 보여준다.

골프, 역사적 원한을 해결할 최적의 매개

포트마녹 골프코스가 만들어졌을 때 아일랜드는 영국의 일부였다. 영국과 아일랜드 역사에서 골프는 가장 오래된 스포츠 게임이고, 직접 즐긴 사람이 가장 많은 종목이다. 잉글랜드인과 아일랜드인은 땅을 차지하기 위해 전투를 벌였지만, 오늘날의 영국과 아일랜드 영토에서 골프코스가 차지하는 면적은 주거지가 차지하는 면적보다 크다. 어떠한 스포츠나 여가활동도 골프만큼 영국인과 아일랜드인 삶에 영향을 미치지 못했다. 사회정치적 의미에서 그들에게 골프보다 더 큰 함의를 주는 스포츠는 없기 때문에, 그들의 역사에서 골프만이 할 수 있는 역할이 있다. 그 역할의 일부를 로열 포트러시 디오픈이 잘 보여주었다.

영국과 아일랜드 역사에 구원舊怨이 아직 남아 있다면, 젊은 세대에게는 덜 중요하지만 구세대 더블린 사람들에게 여전히 극복하기 어려운 문제가 남아 있다면, 그것을 풀 수 있는 매개로서 골프만 한 것은 없다. 골프를 즐기는 동시대인으로서 골프만이 풀 수 있는 역사적이며 정치적인 문제가 있다는 것이 반갑게 느껴진다. 골프가 평화에 기여하는 방식, 골프가 화해에 기여하는 방식에 대해 주의를 기울인다면, 디오픈에서 골프의 참된 의미를 발견하게 될 것이다.

전쟁과 평화 그리고 링크스 골프코스

– 노르망디 상륙작전의 깊은 흔적, 손턴

5월 8일은 유럽에서 2차 세계대전이 끝난 날로 기념하는 날짜다. 디데이D-Day로 유명한 6월 6일은 노르망디 상륙작전이 개시된 날이다. 2024년은 노르망디 상륙작전 80주년이었다.

30년 넘게 해병대에서 근무하고 있는 고위장교에게 전화를 걸어 물었다.

"노르망디 상륙작전은 성공한 작전인가?"

"그런 말이 어디에 있는가? 전황을 획기적으로 바꾸었고, 전쟁을 승리로 이끈 중요한 계기가 되었는데, 실패한 작전일 수가 있는가?"

"첫날 인명피해가 많았기에 성공한 작전이라고 말할 수 없다는 군사 전문가의 의견을 봤다."

"상륙작전은 늘어진 고무줄을 중간에 끊는 것과 같다. 방어군 입장에서는 고무줄이 끊어지지 않기 위해 결사적으로 싸우기 때문에 전투가 치열할 수밖에 없다. 상륙에 성공하면 전쟁 기간을 줄일 수 있고, 전체적인 피해를 크게 줄일 수 있다. 작전의 성공 여부는 일부 전투의 사상자 수로 판단되는 것이 아니라 전황의 전개에 어떤 영향을 미쳤는가에 의해 판단되는 것이다."

설명하는 해병대 장교의 말에 비장함이 느껴졌다.

노르망디에서 고무줄을 끊는 전투는 치열했다. 독일군은 천혜의 요새인 모래 둔덕에 숨어 중화기로 무장하고 있었다. 미국, 영국, 캐나다 연합군은 엄폐물이 없는 해변을 달려 모래 둔덕을 점령해야 했다. 상륙군의 해변 질주를 최소화하기 위해서는 만조 시간을 이용해야 했다. 그러나 만조 때는 해수면이 높기 때문에 바람이 불고 조류가 강하면 탱크 상륙이 어려워진다.

최대 격전지였던 오마하 해변의 미군 탱크는 2대만 정상적인 상태로 상륙했고, 나머지는 높은 수위와 강한 물살 앞에 무용지물이 되었다. 상륙작전 개시 전에 공군이 방어기지를 충분히 폭격해야 했지만, 전선이 80킬로미터에 걸친 다섯 개 해변이었기에 오마하 해변에 집중적으로 포화하지 못했다. 모래 둔덕에 숨은 방어기지를 파괴하기 위해서는 정확한 폭격이 필요했지만, 바람이 심해서 가능하지 않았다. 공중 폭격과 탱크의 지원이 충분하지 못한 상황에서 오마하 해변으로 상륙한 미군은 절대적 열세에 놓였다. 그 장면은 영화 〈라이언 일병 구하기〉에 비극적이고 사실적으로 그려졌다. 총탄이 병사의 머리를 관통하는 장면은 두고두고 기억에 남았다.

노르망디 상륙작전의 훈련장이었던
손턴 골프코스

16만 명의 병사가 상륙한 역사상 최대 작전이었던 노르망디 상륙이 성공할 수 있었던 것은 치밀한 연습 덕분이다. 이들의 연습은 어디에서 이뤄졌을까? 오마하 해변으로 진격한 군인들이 훈련한 곳은 링크스 골프코스가 있는 잉글랜드 데본의 손턴샌즈Saunton Sands 해변이다. 이곳이 훈련장으로 선택된 이유는 모래 형질, 모래 둔덕 형태, 해변 기울기, 밀물과 썰물의 형태가 오마하 해변과 판박이였기 때문이다. 손턴샌즈 해변은 태블릿PC 수준으로 평평하며 간조 때의 모래사장 폭은 1.5킬로미터가 넘는다. 손턴샌즈 호텔에서 보면 세로 5킬로미터, 가로 1.5킬로미터의 태블릿PC가 아주 살짝 기울어진 것처럼 보인다.

훈련은 실전처럼 이뤄졌다. 공중 폭격이 있었고, 배에서 내린 군인은 바주카포를 쏘면서 진격했다. 높은 해변 모래 둔덕을 넘은 후에도 울퉁불퉁한 모래 둔덕은 계속되었고 곳곳에 지뢰와 부비트랩을 돌파하며 800미터를 진격한 후에 골프코스에 진입했다.

보통의 링크스 골프코스는 바다에 면해 있다. 해변의 높은 모래 둔덕이 멋진 풍광을 만들어내고 강한 바람을 막아준다. 손턴 골프코스의 경우는 해변과 800미터 정도 거리를 두고 있는데, 해변과 골프코스 사이에는 야생 모래 둔덕이 존재한다. 광활한 야생 공간에 마람그래스와 페스큐그래스가 장관을 이룬다. 이곳을 모두 골프코스로 만든다면 손턴 골프코스는 훨씬 아름다울 것이다.

현재 36홀인 골프코스가 180홀이 될 수도 있지만, 그것은 바람직하지도 가능하지도 않다. 손턴샌즈 해변, 모래 둔덕과 손턴 골프코스가 모두 유네스코 생물권보존지역으로 지정되어 있기 때문이다. 광활한 해변과 모래 둔덕이 인상적인 이곳은 134년 골프코스 역사와 12년 군사훈련 역사에도 불구하고 생물 종 다양성이 풍부하게 유지되고 있다.

1939년부터 1951년까지 손턴 골프코스가 군사훈련장이 되면서, 특히 미군 노르망디 상륙작전의 연습장이 되면서 골프코스는 심하게 훼손되었다. 아름다운 굴곡을 자랑하는 골프코스의 능선은 훼손되었고, 골프코스의 일부는 평탄해졌다. 전쟁이 끝나고 미군은 탄약과 지뢰를 땅에 묻고 떠났다. 전쟁이 끝나고 훼손된 골프코스를 바라본 골퍼와 지역 주민의 마음은 어떠했을까? 영국 정부는 골프코스가 회복되도록 도왔다. 독일군 포로를 활용하여 유실된 지뢰와 불발탄을 제거했고, 탱크로 인해 평탄해진 모래 둔덕의 굴곡을 살렸고, 민둥해진 모래 둔덕에 마람그래스를 심었다. 그러나 골프를 이해하지 못했을 독일군 포로가 링크스 코스 복구에 큰 도움이 되지는 않았을 것이다.

전후 30년 동안 종종 골프코스에서 전쟁의 흔적이 발견되었고, 최근까지도 골프코스 토사 작업은 폭발물 감식반이 먼저 탐지 작업을 마친 후에 시작되었다.

디오픈을 여섯 번 우승하여 가장 많은 우승 기록을 가지고 있는 해리 바든Harry Vardon은 은퇴하면 손턴에서 골프를 치며 시간을 보내겠다고 말했다. 손턴에는 다른 것이라고는 없는 순수하고 완전한 형태의 즐거움만 있기 때문이라고 했다. PGA 투어에서 최저 평균 타수를 기록한 선수에게 주는 트로피가 바든 트로피다. 바든은 1937년에 사망했기에 손턴 골프코스가 군사훈련장으로 변하는 것은 보지 못했다.

탱크가 모래 둔덕을 무너트렸고, 와일드 러프에서 바주카포 불발탄이 발견된다고 하여 이곳에 대해 선입견을 가질 필요는 없다. 자연의 회복력은 매우 뛰어나서 손턴 골프클럽의 동코스와 서코스는 세계 최고의 링크스 코스 못지않은 풍광과 굴곡을 가지고 있다. 그리고 지뢰나 불발탄은 더 이상 골퍼의 영역에서 발견되지 않는다.

전쟁의 상흔을 말끔히 씻어낸
최고의 링크스 골프코스

닉 팔도는 36홀 링크스 코스 중 손턴 골프코스만큼 재미있는 코스는 없다고 말했다. 영국의 링크스 골프코스는 기본적으로 18홀 구조다. 드물게 18홀 코스를 두 개 가진 곳이 있다. 로열 도녹, 트럼프 턴베리가 그러하며, 아일랜드의 라힌치도 그렇다.

그러나 주가 되는 챔피언십 코스와 보조가 되는 다른 코스 사이에는 격차가 존재한다. 손턴 골프클럽의 서코스는 주가 되는 동코스만큼 아름답고 재미있으며, 똑같이 역사적으로 비장하고, 생물 종 다양성은 더 뛰어나다. 골프코스 일부에 전쟁 흔적이 남아 있을지 모르지만, 그 때문에 생긴 역사적 비장미는 골프코스의 가치를 더욱 높인다.

손턴샌즈 비치에서 훈련한 미국 병사 중 2,500명은 노르망디 상륙

작전이 벌어진 첫날 오마하 해변에서 전사했다. 병사 중 일부는 데본 남쪽의 슬랩턴 해변에서 노르망디 유타 해변으로 상륙하는 훈련을 받았다. 그 과정에서 독일 해군 이보트E-Boats의 기습 공격으로 750명이 죽었고, 훈련 과정에서 자국 공군의 오폭으로 250명이 죽었다. 1,000명의 군인이 노르망디 해변에 가보지도 못하고 죽었다.

손턴 골프코스를 거쳐 간 병사 중 일부는 골퍼였을 것이다. 미국으로 돌아가지 못한 3,500명 병사 중에도 골퍼가 있었을 것이다. 그들이 전쟁이 끝나고, 평화로운 손턴 골프코스에서 골프를 한 번이라도 즐길 수 있었다면 얼마나 좋았을까? 손턴 골프코스에서 골프를 치다보면 해리 바튼의 말도 생각나고 닉 팔도의 말도 떠오르지만, 무엇보다 머리에 떠오르는 생각은 '골프는 우리가 행운아임을 깨닫게 만든다'는 점이다.

골프를 치며 한 번이라도 불행하다는 생각을 가져본 골퍼가 있다면, 손턴 골프코스에서 골프를 쳐보기를 권한다.

"진정한 골프를 처음 경험한 느낌"

플레이가 시작되기 전에 골프클럽의 대표인 존 서더랜드를 만났다. 그는 손턴 골프코스가 갖춘 자연미와 생물 종 다양성을 강조했다. 그 부분은 다음 장에서 자세히 다루겠다.

우리 공은 도랑에도 빠졌고 와일드 러프에도 갔다. 러프에서 공을 찾는 것과 플레이하는 것은 어려웠지만, 분명한 재미가 있었다. 우리가 동코스에서 플레이할 때는 이곳이 2차 대전 군사훈련장이란 것을 몰랐고, 간혹 폭발물이 발견되었다는 것도 알지 못했다. 코스는 사방으로 꼬부라져 플레이어가 자신이 어디에 있는지를 쉽게 알아차릴 수 없었다. 홀이 갑작스럽게 방향을 바꾸기 때문에 바람을 계산하기 어려웠고, 바람은 언제나 샷에 개입했다.

여느 링크스 골프코스와 달리 벙커가 많지 않은 것도 특징적이었다. 싱가포르 센토사 골프클럽은 골프코스의 퀄리티를 높이기 위해 벙커를 크고 아름답게 만들며, 벙커에 흰 모래를 가져다 붓는다. 이곳은 코스 난이도를 올리기 위해 벙커를 새롭게 만들거나 아름답게 보이려 벙커를 확장하지 않는다. 벙커 주변을 자연적으로 만들어 코스 관리자의 손길이 덜 가도록 한다.

우리 일행 중 한 명은 골프를 시작한 지 1년 된 골퍼였다. 바닷물이 제초제와 살충제의 역할을 하는 로열 노스데번에서 플레이하고, 다른 방식으로 야생미가 강조되는 손턴 동코스에서 플레이한 후에 그는 비로소 진정한 골프코스를 처음으로 경험해본 느낌을 받았다고 말했다.

골프를 마치고 다시 존 서더랜드를 만났다. 그는 골프코스가 어떻게 군사훈련장으로 쓰였는지 자세히 설명해주었다. 골프의 순결한 즐거움을 만끽한 우리는 그와 작별을 고하려 했지만, 그는 서코스를 플레이하지 않고 가는 것에 아쉬움을 표했다. 다음 날은 토요일이었고 티타임이 없었지만, 어떻게든 티타임을 찾아주겠다고 했다. 우리 일행은 일정을 하루 연장하여 서코스에서 골프를 치기로 했다.

서코스 초반 몇 개 홀은 동코스 주요 홀보다 아름다웠다. 비가 간혹 왔고 바람이 강해졌다. 세찬 바람과 빗발 속에서 거리를 가늠하기가 어려웠다. 15번 홀에서 친 티샷은 바람을 타고 쏜살같이 날아가 앞 조에 있던 골퍼 근처까지 굴러갔다. 15번 홀 그린에서 퍼팅하는 골퍼에게 사과하고 돌아와 세컨 샷을 준비하는데 뒤 조 플레이어가 '포어fore'라고 외쳤다. 급하게 손으로 머리를 감싸고 몸을 숙였다. 공은 바람을 가르며 우리의 머리 위로 날아갔다. 우리를 향해 날아온 것이 '포어'라는 외침을 듣고 몸을 웅크리면 피할 수 있는 골프공이라는 사실도 새삼 고맙게 느껴졌다. 골프코스에서 평화를 누린 우리는 비장했던 역사를 떠올리며 우리가 여러모로 행운아라는 사실을 깨닫게 되었다.

PART 2

골프와 자연

자연보호,
골프클럽이 부여받은 중요한 임무
- 손턴 골프클럽의 생태계 보호 전략

골프코스는 아름답다. 세상의 모든 골프코스가 자기만의 방식으로 아름답다. 고유한 특징을 가진 골프코스에 등수를 부여하는 것은 어려운 일이다. 코스 평가기관이 랭킹을 매길 때 중요하게 여기는 요소는 코스가 얼마나 자연적인가 또는 자연스러운가 하는 점이다. 로열 카운티다운, 로열 포트러시와 로열 도녹이 높은 점수를 받는 이유도 자연미가 뛰어나기 때문이다.

골프클럽마다 코스의 자연미를 강조하는 방식도 제각각이다. 어느 골프클럽은 코스를 조성할 때 흙을 옮기지 않았다고 말한다. 코스의 형태와 지면 굴곡이 불도저 사용 없이 형성되었다면 높은 점수를 받을 수밖에 없다. 어떤 골프클럽은 나무를 자르거나 지역에 없던 식물을 새로 심지 않았고, 외부 종의 인위적 도입으로 지배종이 갑작스럽게 바뀌는 일이 없도록 신중을 기하고, 잔디에 물을 주지 않거나 최소한으로 주고 있다고 강조한다. 어떤 골프클럽은 골프코스에 다양한 동식물이 서식하고 있고, 코스 관리를 위해 기계 사용을 최소화한다고, 친환경 에너지를 만들고 장비를 전기로 가동하여 탄소 배출 제로에 도전한다고 말한다. 어떤 골프클럽은 양과 말이 코스의 풀을 뜯어 먹게 하여 목가적 분위기를 높이기도 한다. 초식동물이 풀을 뜯으면 식물 종 다양성은 30% 증가한다. 지배종은 웃자라는 경향이 있는데, 초식동물이 지배종 생장을 막아 확장을 억제하기 때문이다.

자연적일수록 골퍼의 사랑을 받고 자연스러울수록 높은 점수를 얻지만, '자연적', '자연스러운'이라는 단어도 생각만큼 명확한 것은 아니다. 골프코스가 태생적으로 자연 파괴적이라고 생각하는 사람에게는 골프클럽의 친환경 정책이 악어의 눈물처럼 보일 수 있다. 그러나 골프코스가 태생적으로 자연 파괴적인 것은 아니다. 세상에 자연 친화적 골프코스는 많고, 자연보호라는 중요한 임무를 부여받았다고 생각하는 골프클럽도 있다. 그중 한 곳이 잉글랜드 데본에 위치한 손턴 골프클럽이다.

유네스코 자연보호 지역으로 지정된
손턴 골프코스

손턴 골프클럽의 36홀 골프코스는 네 종류의 자연보호 지역으로 지정되어 있다. 이곳은 뛰어난 자연경관 지역 Area of Outstanding Natural

Beauty, 특별 과학적 관심지Site of Special Scientific Interest, 특별 자연보호구역Special Area of Conservation과 유네스코 생물권보존지역UNESCO Biosphere Reserve이다. 손턴 골프클럽은 골프코스에서 작업할 때 내추럴 잉글랜드Natural England의 허가를 받아야 한다. 그린, 티샷박스, 페어웨이와 퍼스트컷은 기계로 잔디를 깎을 수 있지만, 이외의 지역은 기계를 동원해 식물을 자를 수 없다. 식물이 씨앗을 떨어트리는 늦가을까지 와일드 러프에서 종 다양성을 해치는 작업은 할 수 없다.

그 결과로 400여 종의 식물이 와일드 러프에서 서식하고 있다. 지상에 둥지를 트는 댕기물떼새lapwing, 풀쇠개개비sedge warbler, 쇠흰턱딱새whitethroat, 가시검은딱새whinchat와 같은 새들이 있다. 댕기물떼새는 손턴 골프클럽의 로고이기도 하다. 그 밖에 각종 거북이, 달팽이, 모래뱀 등도 살고 있다.

손턴 골프코스가 다른 링크스 코스보다 생물 종 다양성이 뛰어난 이유는 다음 페이지의 '해안가 모래 둔덕 구조도'를 통해 설명된다. 이 그림을 보면 해변과의 거리에 따라 모래 형질과 모래 둔덕의 형태가 다른 것을 알 수 있다. 전형적 링크스 코스는 해변을 따라갔다가 돌아오는 구조이기 때문에 홀과 해변의 거리가 일정하다. 손턴과 같이 골프코스가 홀마다 방향을 바꾸고 일부 홀이 경작지까지 깊숙이 들어가는 경우에는 9개의 서로 다른 듄(모래언덕)을 만나게 된다. 모래 형질이 다르면 서식하는 생물도 달라진다.

생물 종 다양성을 위한 노력 덕분에 골프공이 러프로 들어가는 것조차 골퍼가 누리는 즐거움의 일부가 된다. 이런 노력들로 인해 골퍼는

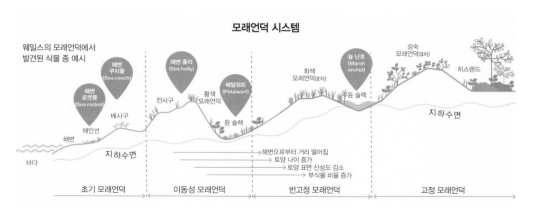

모래언덕 시스템

웨일스의 모래언덕에서
발견된 식물 종 예시

해변
로켓풀
(Sea rocket)

해변
쿠치풀
(Sea couch)

해변 홀리
(Sea holly)

황색
모래언덕

페탈워트
(Petalwort)

회색
모래언덕(2차)

늪 난초
(Marsh
orchid)

성숙
모래언덕(3차)

히스랜드

해안선

배사구

해안선

전사구

듄 슬랙

듄 슬랙

지하수면

바다

지하수면

→해변으로부터 거리 멀어짐
→토양 나이 증가
→토양 표면 산성도 감소
→부식물 비율 증가

초기 모래언덕 | 이동성 모래언덕 | 반고정 모래언덕 | 고정 모래언덕

해안가 모래 둔덕 구조도

자연의 묘미를 만끽할 수 있다.

그러나 모든 골프클럽이 제초제, 살충제와 화학비료를 사용하지 않는 것은 아니다. 골프코스의 토양, 잔디 종류, 기후가 저마다 다르기 때문에 사용이 불가피한 경우가 있다. 그러하기에 골프코스가 환경을 파괴한다는 주장에는 근거가 있다. 골프코스를 옹호하는 주장 중에 "골프코스가 농경지에 비해 단위 면적당 농약 사용량이 적기 때문에 골프코스의 환경 파괴적 요소는 과장되어 있다"는 논지도 있다.

그러나 골프코스를 경작지와 비교하는 것은 옳지 않다. 원래의 골프코스는 해변과 경작지 사이의 듄에 생겨났다. 경작이 불가능한 지역이기 때문에 링크스 코스에서 골퍼와 농부 간 갈등은 일어나지 않았다. 토끼와 꿩을 잡는 사냥꾼과 잦은 마찰을 빚은 것과 대조적이다. 우리나라 인랜드 코스도 경작지를 골프코스로 바꾼 것이라기보다는 산림지역을 코스로 바꾼 것이다. 그러므로 골프코스가 경쟁해야 하는 곳은 경작지가 아니라 야생의 자연이다. 손턴 골프클럽의 경우라면 천연 자연과 비교해도 환경적인 면에서 뒤지지 않는다.

자연을 그대로 내버려 두는 것이
자연보호는 아니다

인간이 하고 싶은 대로 내버려 두는 것이 인간적인 것이 아니듯, 자연도 있는 그대로 놓아두는 것이 자연적인 것은 아니다. 우리는 생물 종 다양성이 급격히 감소하는 시대를 살고 있다. 현재 멸종 위기에 처한 종의 수가 2만 6천 개에 달하는데, 이는 6,500만 년 전에 발생한 대멸종 시기와 비슷한 정도라고 한다. 인간의 산업활동이 미친 영향이 크다. 우리가 생물 종 다양성을 위해 멸종 위기의 동식물을 보호해야 하는 이유는 지구 생태계의 균형을 위해서다. 하나의 생물 종이 멸종하면 연쇄적으로 다른 생물 종도 위협받게 된다. 멸종 위기종을 보호함으로써 더 안전한 지구 생태계와 더 건강한 미래를 만들 수 있다.

여러 이유로 생물 종은 끊임없이 사라지고 생겨난다. 어느 지역에 번성하는 종이 다른 종과의 경쟁에서 밀리면서 지배종이 변하는 일은 종종 발생한다. 이를 '자연 천이natural succession'라고 한다. 어느 멸종이 자연 천이의 일부이며, 어느 멸종이 인간 경제활동의 결과인지는 명확하지 않다. 그래서 우리는 인간의 산업활동이 왕성하기 이전의 자연 상태를 이상적인 것으로 간주하여 자연의 변화에 어느 정도 제동을 걸기로 결심했다.

"갯벌이 사라진다"라는 이야기는 익숙하다. 우리나라 해양수산부 발표에 의하면 갯벌의 경제적 가치는 같은 면적 숲 가치의 10배에 달한다. 한국의 갯벌은 빠르게 사라지고 있고, 이러한 현상은 지구 곳곳에서 발생한다. 인간의 거주 공간이 이전보다 더 바다 쪽으로 가까워지고, 간척사업이 많이 진행되는 것도 한 이유다.

갯벌이 사라지는 것과 동시에 일어나는 현상이 듄의 소멸이다. 듄의 소멸은 자연적인 현상이지만 인간의 활동이 그 현상을 가속화시켰다. 첫째, 해변에 주택, 캠핑 단지, 도로, 철도 등을 건설하였고, 해변에 방파제를 설치하면서 듄 생태계를 파괴했다. 둘째, 해변 여가활동이 증가하면서 듄에서 오프로드 자동차와 모터바이크를 즐기고, 여러 레저 시설을 세웠다. 셋째, 대기오염으로 증가한 질소, 암모니아와 이산화황이 땅으로 스며들어 토지가 비옥해지면서 산성 모래 토양에서 자라는 식물에 불리한 환경이 조성되었다. 넷째, 사람들은 듄을 안정화시키기 위해 가시류 나무를 심기도 했는데, 정원 쓰레기를 듄 지역에 버리면서 없던 식물 종이 등장하고 영역을 넓혀갔다. 다섯째, 농부들이 화학비료를 과도하게 사용하여 경작지에 인접한 모래 형질이 변하기 시작했다.

링크스 골프코스를 가진 골프클럽이 부여받은 사명 중 하나가 듄 생태계를 지키는 것이다. 해안가 듄이 아름답고 골프를 치기에 좋기 때문에 보호받아야 하는 것은 아니다. 듄은 바닷물이 만조나 폭풍 등으로 경작지나 거주지로 침입하는 것을 막아준다. 해수면이 높아지는 환경에서 듄의 역할이 더 중요해지고 있지만, 지난 80년간 듄은 갯벌보다 빠르게 지구상에서 사라지고 있다. 이에 따라 생물 종 다양성도 위협받고 있다.

골프클럽이 듄 생태계를 보호하는 방법

듄 생태계의 최대 위협 요인 중 하나는 스크럽scrub의 번성이다. 스크럽은 한 서식지가 다른 서식지로 전환되는 과정에서 일시적으로 나타나는 식물군을 말한다. 듄 생태계의 스크럽은 고스와 쐐기나무를 비롯한 가시류, 참나무, 자작나무, 버드나무 등을 통칭한다.

듄에 생긴 스크럽은 질소고정nitrogen fixation을 일으킨다. 나무뿌리에 있는 박테리아가 공기나 토양에 있는 비활성 질소분자를 암모니아와 같은 질소화합물로 만든다. 스크럽은 척박한 땅에서도 스스로 질소비료를 만들어 생장하는 셈이다. 이런 우월한 생존 능력을 바탕으로 빠르게 지배종이 되고, 다양한 허브 식물을 제압한다. 결과적으로 토양의 안정성이 지나치게 높아져 듄의 이동성과 역동성이 감소한다.

로열 도녹에 가면 노란 꽃을 피우는 고스가 흐드러지게 피어 있다. 링크스 코스의 상징과 같은 고스는 풍광을 아름답게 하지만 빠르게 생장하여 잔디 지역을 잠식한다. 데이비드 벨은 자신이 어릴 적에는 고스가 골프코스에서 차지하는 면적이 지금의 10분의 1도 되지 않았다고 기억한다. 코스 관리자의 주된 업무 중 하나가 고스의 팽창을 막는 것이다.

모든 골프클럽 그린키퍼의 중요 업무는 그린과 페어웨이가 좋은 상태를 유지하도록 하는 것이다. 손턴 골프클럽의 그린키퍼에게도 같은 책무가 있다. 전체 126헥타르ha 땅 중에 그린, 티샷박스, 페어웨이, 이동로가 차지하는 면적은 43헥타르에 불과하다. 그들에게는 다른 중요한 책무가 주어졌는데, 그것은 와일드 러프로 조성되어 있는 83헥타르에서 듄 생태계를 지키는 일이다. 경작지와 가까운 골프코스에서 듄 생태계를 지켜내면, 전체 듄 지역 1,300헥타르를 효과적으로 보호할 수 있다.

이를 위한 우선적 과제는 스크럽을 제거하는 것이다. 스크럽 제거는 대부분 수작업으로 이뤄진다. 자연보호 지역에서 기계 사용이 제한되기 때문이다. 스크럽을 뿌리째 뽑아내는 것은 어려운 일이다. 때로는 땅 위에 둥지를 트는 새들이 가시나무 덤불 속에 서식하기 때문에 스크럽을 완전히 제거하는 것도 정답은 아니다. 얼마만큼의 스크럽이 적당한지에 관한 기준은 코스 관리자가 판단할 몫이다.

두 번째 과제는 식물이 자라지 않는 민둥 모래 지역을 전체 골프코스의 10%로 유지하는 것이다. 모래를 바람에 노출시키면 듄의 역동성이 증가한다.

세 번째 과제는 듄 슬랙Dune Slack의 비중을 전체 코스에서 5%까지 늘려 유지하는 것이다. 듄 슬랙이란 모래언덕 사이의 움푹 파인 곳으로 지면이 진흙화되어 때때로 고이는 지역이다. 보통의 링크스 코스는 워터 해저드 지역을 되도록 없애려고 하지만, 손턴 골프클럽은 종 다양성을 위해 물을 담고 있는 지역을 일정하게 유지하려 한다.

스크럽이 잘 제거된 골프코스 모습

손턴 골프클럽의 동코스는 세계 100대 골프코스 중 95위에 선정되었다. 골프코스를 평가하는 데 있어 역사는 중요한 요소 중 하나다. 그러나 노르망디 상륙작전 훈련장이었다는 사실은 골프 외적인 역사로 평가에 반영되지 않는다. 수백 명의 골프코스 평가자가 복잡한 듄 생태계를 모두 잘 이해하고 있는 것은 아니다. 단순히 유네스코 생물권보존지역이라는 사실만 알고 있는 평가자도 있다. 듄 생태계를 충분히 이해한다면, 95위라는 평가가 지나치게 박하다고 느끼게 된다. 골프코스와 자연의 긴장 관계를 고민하는 골퍼라면 손턴 골프클럽의 동코스와 서코스를 높게 평가할 수밖에 없다. 자연보호를 위한 그들의 노력은 그 무엇보다 아름답다.

골프코스의 자연미, 비장미와 관능미

– 아일랜드의 보석, 라힌치 골프코스

아일랜드의 관문인 더블린을 제외하고, 아일랜드를 방문하는 관광객이 가장 많이 찾는 곳은 모허 절벽Cliffs of Moher이다. 동해안의 더블린에서 동서를 가로질러 서해안에 도달하면 라힌치Lahinch라는 작은 타운을 만난다. 그곳에서는 모허 절벽이 지척이다.

라힌치 마을 한가운데에 골프코스가 있다. 골프코스가 타운과 얼마나 가까운가 하면, 마을의 여러 점포가 골프코스로부터 피칭웨지 거리에 있다. 슈퍼마켓도 정육점도 레스토랑도 펍도 은행도 그렇다.

봉긋봉긋 솟아 있는 모래 둔덕의 관능미가 인상적이고, 모래 둔덕 등성이를 덮고 있는 마람그래스와 페스큐그래스는 원시적 자연미를 뽐낸다. 골프코스 중간에 서 있는 오래된 캐슬은 관능미와 자연미에 비장미를 더한다. 라힌치 골프코스는 '아일랜드의 보석'이라고 불린다.

아일랜드 서해안의 라힌치 골프코스

    이곳에서 한 번이라도 골프를 쳐본 사람이라면 차로 스쳐 지나며 본 라힌치 골프코스의 풍광을 잊을 수가 없다. 모허 절벽은 이미 안중에 없고, 라힌치 골프코스만 머릿속에 남는다.

    작은 마을의 골프코스이며 36홀 골프코스이기 때문에 쉽게 티타임을 확보할 수 있을 것이라고 짐작하면 오산이다. 라힌치 골프코스는 〈골프다이제스트〉 기준으로 세계 랭킹 31위에 이름을 올리고 있다. 세계 1위로 평가받는 북아일랜드의 로열 카운티 다운, 스코틀랜드의 로열 도녹만큼이나 예약하기가 어려운 곳이 라힌치 골프코스다.

    라힌치 골프클럽에는 2,500명의 회원이 있다. 그들은 지역 회원, 일반 회원, 인터내셔널 회원, 주니어 회원으로 구분된다. 라힌치 골프코스로부터 10마일 이내에 사는 지역 회원은 연회비로 1,000유로(약 140만 원)만 내면 된다. 다른 대륙에 거주하는 골퍼는 2만 5천 달러(약 3,200만 원)를 일시불로 내고 인터내셔널 회원이 된다. 그중에는 톰 왓슨과 필 미켈슨Phil Mickelson도 있다.

죽음도 기여가 되는 회원제도

인터내셔널 회원은 평생 회원으로 별도의 연회비나 그린피를 내지 않는다. 본인은 물론이고 동반자까지 횟수 제한 없이 무료로 골프를 칠수 있다. 미국, 캐나다, 호주와 남아프리카공화국에 사는 회원이 무료라고 해서 자주 올 수는 없다. 그럼에도 세계 도처의 골퍼가 라힌치 골프클럽의 인터내셔널 회원이 되길 원한다.

라힌치 골프클럽의 인터내셔널 회원이 죽으면 신규회원이 가입비를 내기 때문에, 세상을 떠난 멤버가 라힌치 골프클럽에 2만 5천 달러를 기부하는 셈이다. 회원은 살아 있을 때 라힌치에서 골프를 치며 지역경제를 살린다. 회원의 죽음은 반가운 일이 아니지만, 회원은 죽어서도 골프클럽과 골프코스 발전에 기여한다. 생각할수록 독특한 정책이다.

라힌치 골프클럽의 체어맨인 존 글리손에게 이런 질문을 던진 적이 있다.

"당신에게 골프란 무엇인가?"

"골프는 내 인생 절반의 낭비다."

"당신은 왜 그러한 낭비를 선택했는가?"

"골프와 관련한 모든 순간이 행복했기 때문이다."

존 글리슨은 회원들만 플레이할 수 있는 회원 주간임에도 불구하고 우리 일행을 환대했고, 플레이를 허용해주었다. 라힌치 골프의 행복을 대한민국 골퍼에게 소개하는 것은 의미 있는 일이기 때문이다.

아일랜드 서해안 링크스 코스의 관능미

라힌치 골프코스의 몇 개 홀은 관능적으로 보인다. 5번 홀의 봉긋한 모래 둔덕은 특히 그러하다. 물론 이것은 주관적인 인상이다. 골프가 자연과의 싸움이라면, 대부분의 골퍼는 이 싸움에서 진다. 때로는 압도적인 자연의 힘 앞에 벌거벗겨진 무력감을 느낀다. 좌절감에 빠진 골퍼가 포기하지 않고 싸움을 지속할 수 있는 방법 중 하나는 골프코스를 이성으로 의인화하는 것이다. 그래서 일부 골퍼에게 어떤 코스는 관능적으로 보인다. 라힌치 골프코스가 특히 그렇고, 라힌치로부터 멀지 않은 곳에 위치한 트럼프 인터내셔널 둔벡Doonbeg도 그렇다. 둔벡의 1번 홀은 전 세계 골프코스 중 가장 압도적인 1번 홀로 인정받고 있다. 어떤 골퍼는 1번 홀 그린을 병풍처럼 둘러싸고 있는 모래 둔덕을 보면서 여성의 자궁을 연상한다.

존 글리슨은 우리에게 돈 딜론을 캐디로 배정해주었다. 그는 오전에는 우편 배달 업무를 하고 오후에는 골프를 치거나 캐디 역할을 맡는

둔벡 1번 홀의 웅장한 모습

라힌치의 봉긋한 모양의 모래 둔덕

다. 라힌치 골프클럽의 오랜 멤버인 돈은 아일랜드 골퍼로 유명한 리오나 매과이어Leona Maguire의 전담 캐디를 한 적도 있다.

프로의 캐디에게 그린을 읽는 비결을 물었더니 이런 답이 돌아왔다. "대부분의 클럽하우스 주변에는 연습 그린이 있죠. 클럽하우스 2층에서 그린을 내려다보면 라이는 어떻게 보일까요? 위에서 보면 대략의 경향성조차 보이지 않아요. 그래서 프로 선수와 캐디는 최대한 몸을 낮춰 지면과 가까운 상태에서 라이를 체크하죠. 그들은 까다로운 라이를 만나면 거의 엎드린 자세로 라이를 읽어요. 그렇게 할 수 없다면 가장 좋은 방법은 발바닥으로 라이를 읽는 거예요. 퍼팅 라인에 서서 양발로 라이를 읽는 거죠. 발로 라이를 느끼는 것은 눈이 지면에 있는 것과 같아요."

그의 말은 로열 세인트조지의 캐디가 해준 말과 비슷했다. "눈으로 보는 라이를 과대평가하지 말고, 발로 느끼는 라이를 과소평가하지 마라!" 돈은 그린의 미세한 굴곡과 부드러운 정도를 눈과 몸으로 느껴야 한다고 말했다. 그의 말은 다른 관능을 불러일으켰다.

라힌치 골프코스의 몇몇 홀에서 관능미가 느껴지는데, 골프코스 설계자나 코스 관리자의 의도가 숨어 있는지 물었다. 존 글리손은 그런 의도는 없으며, 만일 그렇게 보인다면 그것은 순전히 자연의 작품일 뿐이라고 말했다. 그래서 우리는 라힌치 골프코스의 관능미에 대해 여운을 남긴 채로 '아일랜드의 보석' 라힌치 골프코스가 가지고 있는 자연미와 비장미에 집중해 보기로 했다.

바람의 의미를 이해하다

– 자연을 온몸으로 받아들이다, 둔벡

좋은 링크스 골프코스는 날이 서 있다. 1번 홀 티샷박스에 서면 날선 코스가 말을 거는 것 같다. "골퍼, 자네 왔는가? 러프에서 고생 좀 하시게!" 링크스 코스가 날이 선 것처럼 보이는 것은 야생 마람그래스와 페스큐그래스 때문이다.

우리 조상은 대나무 줄기를 잘라 바구니를 만들었다. 대나무가 단단하면서도 잘 구부러지기 때문이다. 영국과 아일랜드에서는 마람그래스 줄기를 엮어서 바구니를 만들어 썼다. 마람그래스는 잔디라고 말하기 어려울 만큼 단단하다. 마람그래스는 바람 방향으로 눕지만, 바람이 조금만 멈추면 바늘처럼 꼿꼿이 선다. 마람그래스 사이에서 자라는 페스큐는 얇고 가느다란 전형적 잔디지만, 야생에서 사람 허리 높이까지 자란다. 잘 관리된 도심 잔디에 익숙한 사람이 링크스 코스의 마람그래스와 페스큐그래스를 보면 원초적 아름다움을 느낀다.

캐디에게 물었다. "스코틀랜드 골프와 잉글랜드 골프에는 차이가 있는데, 스코틀랜드 골프와 아일랜드 골프에도 차이가 있을까요?" 캐디는 이렇게 답했다. "링크스 골프라면 크게 다르지 않다고 생각해요. 스코틀랜드와 아일랜드의 마람과 페스큐는 똑같이 아름답지 않나요?" 우리의 답은 이랬다. "똑같이 아름답죠. 바람이 불고 비가 오기 전까지는요." 그는 재차 물었다. "바람이 불고 비가 온다면 골프가 어려워지나요?"

비와 바람을 받아들여라

스코틀랜드의 카누스티 골프코스에 갔을 때의 일이다. 비바람이 예보되어 있었다. 모두 진정한 스코틀랜드 골프를 경험하게 되었다고 기대에 부풀었다. 비옷을 입었고, 몇 개의 장갑과 여분의 마른 수건도 준비했기에 호기로웠다. 그러나 성질 급한 사람은 1번 홀이 끝날 즈음 불평하기 시작했다. 3번 홀에 이르자 참을성 있는 사람도 불평의 대열에 합류했다. 라힌치 캐디인 돈은 어떤 불평이 나왔는지 물었다.

"비가 오니 루틴이 짧아졌고, 바람이 부니 몸에 힘이 들어갔어요. 각자 스윙 템포를 잃고 스윙이 망가졌죠."

그는 웃었다. "골프를 자연과 싸우는 방법에 대한 것이라고 생각하는 골퍼가 있고, 자연을 받아들이는 방법에 대한 것이라고 생각하는 골퍼가 있어요. 골프의 행복은 자연을 받아들이는 것에서 시작되죠. 바람이 불면 바람을 받아들이면 됩니다."

"어떻게 받아들이죠?"

"바람이 뒤에서 불면 평소처럼 치면 됩니다. 공을 띄우면 더욱 좋죠. 바람이 왼쪽에서 불면 왼쪽을 보고 치면 되고요."

"그게 그렇게 간단하고 쉽나요? 바람이 맞은편에서 불면 어떻게 하죠?"

"스윙을 더 부드럽게 하고, 때에 따라서는 골프클럽을 짧게 잡는 것이 필요합니다. 두 번에 갈 것을 세 번에 간다고 생각하면 되고, 세 번에 갈 것을 네 번에 간다고 생각하면 되죠. 9번 아이언을 칠 거리라고 하면, 7번 아이언을 짧게 잡고 플레이해도 좋아요. 라힌치 골프클럽에서 대회를 하면 바람이 불지 않는 날은 37점이나 38점이 우승하지만, 바람이 많이 부는 날은 41점은 되어야 우승합니다."(스테이블포드 경기는 핸디캡을 고려하여 홀마다 넷net 버디는 3점, 넷 파는 2점, 넷 보기는 1점, 넷 더블이하는 0점으로 계산한다. 모든 홀에서 넷 파를 기록하면 36점이 된다. 37점이란 자신의 핸디캡보다 1타를 적게 쳤다는 의미다. 41점은 자신의 핸디캡보다 5타를 적게 친 것이다.)

웃음이 나왔다. '아일랜드 사람은 영국 사람과 비슷하다고 생각했는데, 과장은 더 심하구나!' 라힌치에서 플레이할 때는 날씨가 좋고 바람이 불지 않았기 때문에 그의 주장을 함께 테스트해볼 수 없었다.

다음 날 트럼프 인터내셔널 둔벡에 갔다. 비가 왔고, 바람이 셌다. 순간 풍속이 시속 60킬로미터까지 불었다. 전반부는 바람을 등지고 갔다. 티샷 후에 롱아이언을 잡을 일이 없었다. 드라이버, 쇼트아이언, 드라이버, 쇼트아이언이었다. 바람은 거셌지만, 높은 모래 둔덕으로 둘러싸인 그린은 의외로 잠잠했다. 버디를 잡는 것도 어려운 일이 아니었다. 옆에서 부는 바람은 어려웠지만, 한 달만 적응하면 옆바람에도 적응할 수 있을 것 같았다. 후반부는 바람을 맞으면서 갔지만 생각만큼 어렵지는 않았다. 좌우로 잘못 친 샷도 짧은 거리 탓에 페어웨이를 크게 벗어나지 않았다. 파4에서 투온 기회와 파5에서 쓰리온 기회는 거의 없었고 점수도 잘 나오지 않았지만, 라힌치 캐디인 돈의 조언에 따라 짧게 끊어서 가기로 처음부터 마음먹었다면 미스샷을 줄일 수 있었을 것이다.

전체 스코어는 좋지 않았지만, 바람이 불면 41점이 우승한다는 말이 과장만은 아니란 사실을 깨달았다. 자연을 받아들이면 골퍼는 좋은 점수를 얻을 수 있다. 버디, 파, 버디, 파를 번갈아 하는 프로에게 바람은 위험 요인이지만, 파, 보기, 파, 보기를 번갈아 하는 아마추어에게는 바람이 버디 기회를 만들어 주기도 한다.

아일랜드와 영국의 관계는 수많은 역사적 비극으로 점철되어 있다. 그러나 아일랜드 골퍼는 영국에 대해 나쁜 이야기를 좀처럼 하지 않았다. 오히려 골프 세계에서는 영국과 아일랜드 간 갈등이 전혀 없었다는 점을 강조했다.

험담은 없지만 농담은 있다

아일랜드인도 영국인만큼이나 리저브드^{reserved}한 사람들이다. 감정이나 의견을 잘 드러내지 않고 조용하고 신중한 태도를 보인다. 그렇다고 농담까지 없는 것은 아니다. 라힌치 골프코스는 큰길을 사이에 두고 해변에 올드코스가 있고 내륙 쪽으로 캐슬코스가 있다. 성곽의 한 벽면이 무너지지 않고 캐슬코스에 남아 있다.

"이곳에 왜 캐슬이 있습니까?"

"바이킹도 침략해오고, 잉글랜드인도 침략해왔기 때문에 아일랜드 중서부 해안가에만 400개가 넘는 캐슬이 있었습니다."

"바이킹은 북쪽에서 오고, 잉글랜드는 동쪽에서 오지 않았나요? 그들이 서해안으로도 왔습니까?"

"그들은 항해에 능했기 때문에 사방에서 침략해왔습니다. 곳곳에 캐슬을 세워 적을 막았고, 봉화를 올려 바이킹이 오는지 잉글랜드인이 오는지 알렸죠."

"바이킹이 오느냐 잉글랜드인이 오느냐에 따라 대응이 달라졌나요?"

"바이킹이 오면 여자를 숨겼고, 잉글랜드인이 오면 양을 숨겼습니다. 하하하."

티머시 스나이더^{Timothy Snyder} 예일대 교수는 역사는 '변화하는 연속성^{changing continuity}'이라고 정의했다. 아일랜드와 잉글랜드가 상호 적대감을 표현하는 방식은 시대에 따라 변하고 있지만, 적대감 자체는 어떠한 형태로든 지속되고 있다. 앞의 농담 속에는 역사의 비장미가 관능적으로 담겨 있다.

기네스 흑맥주를 앞에 두고

훌륭한 캐디가 두 발을 이용하여 그린의 굴곡을 완벽히 읽어준 덕분에 마지막 홀에서 버디를 기록했다. 플레이를 마친 우리는 클럽하우스에서 맥주를 마실 수도 있었지만, 피칭웨지 거리에 있는 시내 펍에 가보기로 했다.

펍은 분주했다. 왁자지껄함 속에는 아일랜드 영어, 리버풀 영어, 스코틀랜드 영어와 미국 영어가 섞여 있었다. 기네스 흑맥주를 앞에 두고 떠드는 각자의 말은 형식은 영어였고, 내용은 골프였다. 라힌치 골프코스가 있어서 행복한 사람들은 기네스가 있어 더욱 행복해 보였다. 그리고 그들 모두는 골프의 행복은 자연을 받아들이는 것에서 시작된다는 점을 깨닫고 있는 것처럼 보였다. '자연'을 '상황'이라는 단어로 대체해도 된다. 행복한 골퍼는 상황을 받아들이는 골퍼다.

'아일랜드의 보석' 라힌치와 둔벡의 골프는 관능적이지만 자연스럽고, 자연스럽지만 비장하고, 비장하지만 행복하다. 골프코스로서 라힌치나 둔벡보다 좋은 곳은 있을 수 있지만, 이곳만큼 자연 속의 행복을 누릴만한 곳은 찾기 어려울 것 같았다.

가장 순수한 골프코스는 어떤 모습일까?

- 홀을 거듭할수록 고조되는 만족감, 밸리부니온

대서양의 파도와 바람이 처음 육지를 만나는 곳이 아일랜드 서해안이다. 유럽을 기준으로 보면 스페인 서해안의 카나리 해류가 북적도 해류가 되고, 카리브 해류와 플로리다 해류가 된 후에 대서양을 건너 아일랜드 서해안에 도착한다. 바람도 똑같이 시계방향으로 분다. 카리브와 플로리다 해류와 바람은 대서양을 건너면서 점점 온기를 잃지만 따뜻함은 어느 정도 유지된다. 그리하여 아일랜드는 높은 위도에도 불구하고 겨울에도 얼지 않고 연중 기온차가 크지 않다.

그러나 대서양을 달려온 파도와 바람은 매섭다. 세찬 파도가 모래를 미세하게 만들었다. 밸리부니온 골프코스 벙커에는 모래를 고르기 위해 갈퀴가 아니라 부드러운 솔이 놓여 있다. 모래가 부드럽기 때문에 긁는 것보다 쓸어내는 방식으로 모래를 정리한다. 강한 바람은 높은 모래 둔덕을 만들었다. 둔벽의 웅장한 모래 둔덕과 라힌치의 봉긋한 모래 둔덕은 아일랜드 서해안이 아니면 좀처럼 볼 수 없는 기이한 형태다.

대서양에서 만들어진 구름은 아일랜드 육지에 비로 내린다. 아일랜드 강수량은 영국이나 프랑스 서해안보다 훨씬 많다. 비가 한 번에 심하게 오지 않고, 적은 비가 자주 내린다. 잦은 비는 모래에서 소금기를 빼내 잔디가 자라기 좋은 환경을 만들었고, 여름에도 골프코스를 최상의 상태로 유지시킨다.

아일랜드 서해안에는 아름다운 코스가 많다. 세계 100대 골프코스인 라힌치, 밸리부니온, 둔벡, 트랄리가 가까이 모여 있다. 세계적 골프코스가 밀집한 지역은 영국과 아일랜드에 여러 곳이 있다. 스코틀랜드 세인트앤드루스, 에든버러 동쪽의 노스베릭, 스코틀랜드 서해안의 트룬, 잉글랜드 리버풀, 잉글랜드 도버, 아일랜드 더블린, 북아일랜드 북동해안 등이다.

모든 지역이 선망의 대상이지만, 어느 곳도 아일랜드 서해안 같지는 않다. 모두 분명한 최상위 코스가 있고, 그에 버금가는 코스가 있으며, 최고를 보조하는 코스가 있다. 대등하게 의미가 있는 것은 아니어서 우열이 존재한다. 골퍼마다 최고로 생각하는 코스가 제각각인 곳은 아일랜드 서해안 지역뿐이다. 동반자가 네 명이라면 한 명은 라힌치에서 가장 감명을 받고, 다른 한 명은 트랄리에 매료되고, 다른 한 명은 둔벡에서 압도당하며, 마지막 한 명은 밸리부니온에서 감격한다.

음식을 먹을 때 좋아하는 음식을 먼저 먹을지, 나중에 먹을지 고민할 때가 있다. 파리 여행을 하다 보면 루브르박물관의 모나리자를 먼저 볼지 나중에 볼지 고민하게 된다. 만약 스코틀랜드, 잉글랜드와 북아일랜드 동해안으로 골프 여행을 떠난다면, 골퍼는 모나리자 관람 시점을 고민해야 한다. 여행 중에는 감흥의 피크를 잘 관리해야 하기 때문이다. 그러나 아일랜드 서해안이라면 그런 고민은 필요하지 않다. 모두가 각자의 방식으로 최고의 감흥을 선사하기 때문이다.

아일랜드 서해안은 최고의 골프 순례지

우리는 아일랜드 서해안이 멀게 느껴지지 않는 세상을 살고 있다. 서울에서 비행기를 타면 12시간 만에 런던 히스로 공항에 도착하고, 히스로에서 아일랜드 서해안 섀넌 공항까지 1시간 20분밖에 걸리지 않는다.

섀넌이라는 이름은 아일랜드 서해안을 낯설게 느끼게 하지만, 섀넌은 생각만큼 작은 시골 공항이 아니다. 예부터 대서양을 가로지르는 많은 비행기가 섀넌을 중간 기착지로 삼았기 때문에 섀넌 공항은 대형 비행기가 편하게 이착륙할 수 있는 시설을 갖추고 있다. 환승 공항으로도 널리 이용되는 섀넌은 세계 최초로 면세점을 운영한 공항이다.

섀넌에서 차를 렌트하고 밸리부니온으로 향하다 보면, 안전띠 조임에 적응하기도 전에 2027년 라이더컵이 개최되는 아데어매너 골프클럽을 지나게 된다. 오거스타 내셔널을 추종하는 아일랜드 최고의 파크랜드 골프코스지만, 링크스를 찾아 떠나는 골프 순례자를 잡아 세우지는 못한다. 순수한 링크스를 위한 갈망 앞에 라이더컵의 명성조차 충

밸리부니온 올드코스 전경

분한 유혹이 되지 못한다. 기회가 된다면 2027년에 이곳을 다시 찾으면 된다.

느지막이 밸리부니온 골프코스가 보이는 작은 숙박시설에 도착했다. '19홀 롯지'라는 이름의 숙소 로비에는 정치인, 골퍼, 연예인의 방문 기록이 많았다. 주인 할머니는 조지 W. 부시 대통령의 초청으로 미국을 다녀오기도 했다. 미국의 유명인사들은 왜 골프를 치러 대서양 건너 편의 밸리부니온에 모여들까?

다음 날 아침 일찍 밸리부니온 골프클럽의 프로인 브라이언 오캘러건을 만났다. 클럽하우스는 현대적이었고 미국 클럽하우스 분위기를 풍겼다. 많은 방문객으로 바빠 보이는 그는 우리를 만나자마자 "지난

주에 타이거 우즈 킬러가 다녀갔어요"라고 말했다. "누가 왔다 갔다고 요?" "한국의 양용은 선수가 다녀갔어요."

"밸리부니온을 왜 이렇게 많은 사람이 찾으며, 어떤 점이 특별한가 요?"라는 질문에 그는 한동안 답을 하지 못하다가 이렇게 말했다. "그 답은 직접 플레이하면서 얻어보세요. 답을 얻는다면 저한테도 말해주 세요."

그의 대답을 더 끌어내기 위해서 필자는 인근 골프코스인 라힌치 이야기를 꺼내 들었다. "제가 세상에서 가장 좋아하는 골프코스 중 한 곳이 라힌치입니다. 라힌치에서 저는 자연의 관능미와 역사의 비장미 를 느껴요. 밸리부니온은 라힌치와 무엇이 다를까요?" 한참을 생각한 그는 이렇게 답했다. "밸리부니온은 더 순수하죠. 밸리부니온은 가장 순수하죠. 세상에서 가장 순수한 링크스 코스죠."

그의 대답은 의외였다. 이러한 질문에는 보통 "사방에서 바다가 보 인다." "톰 왓슨이 코스 변경에 깊이 관여했다." "코스 레이아웃이 좋 다." "역사적인 의미가 더 있다"와 같은 구체적인 대답이 돌아온다. 그 러나 그는 조금 막연하게 '가장 순수하다'라는 표현을 들고나왔다. 그 것을 느낄 수 있는지 없는지의 문제는 순전히 골퍼의 몫이 되어 버 렸다.

밸리부니온 1번 홀은 그리 인상적이지 않았다. 오른쪽에 공동묘지 가 있는 것을 빼면 전혀 인상적이지 않은 편에 가까웠다. 잭 니클라우 스도 빌 클린턴도 슬라이스를 내서 공동묘지로 공을 보냈다. 빌 클린 턴은 모두의 예상대로 멀리건을 썼다. 그 말을 듣고 슬라이스가 나지 않도록 주의했지만, 일행 중 세 명이 슬라이스를 내서 공을 공동묘지로 보내고 말았다.

홀을 거듭할수록 상승하는 순수한 만족감

초반부 홀은 좋은 코스를 섭렵한 우리 일행에게 큰 감동을 주지 못했다. 누군가는 골프코스를 인생이나 사람에 비유한다. 골프코스가 아무리 좋아도 1번 홀부터 18번 홀까지 모두 좋을 수는 없다. 세계 최고의 골프코스라고 해도 마찬가지다. 처음부터 끝까지 섬세하게 설계된 파크랜드 코스라면 드물게 그럴 수도 있지만, 자연적인 링크스 코스에 그런 것은 없다. 세계 최고의 링크스 코스인 로열 도녹도 1번과 2번 홀은 밋밋하다. 3번 홀 티샷박스에 도달해야 비로소 탄성이 나온다.

우리의 인간관계가 골프코스와 같을 때가 있다. 1번 홀과 2번 홀까지만 피상적으로 보고, 서둘러 판단을 내린다. '별것 없다', '뻔하다', '여기까지다'라고 결론을 내린다. 그리고 뻔한 1번 홀과 2번 홀만 계속 반복한다.

밸리부니온의 경우 4번 홀, 심지어 5번 홀까지 그렇다. 4번과 5번 홀 페어웨이가 가정집과 가까워서 전화벨 소리가 들리고, 심지어 통화 내용까지 들릴 정도라는 것이 놀랍다면 놀라운 정도였다. 이쯤 되면 라힌치가 그리워진다. 라힌치는 밋밋한 1번 홀과 2번 홀을 지나 3번 홀에서

대서양이 보이는 밸리부니온 그린에서 퍼팅을 준비하는 골퍼들

감흥이 고조되기 시작하여 4번 홀과 5번 홀에서 이미 한 번의 격정을 불태우고, 6번, 7번, 8번 홀에서 다시 황홀경에 도달한다.

밸리부니온은 6번 홀에서부터 서서히 좋아지기 시작하여 아름다움과 재미가 홀을 지날수록 깊어진다. 시그너처 홀로 알려진 11번 홀에서 골퍼는 피크를 예상하여 사진 찍기에 여념이 없다. 그러나 만족감은 홀을 거듭할수록 에스컬레이터를 탄 듯이 상승한다. 16번 홀에서 최고의 피크에 도달하지만, 17번 홀과 18번 홀에서도 감정은 진정되지 않는다. 마지막 홀이 평범하다면 미련이 덜 남아 오히려 좋을 것 같다는 생각마저 들었다.

강한 파도는 이곳에 고운 모래를 만들었고, 거센 바람은 높은 굴곡의 모래 둔덕을 만들었으며, 잦은 비는 깨끗한 잔디가 자라나게 했다.

그들은 초반부에 좋은 카드를 내어 골퍼를 현혹하지 않고 묵묵히 참고 전진하여 골퍼를 만족시킨다.

만나면 만날수록 좋은 사람은 드물다. 관계가 깊어질수록 진국인 사람은 드물다. 그런 사람은 순수한 사람이다. 그것이 브라이언이 말한 "밸리부니온은 가장 순수한 코스다"의 의미일까?

톰 왓슨은 말했다. "밸리부니온에서 플레이하고 나면, 사람들은 골프가 이곳에서 시작되었다고 생각하게 된다." 밸리부니온의 골프가 순수하기 때문이다. 대서양의 파도, 바람과 비가 과장과 군더더기 없이 골프코스에 반영되어 있기 때문이다. 미국의 골퍼가 대서양 반대편을 멀다 하지 않고 밸리부니온으로 모이는 이유는 이곳이 대서양의 순수함을 가장 잘 대표하고 있기 때문이다. 홀을 거듭할수록 골퍼에게 만족감이 깊어지며, 18번 홀 그린에서 충만감을 느끼지 않을 골퍼는 없을 것이기 때문이다.

자연에 의해 단조되다
– 디오픈의 고향, 프레스트윅과 로열 트룬

2022년 세인트앤드루스 올드코스에서 개최된 150회 디오픈의 스탠드에는 이렇게 쓰여 있었다. "모든 것이 이곳에서 시작되었고, 모든 것이 (우리를) 이곳으로 이끌었다(Everything has come from this, everything has led to this)." 골프의 모든 것이 세인트앤드루스 올드코스에서 시작되었고, 모든 것이 올드코스에서 클라레 저그를 들어 올리기 위함이라는 의미다. 다음 대회 슬로건이 걱정될 정도로 함축적이고 강렬했다.

'자연의 단조'라는 슬로건의 탄생

2023년 로열 리버풀에서 개최된 151회 디오픈 스탠드에는 '자연의 단조 Forged by Nature'라는 슬로건이 쓰여 있었다. 슬로건에 대한 걱정은 기우였다. '자연의 단조'는 "모든 것이 (우리를) 이곳으로 이끌었다"라는 슬로건 못지않았다. 디오픈은 가장 오래된 대회로 늘 최고였지만, 언제나 새로운 최고를 만들어낸다.

포지드forged(단조된)라고 쓰인 아이언이 있다. 철을 불로 달군 후에 망치로 두드려 만든 골프클럽이라는 의미다. 자연에 대해 단조되었다는 것은 디오픈이 열리는 링크스 골프코스가 자연에 의해 달궈지고 두드려져 형성되었다는 뜻이다. '자연의 단조'를 설명하는 디오픈 홈페이지 글을 길게 인용해보면 아래와 같다.

> "링크스 골프코스는 자연의 모든 무자비한 힘이 그대로 드러나는 곳이며, 디오픈 대회는 자연과 최고 선수가 맞붙는 자리다. 여기서 챔피언은 과거의 영광을 뒤로하고 새롭게 도전해야 한다. 그들이 가진 기술과 철저한 준비만으로는 충분하지 않다.
>
> 링크스 코스에서는 바람과 날씨의 변화로 인해 매 홀 새로운 도전이 펼쳐진다. 이는 최초의 골퍼들이 첫 티를 꽂았을 때부터 지금까지 계속된 전통이다.
>
> 링크스 골프는 우리 스포츠의 기원이며, 거친 바다와 해안이 만나는 순수한 자연 속에서 벌어진 역사다. 링크스 골프는 스코어 카드에 기록되는 선수의 기술과 담력 이상이다. 그것은 도전이고 강인함이다.
>
> 모래 둔덕이 발밑에서 소용돌이치고, 비가 장갑 낀 손을 차갑게 베어가며, 물결이 일렁이는 가운데 바다오리와 갈매기가 날아다닌다.

그러나 이 모든 움직임 속에 고요함이 있다. 우리는 링크스 코스에서 150년 넘게 이 진리를 경험해왔다. 이것은 골프의 원초적 시험이며 영원한 테스트다."*

땅, 태양, 물과 바람

링크스 코스의 땅은 태양, 물과 바람에 의해 단조되었다. 링크스 코스가 자연적으로 형성된 땅이라면, 모든 홀 경관이 훌륭할 수는 없다. 오래전에 만들어진 클럽하우스가 대개 바다에서 먼 곳에 지어졌기에, 골퍼는 바다 쪽으로 나갔다가 클럽하우스로 돌아와야 한다.

그럴 경우 초반부와 후반부 몇 개 홀이 밋밋할 수도 있다. 1회부터 12회까지 디오픈을 개최한 디오픈의 탄생지 프레스트윅이 그렇다. 홀이 바닷가에 면해 있을 경우 바람의 영향으로 모래가 쓸려나가 평범해 보일 수도 있다. 로열 트룬의 1번에서 5번까지의 홀이 그렇다.

골프코스가 자연에 의한 단조라면, 밋밋한 홀도 있을 수 있다. 그러나 자연의 단조가 가져오는 최대 장점은 모든 코스가 고유한 특징을 가지고 있고, 모든 홀이 독특하다는 것이다. 고유함과 독특함 속에는 골퍼가 극복해야 하는 테스트가 있다. 평범함 속에도 도전이 있고, 일견 평탄해 보이는 곳에도 울퉁불퉁한 굴곡이 있다. 그곳에 서면 알게

---

* 디오픈 홈페이지 '자연의 단조'에 대한 설명에 나온 문장을 그대로 인용한 것임을 밝혀둔다.

된다. 인생에서 평탄함은 드문 일이라는 것을.

링크스 코스에 떠오르는 태양처럼 아름다운 것은 드물다. 그것이 링크스 코스의 아침 골프를 환상적으로 만드는 이유며, 영국 골퍼가 아침 골프를 선호하는 이유다. 링크스 코스에 뜨는 한낮의 태양처럼 잔인한 것은 없다. 나무가 없어 볕과 더위를 피할 곳이 없는 탓이다. 골프는 4시간 이상 지속되기 때문에 일출의 장관을 경험한 골퍼라면 뙤약볕 속에서 대가를 치러야 한다. 여름 태양은 페어웨이를 오븐에서 갓 구운 빵처럼 만든다. 여름 태양은 무자비한 시험이 된다.

링크스 코스의 일출에 비길 만한 아름다움은 링크스 코스의 일몰이다. 로열 트룬과 프레스트윅처럼 스코틀랜드 서해안에 위치한 코스에서 보이는 일몰은 장관이다. 석양이 만드는 긴 그림자를 보면 알게 된다. 곧 어둠이 오고 우리는 사라지게 된다는 것을.

물은 골프코스의 시작이다. 파도가 모래를 만들었고, 모래가 링크스 코스가 되었다. 실개천은 디오픈에 극적인 요소를 더했고, 비바람은 디오픈을 잔인하게 만들었다. 고온다습한 기후에서 발생하는 번개는 골프를 중단시키지만, 번개가 드문 영국 기후에서 비로 인해 경기가 중단되는 경우는 좀처럼 없다. 강한 비는 제지받지 않는 코스의 침입자다. 바람을 동반하는 비는 위에서만 내리는 것이 아니라 사방에서 온다. 4시간 동안 사방에서 오는 비를 효율적으로 차단하는 방법은 없기에 우리는 알게 된다. 빗속에서 젖지 않는 것은 아무것도 없다는 것을.

바람은 링크스 코스의 가장 큰 도전이다. 바람을 적이 아니라 친구로 만드는 것이 골퍼가 해야 할 일이지만, 시시각각 변화하는 바람은

프레스트윅 17번 홀에서 티샷을 하는 골퍼들

어려운 도전이다. 2008년 잉글랜드 서해안의 로열 버크데일에서 열린 디오픈에서 한 명의 선수도 언더파를 기록하지 못했다. 2라운드까지 선두를 달리던 최경주는 강한 바람에 무릎을 꿇고 13오버파로 경기를 마무리했다. 바람에 고생한 비제이 싱Vijay Singh은 경기 후에 "비참하고, 비참하고, 비참하다"라고 한탄했다. 강한 바람 속의 웃자란 풀을 보며 알게 된다. 나만 바람에 흔들리는 것이 아니란 것을.

링크스 코스에도 바람이 불지 않는 날이 있지만, 그렇다고 바람이 없는 것은 아니다. 바람은 공기 중에만 있는 것이 아니라, 발밑에도 있다. 소용돌이치는 모래 둔덕도 바람이 만든 것이다. 굴곡진 페어웨이와 그린은 또아리를 튼 바람의 역사다.

자연의 단조에서 개최된
152회 디오픈

2024년에 개최된 152회 대회는 스코틀랜드 서해안의 로열 트룬 골프클럽에서 개최되었다. 로열 트룬 담장 너머로는 디오픈을 24번이나 개최한 프레스트윅 골프클럽이 있다.

'자연의 단조'라는 슬로건은 로열 리버풀보다 로열 트룬과 프레스트윅에 더 어울린다. 골프 팬 중에는 로열 리버풀 골프클럽이 새로 조성한 17번 홀을 좋아하지 않는 사람도 있다. 불도저로 조성했기 때문이다. 로열 트룬과 프레스트윅에는 로열 리버풀에 있는 불도저 흔적이 없

로열 트룬 올드코스를 배경으로 서 있는 클라레 저그

었다. 선수들이 싫어하는 블라인드 홀(공이 떨어지는 지점이 전혀 보이지 않는 홀)이 중간중간에 있지만, 블라인드 홀을 현대적으로 바꾸려는 노력을 이들은 기울이지 않는다. 로열 트룬과 프레스트윅의 그린은 현대 골프에 어울리지 않을 만큼 지나치게 작지만, 좀처럼 바꾸려고 하지 않는다. 인상적인 홀을 만들려는 노력은 애초에 보이지 않는다.

디오픈 관객은 로열 트룬의 초반 다섯 개 홀과 마지막 여섯 개 홀이 평범하다고 생각하지만 선수들 평가는 달랐다. 날씨 탓도 있었지만 많은 선수가 자신의 골프 인생에서 가장 어려운 후반부였다고 말했다. 로열 트룬에서 여러 번 플레이해본 어느 골프코스 평가자는 로열 트룬은 플레이를 거듭할수록 어렵게 느껴지는 특징을 가지고 있다고 말했다.

코스가 자연적이면 자연적일수록, 코스가 자연의 단조에 가까우면 가까울수록 골퍼가 코스를 파악하기가 어렵다고 그는 지적했다.

자연의 무자비한 힘이
그대로 드러나는 곳

디오픈 홈페이지에 나와 있는 자연의 단조에 대한 설명은 152회 디오픈에 대한 완벽한 설명이기도 했다. 앞의 인용 글을 최대한 살려 로열 트룬 디오픈을 설명해보면 다음과 같을 것이다.

로열 트룬 골프코스는 자연의 모든 무자비한 힘이 그대로 드러나는 곳이었으며, 이번 대회는 자연과 최고 선수가 맞붙는 자리였다.

로열 트룬에서 타이거 우즈, 패트릭 해링턴Patrick Harrington, 로리 맥길로이와 같은 챔피언은 과거의 영광을 뒤로하고 새롭게 도전해야 했다. 전성기를 구가하는 스코티 셰플러Scottie Scheffler, 로버트 매킨타이어 Robert MacIntyre와 브라이슨 디섐보Bryson DeChambeau는 우승을 위해 철저하게 준비했지만, 그것만으로는 충분하지 않았다.

로열 트룬 골프코스에서는 바람과 날씨의 변화로 매일, 매시간, 매홀 새로운 도전이 펼쳐졌다. 3라운드 후반부에 비바람이 거세졌고, 비가 장갑 낀 손을 차갑게 베어갔지만 선수들은 불평할 수 없었다. 이는 최초의 골퍼가 첫 티를 꽂은 후에 지금까지 이어진 전통의 일부이기 때문이다.

셰인 라우shane lowry, 저스틴 로즈Justin Rose, 빌리 호셜Billy Horschel, 임성재, 존 람Jon Rahm, 아담 스콧Adam Scott, 다니엘 브라운Daniel Brow이 보여준 정신력과 기술력은 충분하지 못했다. 로열 트룬은 그 이상의 도전과 강인함을 요구했다. 모래 둔덕이 소용돌이치고, 낮은 구름이 빠르게 움직였고, 비가 선수와 관객의 온몸을 적셨고, 바다오리와 갈매기가 날아다녔다. 25만 명이 넘는 골프 팬이 운집하고 이동했지만, 모든 움직임 속에 고요함이 있었다.

로열 트룬에서의 경험은 링크스 코스에서 152년 넘게 경험한 진리의 연장선이었다. 이것은 골프의 원초적이고 영원한 테스트였다. 그 테스트를 통과하고 클라레 저그를 들어 올린 주인공은 잰더 쇼플리Xander Schauffele였다.

골프란 기억이다
– 잉글랜드 최고의 골프클럽, 로열 세인트조지

도버에서 북쪽으로 20킬로미터 떨어진 지점에 인구 5,000명의 작은 마을 '샌드위치'가 있다. 샌드위치 백작이 빵 두 조각 사이에 고기를 넣어 먹으면서 생긴 음식이 샌드위치다. 이곳에 로열 세인트조지Royal St. George 골프클럽이 있다. 골프코스 평가기관 중 하나인 '톱100골프코스닷컴top100golfcourses.com'의 2023년 평가에 의하면, 로열 세인트조지는 세계 19위다. 로열 세인트조지는 로열 버크데일과 잉글랜드 1위를 놓고 경쟁한다.

로열 세인트조지를 특별하게 만드는 것은 골프코스의 역사다. 1887년에 골프코스를 만들 때부터 디오픈을 염두에 두었다. 1894년에 로열 세인트조지에서 개최된 디오픈은 스코틀랜드 밖에서 개최된 최초의 대회였다. 그 후로 로열 세인트조지에서 디오픈이 15번 개최되었다. 잉글랜드 골프클럽 중 가장 많은 횟수다. 스코틀랜드를 포함해도 로열 세인트조지보다 많이 개최한 골프코스는 세인트앤드루스 올드코스(29회), 프레스트윅(24회)과 뮤어필드(16회) 세 곳뿐이다.

로열 세인트조지를 특별하게 만드는 다른 하나는 상징성이다. 골프코스가 계획될 때부터 스코틀랜드의 세인트앤드루스를 고려했다. 세인트앤드루스가 스코틀랜드의 수호성인이라면, 세인트조지는 잉글랜드의 수호성인이기 때문에 골프클럽 명칭을 정하는 것도 쉬웠다. 골프코스의 모든 홀컵에는 잉글랜드 깃발이 펄럭인다. 역사성과 상징성에서 잉글랜드 최고 골프클럽으로 손색이 없다.

캐디마스터가 생각하는 골프는 무엇인가

로열 세인트조지를 찾는 사람은 주로 미국인이며, 그다음으로 프랑스인과 벨기에인이 많다. 프랑스와 벨기에 골퍼는 헬기나 배를 타고 오기도 한다. 에드워드 8세는 1927년 왕자 신분으로 로열 세인트조지 골프클럽의 캡틴을 역임했다. 그는 동생에게 왕위를 물려주고 프랑스로 떠났지만, 로열 세인트조지에 대한 기억을 잊지 못하고 헬기를 타고 도버해협을 건너와 골프를 치고 프랑스로 돌아가고는 했다.

숀 멜리디는 명문 클럽인 로열 세인트조지에서 캐디마스터로 일하고 있는 것을 자랑스럽게 생각한다. 1963년에 태어난 그는 여덟 살 때부터 이곳에서 캐디로 일했다. 자신을 돌봐주던 보모가 로열 세인트조지 식당에서 웨이트리스로 일한 탓에, 주중에 학교를 다니고 주말에 유

모를 따라와서 골프클럽에서 놀았다. 간혹 캐디가 부족하면 불려 나가서 일하고 1.5파운드를 받았다. 당시로는 적지 않은 돈이었다.

숀은 열여덟 살까지 이곳에서 파트타임 캐디로 일했고, 핸디캡 7의 골퍼가 되었다. 그 후 37년간 해군으로 근무했고, 전역 후 어린 시절 그 자체였던 로열 세인트조지로 돌아와 캐디마스터로 일하고 있다.

캐디마스터는 캐디를 채용·교육하며, 골퍼에게 캐디를 배정하고, 캐디의 모든 업무를 지원한다. 캐디마스터가 캐디와 관련한 일만 하는 것은 아니다. 골퍼를 지원하는 여러 일을 한다. 숀은 코스 마셜과 스타터를 지휘하며, 골프코스에서 응급상황이 발생하면 제일 먼저 뛰어나간다. 오랜 군 생활이 그를 응급조치 베테랑으로 만들었다. 숀은 다른 일도 마다하지 않는다. 여덟 살 때부터 로열 세인트조지의 필드를 뛰어다닌 그에게 골프는 골프코스와 골프클럽에서 만들어진 기억이다. 그는 캐디마스터이면서 건물 관리인이기도 하다. 클럽하우스, 연습시설, 그린키퍼 하우스, 스타터 하우스, 그늘집과 비를 피하는 오두막에 그의 손길이 닿지 않은 곳이 없다.

누군가에게 골프는 기억이다

숀 멜리디는 "어떤 캐디가 좋은 캐디인가?"라는 질문에 "할 말은 해주고, 너무 많은 말은 하지 않는 캐디가 좋은 캐디"라고 말했다. 골퍼가 모든 변수를 다 고려할 수 없기 때문에 중요한 것만 간략하게 조언해주는 것이 좋다는 의미다. 그렇게 할 때 골퍼는 캐디의 말을 잘 받아들일 수 있다.

숀은 나에게 필 미켈슨을 닮은 리처드를 캐디로 배정해 주었다. 리처드는 열한 살 때부터 캐디를 했다. 숀과 리처드는 52년 골프 친구다. 리처드는 친절하고 골프에 대한 지식이 넘쳤다. 리처드가 가진 문제라면 골퍼에게 해줄 이야기가 너무 많다는 것이다. 리처드가 골퍼에게 해주고 싶은 말은 로열 세인트조지 골프코스와 골프클럽이 간직하고 있는 기억에 대한 것이다. 예를 들면 이렇다.

"저기 5번 홀 옆에 하얀 집이 하나 보이죠? 그 집은 '007' 시리즈의 저자 이안 플레밍Ian Fleming이 살았던 집이에요. 골프를 몹시 사랑했던 그는 골프에 대한 기억을 작품 소재로 활용했죠. 로열 세인트조지 골프클럽 동료회원의 이름과 캐릭터가 그의 작품에 많이 등장해요. 그는 지는 것을 싫어하던 승부욕 강한 골퍼였죠. 골프 경기에서 자신을 이겼던 경쟁자는 그의 작품 속에 악당으로 등장했어요. 그들 중 일부는 아직도 이곳 골프클럽의 회원으로 골프를 치고 있어요."

비는 링크스 골프의 장애가 될 수 없다

스코틀랜드 서부와 아일랜드 서부의 링크스 코스는 높은 모래 둔덕을 특징으로 한다. 반면에 로열 세인트조지는 넓게 트인 개방감이 특징인데, 이것 또한 세인트앤드루스 올드코스를 닮았다.

이곳에서 구름은 유난히도 낮게 떠간다. 긴장 속에서 1번 홀을 마치고 2번 홀에 들어선 순간 비가 내리기 시작했다. 5번 홀을 마쳤을 때비는 더욱 거세게 내렸다. 비는 우의와 우산을 뚫고 온몸을 적셨고, 골프백 안으로도 스며들었다. 골프를 중단하고 오두막에서 비를 피할 수밖에 없었다. 오두막은 로열 세인트조지 골프코스의 주요 상징이다.

오두막에서 비가 멈추길 기다렸다. 비를 맞으며 따라오는 팀은 없었다. 골프코스 전체가 잠시 멈춤 상태였다. 모두들 구석구석에 있는 오두막에서 비를 피하고 있었을 것이다. 1시간쯤 지나자 비가 잦아들었고, 새가 부산하게 날아다녔다. 새는 부메랑 같기도 했고 제비와 닮아 보이기도 했다. 아침에 일어나서 밤에 잠들 때까지 한 번도 땅에 내려앉지 않는 새, 스위프트swift였다. 멸종 위기지만 이곳 골프코스에서는 많이 볼 수 있다. 스위프트가 부산하게 날기 시작했다는 것은 비가 더 이상 오지 않는다는 의미라고 캐디가 알려 주었다.

구름은 여전히 낮았다. 시속 165킬로미터까지 날 수 있는 스위프트는 낮은 구름 속을 빠르게 들락거렸다. 그것은 골프를 다시 시작하라는 재촉과 같았다. 젖은 장갑을 벗고 맨손으로 클럽의 젖은 그립을 움켜잡았지만, 티샷박스와 페어웨이의 잔디는 이미 물기를 머금고 있지 않았다.

주변을 둘러보았다. 골프코스에는 높낮이가 있다. 구릉이 있고 움푹 파인 저지대가 있지만, 어디에도 물웅덩이는 보이지 않았다. 링크스 골프코스의 잔디는 모래 둔덕 위에 올려져 있다는 말이 실감났다. 완벽한 천연 배수였다. 골퍼가 마른 수건만 잘 준비한다면, 비는 링크스 골프에 장애가 될 수 없다는 것을 새삼 깨달았다.

손과 리처드에게 골프는 기억이다. 그에게는 잭 니클라우스, 아놀드 파머Arnold Palmer, 마누엘 피네로Manuel Piñero, 게리 플레이어와 함께한 추억이 있다. 그들과의 추억은 로열 세인트조지의 아름다운 자연 속에 새겨져 있다.

그들은 어린 손과 리처드에게 즐거움과 추억을 선사했다. 30야드 떨어진 자신에게 공을 보내게 해, 뒤로 1야드씩 물러나게 하며 어린 캐디에게 공을 날려 보냈다. 그렇게 하는 이유는 캐디를 향해 샷을 날리면 집중력이 높아져 연습효과가 좋기 때문이다. 뒤로 150야드까지 멀어지게 되면 햇빛 때문에 공을 놓치기도 했다.

위험한 순간도 있었지만, 못 하겠다고 말하지 않았다. 연습이 끝나고 위험한 순간에 대해 말하면, 그들은 어린 캐디에게 미안하다고 연신 사과했다. 쇼트 게임 연습 때는 조그마한 통을 들고 있게 했고, 들고 있는 통에 공을 넣었다. 같이 연습하고 나면 돈도 주고, 공과 장갑에 사인도 해주었다. 20년이 지나고 30년이 지난 후에도 그들은 어린 캐디와 보낸 시간을 기억하고 있었다.

우리 모두에게 잭 니클라우스, 아놀드 파머, 게리 플레이어, 닉 팔도, 타이거 우즈와 함께한 추억이 있지는 않다. 그러나 골프에 대한 기억은 골프를 특별하게 만든 위대한 스타와의 만남 속에만 존재하는 것은 아니다.

골프는 좋은 사람과 함께했던 순간에 대한 추억이다. 잊기 어려운 순간은 누구에게나 있다. 우리는 골프를 호쾌한 장타, 멋진 어프로치,

어려운 벙커에서의 파 세이브, 승부를 결정지었던 30걸음 롱퍼팅으로 기억할 수도 있다. 동반자와 팽팽한 경쟁으로 골프를 기억할 수도 있고, 캐디와의 유쾌한 대화로 기억할 수도 있다. 무엇보다 골프는 멋진 코스와 함께했던 시간에 대한 기억이다. 자연 속 고독으로 기억할 수도 있고, 아름다운 풍광이나 혹독한 비바람으로 기억할 수도 있다.

골프가 기억이라면, 로열 세인트조지는 골프의 정수라고 말할 수 있다. 비와 바람이, 스위프트와 이름 모를 새들이, 아스파라거스와 페스큐 잔디가, 그리고 모래언덕과 벙커가 잊을 수 없는 추억을 만들어주기 때문이다.

파크랜드 골프코스는 자연에 대한 인간의 도전이다

- 아시아 최고의 해안가 코스, 센토사

일부 골퍼는 링크스 골프코스를 해안가 코스로 이해하기도 한다. 링크스를 바다와 내륙을 이어준다는 의미로 해석하기도 한다. 국내 한 유명 골프클럽은 자신들의 코스를 링크스라고 정의하면서 기암절벽을 자랑하고, 아름다운 소나무숲과 대나무숲을 강조한다. 그러나 링크스 코스를 판단하는 가장 중요한 요소는 깊은 천연 모래층의 존재 여부다. 기암절벽 위에는 깊은 모래층이 존재하기 어렵고, 깊은 모래층 위에는 울창한 소나무숲이 생길 수 없다.

골프코스 앞에 링크스라는 단어를 붙이고 싶은 유혹은 이해할 만하다. 링크스는 골프의 원조와 같은 의미를 지니기 때문이다. 국밥집이 '원조'라는 단어를 간판에 쓰고 싶어 하는 것과 같은 이치다. 이러한 현상은 우리나라에만 국한되는 것은 아니다. PGA 투어 시그너처 이벤트 중 하나인 RBC 헤리티지 대회가 개최된 하버타운 골프 링크스는 한눈에 봐도 링크스 골프코스가 아니다. 17번 홀과 18번 홀만 링크스 요건을 갖추었다. 골퍼들의 선망의 대상인 캘리포니아의 페블비치 골프 링크스 코스조차도 링크스 골프코스와는 엄연한 거리가 있다. 링크스 코스의 요건을 일부 가진 해안가 코스라고 해야 정확하다.

아시아의 해안가 코스 중 최고로 손꼽히는 곳이 센토사 골프클럽의 탄종Tanjong 코스와 세라퐁Serapong 코스다. 영국의 골프코스는 기본적으로 18홀 구조다. 드물게 36홀 골프코스가 있지만, 주가 되는 코스를 제외한 보조적인 다른 코스는 실망스러운 경우도 많다. 센토사 골프클럽처럼 큰 대회를 개최할 수 있는 챔피언십 코스를 두 개나 가진 곳은 드물다.

센토사 골프클럽을 책임지고 있는 앤드루 존스톤Andrew Johnston 대표를 만났다. 그에게 세라퐁과 탄종을 어떻게 정의할 수 있는지 물었다. 그는 '해안가 파크랜드 골프코스'라고 답했다. 진정한 골프 전문가는 링크스가 아닌 것을 링크스라고 말하지 않는다. 진정한 요리사가 원조가 아닌데 원조라고 간판에 표시하지 않는 것처럼 말이다.

앤드루 존스톤은 골프클럽을 책임지고 있는 여느 대표와는 달랐다. 그는 골프코스 디자이너로 센토사와 첫 인연을 맺었다. 농경학에 조예가 깊은 그는 센토사 골프클럽의 농경팀을 직접 책임지고 있다. 코스 디자이너이자 농경 전문가, 골프클럽 총괄 책임자다. 여러 골프클럽을 다녀보고 여러 골프 관계자를 만나본 독자들도 이런 경력을 소유한 골프클럽 대표를 보지는 못했을 것이다. 그는 진정한 골프 전문가다.

링크스라는 단어는 스코틀랜드어에서 유래했는데 '올라온 땅', '능선'을 의미한다. 링크스 코스는 바닷물이 물러나면서 나타난 모래 위에 마람그래스, 벤트그래스와 페스큐그래스가 자라면서 생겨났다. 어떤 의미에서 링크스 골프코스는 바다가 작업을 끝낸 곳이다. (1장에서 언급한 로열 노스데번 같은 곳은 아직 바다의 작업이 끝나지 않은 링크스라고 할 수 있다.) 그래서 바다와 일정한 거리를 두고 있고, 심지어 바다가 보이지 않는 링크스 코스도 많다.

그에 반해 해안가 파크랜드 코스는 바다가 작업 중인 골프코스라고 할 수 있다. 센토사의 탄종과 세라퐁 코스가 대표적인 예다. 링크스를 해안가의 아름다운 골프코스라고 생각하는 골퍼가 있다면, 센토사 코스는 링크스보다 더 링크스 같은 골프코스라고 말할 수 있다. 바다와 골프코스가 이곳처럼 가까우면서 완벽하게 조화를 이룬 코스를 만나기는 쉽지 않다.

센토사 세라퐁 코스 전경

어떻게 골프코스 디자이너가 될 수 있나

유소연 선수가 은퇴하면서 골프코스 디자인을 해보고 싶다고 말했다. 그녀의 마지막 기자회견을 보며 궁금증이 생겼다. '골프코스 디자이너는 어떻게 되는 것일까?' '골프코스 디자인을 위해서는 어떠한 지식과 경험이 필요할까?' '골프코스 디자이너는 얼마나 돈을 벌까?'

앤드루 존스톤은 여전히 자신의 골프코스 디자인 회사를 별도로 가지고 있다. 돈에 대해 먼저 물었다. 그에 따르면, 골프코스 디자인 용역비는 클럽하우스, 편의시설, 주거지 등을 제외하고 골프코스만으로 평균 50만 달러라고 한다. 생각보다 많다고 생각하는 독자가 있을 것이고, 골프코스에 들어가는 예술혼을 감안하면 적다고 생각하는 독자도 있을 것이다. 마지막 예술혼을 넣는 비용은 추가로 들어간다. 잭 니클라우스와 아놀드 파머와 같이 자신만의 디자인 회사를 가지고 있지 않은 저명한 골프선수가 골프코스 설계에 관여하면서 예술적 터치의 값을 받는다. 톰 왓슨 같은 선수가 대표적인 경우다. 그들의 노력과 이름이 들어가면 골프코스 디자인비는 500만 달러가 추가된다.

유명 선수가 합류하면서 추가되는 비용의 규모에 놀랐다. 골프코스 디자인은 현대미술을 닮았다. 타이거 우즈가 LIV리브 골프의 제안에 흔들리지 않는 데는 여러 이유가 있겠지만, 그 이유 중 하나를 알 것 같다. 고민 중인 로리 맥길로이가 선뜻 LIV를 선택하지 않는 이유 중 하나도 짐작할 수 있을 것 같다. 나중에 그들의 이름값이 몹시 중요해지는 순간이 오기 때문이다.

유소연이 선수로서의 경험을 골프코스에 훌륭하게 담아낸다면 우리 골프 팬에게 좋은 일이다. 예술혼 파트가 아니고 디자인 실무에 깊숙하게 관여하기 위해서는 어떠한 지식이 필요할까? 첫 번째는 건설에 대한 이해가 필요하고, 두 번째는 조경에 대한 이해가 필요하며, 세 번째는 토양과 토양에서 자라는 식물에 대한 이해가 필요하다. 그것이 디자인이라는 예술적 감성 이전에 기본으로 갖추고 있어야 할 지식과 경험이다.

파크랜드 골프코스는
자연에 대한 도전이다

센토사 골프클럽은 최상위 파크랜드 코스를 지향한다. 오거스타 내셔널을 모델로 삼고 있다. 최고의 파크랜드 골프코스를 만들기 위해서는 자연에 대한 도전이 요구된다. 세라퐁 코스를 조성하기 위해서 골프코스에 모래층이 1미터 이상 되도록 모래를 가져다 부었다. 벙커의 모래도 오거스타 내셔널처럼 흰색 모래로 바꿨다. 이곳의 잔디는 그린, 티샷박스, 페어웨이와 러프가 다르지만, 주종은 조이시아Zoysiagrass라는 아시아 잔디다. 우리나라 코스에 주로 사용되는 잔디도 조이시아다. 조이시아만 해도 30여 종이 있지만, 열대기후에서 자라는 센토사의 조이시아는 겨울에도 잔디가 갈색으로 변하지 않고 녹색을 유지한다. 사시사철 같은 기후인 것이 골프코스 관리에 도움을 줄 것 같아도 열대성

기후에서 골프코스를 관리하는 것은 우리가 생각하는 것보다 힘들다.

우리나라 골프코스는 코스 관리를 주로 전문 외주업체가 담당하지만, 해외의 골프코스는 자체 인력이 담당하는 경우가 많다. 영국 골프코스의 경우 코스 관리 업무를 담당하는 그린키퍼가 18홀 기준으로 12명 내외다. 36홀을 가지고 있는 런던 골프클럽의 경우 24명의 풀타임 그린키퍼를 두고 있다.

36홀의 센토사에는 75명의 그린키퍼가 있다. 잔디가 생장을 멈추는 경우가 거의 없기 때문에 1년 내내 소홀함 없이 코스를 관리해야 한다. 영국 링크스 코스의 경우 러프를 와일드하게 조성하여 겨울에 1년생 풀이 모두 죽을 때까지는 러프를 건드리지 않는다. 센토사 코스는 러프도 일주일에 세 번을 깎아줘야 한다. 그린키퍼를 많이 고용해야 할 이유가 있다.

세라퐁 코스는 2022년에 〈골프다이제스트〉가 선정한 세계 100대 골프코스에서 55위로 선정되었다. 자연미와 역사를 중시하는 골프코스 평가기관이 50년이란 비교적 짧은 역사를 가진 아시아 파크랜드 골프코스를 55위로 선정한 것은 놀라운 일이다.

TR365를 모토로 삼고 있는
센토사 클럽

센토사 골프클럽에는 1,600명의 회원이 있다. 그중 30%가 인터내셔널 회원인데, 한국인과 일본인이 주를 이룬다. 센토사는 한국 골프 팬에게 낯익은 골프클럽이다. 탄종 코스에서는 매년 HSBC 위민스 월드 챔피언십이 열린다. 2021년 김효주, 2022년과 2023년에 고진영이 우승한 곳이다. 세라퐁 코스에서는 2023년과 2024년에 LIV 아시아 이벤트가 열렸다.

LIV 대회에서 좋은 성적을 내고 있는 케빈 나^{Kevin Na} 선수는 이렇게 회상했다. "세라퐁 코스는 세계 최고 수준의 골프코스다. 코스에서 바라보는 도시 전경이 아름답고, 아시아 최대 항구 중 하나인 싱가포르 항구가 컨테이너를 처리하는 풍광이 특히 인상적이다."

센토사는 코스 관리도 완벽하여 1년 365일 10피트가 넘는 그린 스피드를 자랑한다. 앤드루 존스톤의 철학에 따라 그린을 넓혔고 벙커의 크기도 넓혔다. 일부 홀에서는 공을 벙커로 보내는 것이 핀 공략에 유리할 수도 있다. 이는 코스를 공략하는 플레이어와 관객 모두에게 특별한 경험이 된다.

센토사는 티샷박스를 그린과 거의 비슷한 상태로 관리한다. 파3 홀 티샷박스에서 디봇을 내는 것은 골프 고수의 전매특허다. 센토사에 선 골프 고수는 티샷박스에서 디봇을 내는 데 미안해한다. 마치 그린에 디봇을 내는 느낌을 받기 때문이다.

영국 골프코스를 지속적으로 관찰해온 나는 골프코스를 그렇게까지 완벽하게 관리하는 이유를 선뜻 이해하지 못했다. 앤드루 존스톤은 골퍼에게 최상의 플레이 환경을 제공하는 것이 골프클럽의 의무라고 생각한다. 그것이 골프클럽의 제너럴 매니저이자 농경 관리 책임자, 코스 디자이너인 그의 철학이었다. 그는 TR365를 골프클럽의 모토로 생각하고 있다. '토너먼트 레디Tournament Ready 365'는 골프시합을 365일 언제나 개최할 준비가 되어 있다는 의미다. 골프클럽이 시합을 365일 개최할 수는 없고, 대회가 아닌 때는 회원과 방문객이 그 퀄리티를 누리게 된다.

센토사의 탄종과 세라퐁 코스는 한국 골퍼라면 한 번쯤 플레이해 봐야 하는 곳이다. 직접 가볼 수 없다면, HSBC 위민스 월드 챔피언십에서 탄종 코스를 감상할 수 있다. LIV 싱가포르 대회를 통해 세라퐁 코스가 가지는 굴곡과 선, 탄성을 자아내는 풍광을 간접 경험해보는 것도 좋다. 그것은 LIV에 대한 찬반과는 별개인 골퍼로서의 경험 문제다.

골프, 자연 속에서 벌이는 다차원의 대결

– 스코틀랜드와 미국 골프의 만남, 르네상스

골프는 단순히 다른 선수와의 대결처럼 보이지만, 사실은 그 이상이다. 골프를 치면서 상대 선수나 동반자에 집착하면, 골프의 진면목을 온전히 누릴 수 없다.

2023년 제네시스 스코티시 오픈에서 있었던 일이다. 로버트 매킨타이어는 14언더파 선두로 경기를 마치고 클럽하우스에서 다른 선수의 경기를 보고 있었다. 마지막 조에는 로리 맥길로이가 있었다. 맥길로이는 17번 홀에서 버디를 기록해 14언더파로 공동 선두가 되었다. 그의 동반자는 우승권에서 멀어진 김주형이었다.

18번 홀의 맥길로이에게 경기를 끝낸 매킨타이어는 경쟁 상대가 아니었다. 버디를 하면 우승을, 파를 하면 연장전을, 보기를 하면 패배를 하는 상황이었다. 그것은 심한 바람과의 싸움이며, 페스큐그래스로 이뤄진 거친 러프와의 싸움이었다. 또한, 코스 설계자와의 싸움이며, 당일 코스를 셋업한 코스 매니저와의 싸움이었다. 스코틀랜드 링크스 골프는 페어웨이 굴곡이 심하기 때문에 골퍼는 불규칙 바운스라는 운과도 싸워야 한다.

맥길로이의 티샷은 강한 맞바람 때문에 멀리 가지 못했다. 세컨 샷에서 핀까지 남은 거리는 202야드. 4번 아이언을 집어 들었던 그는 고심 끝에 2번 아이언으로 바꿔 잡았다. 조금 두껍게 맞은 듯한 샷은 바람을 가르며 날아가 깃대를 네 걸음 지나 멈췄다. 불규칙한 바운스와 시속 40킬로미터 맞바람 속에서 2번 아이언으로 컨트롤 샷을 구사해 202야드를 붙이는 것은 실력만으로 되지 않는다. 행운이 필요하다.

맥길로이에게 행운은 이전 홀에서도 있었다. 그는 다섯 걸음 거리에서 퍼팅하고 실수를 직감했다. 바로 자세를 풀고 실망하며 홀컵으로 향했는데, 왼쪽으로 빠질 듯한 볼은 바람을 타고 홀컵으로 흘러들었다. 골프는 완벽함으로 구성되는 경기가 아니라, 실수로 구성되는 경기라고 말한 밥 로텔라Bob Rotella의 말이 떠올랐다.

새로운 스코틀랜드 골프 영웅이 태어난 곳

18번 홀에서 맥길로이는 침착하게 버디 퍼팅을 성공시키고 스코티시 오픈 트로피를 들어 올렸다. 그는 아이리시 오픈, 스코티시 오픈과 디오픈을 모두 우승한 최초의 선수가 되었다. 그 장면을 지켜보던 매킨타이어의 얼굴에 짙은 어두움이 드리워졌다. 4일 동안 친 266타가 주

마등처럼 지나가는 것처럼 보였다. 그중 한 타만 더 잘 쳤다면, 많은 불운 중 하나만 비껴갔더라면 하는 아쉬움이 그의 얼굴을 지배하는 것 같았다.

스코틀랜드는 골프의 고향이지만 콜린 몽고메리 이후에는 골프 스타를 배출하지 못했다. 스코틀랜드 골퍼는 "스코틀랜드 링크스 골프와 미국 파크랜드 골프는 차이가 있기 때문에 링크스에서 골프를 배운 스코틀랜드 선수가 PGA 투어에서 좋은 활약을 펼치지 못한다"라고 말해왔다. 그러나 스코틀랜드는 스코티시 오픈에서도 1999년 콜린 몽고메리 이후로는 우승자를 배출하지 못했다. 매킨타이어는 스코틀랜드 골프 팬의 오랜 갈증을 풀어주지 못했다. 그의 패배는 어떤 대회에서의 패배보다 쓰라려 보였다.

역사는 반복된다는 유명한 경구가 있지만, 역사는 반복되지 않는다. 가끔 그렇게 보일 뿐이다. 2024년 7월 15일에 끝난 제네시스 스코티시 오픈에서는 역사의 데자뷰 같은 일이 벌어졌다.

매킨타이어는 16번 홀에서 이글을 기록하며 아담 스콧과 동타를 이뤘다. 그에게도 지난해 맥길로이와 같은 행운이 있었다. 16번 홀 티샷이 깊은 러프에 빠졌지만, 스탠스가 스프링클러에 걸려 깊지 않은 러프에 공을 드롭할 수 있었다. 247야드를 남기고 친 세컨 샷이 핀에 붙었고, 이글을 기록하여 공동 선두가 되었다. 아담 스콧이 17언더파 선두로 경기를 끝마치고 클럽하우스에서 기다리고 있었다. 18번 홀 티샷박스에 선 그는 지난 대회 클럽하우스에서 초조하게 기다리던 자신의 모습이 떠오른 것처럼 보였다. 지난해 맥길로이와 같은 처지에 놓인 그는 골프가 상대 선수를 이기는 게임이 아니란 것을 이해하고 있는 듯 보였다.

버디를 하면 우승, 파를 하면 연장전, 보기를 하면 패배하는 똑같은 상황이었다. 그와 핀 사이에는 거리가 있고 바람이 있고 페스큐 잔디가 있을 뿐이었다. 그와 핀 사이에 아담 스콧이 있는 것이 아니며, 동반자 루드비히 오베르크Ludvig Oberg가 도움을 주거나 방해할 수 있는 것도 아니었다.

167야드가 남은 상황에서 친 세컨 샷은 정확한 거리를 날아가 핀 좌측에 떨어졌다. 지난해 맥길로이가 버디 퍼팅을 남겨 놓은 위치보다 두 걸음 멀었다. 지난해 김주형처럼 우승권에서 멀어진 오베르크는 매킨타이어의 버디 퍼팅보다 짧은 파 퍼팅을 남겨두었지만, 그는 김주형과 달리 퍼팅하지 않고 볼을 마크하고 뒤로 물러섰다. 당연한 선택이었다.

아담 스콧은 초조하게 기다렸다. 한때 최정상의 선수였던 그는 이제 43세가 되었고, 지난 4년 동안 승리가 없었다. 그는 누구 못지않게 승리에 굶주려 있었다. 어쩌면 이번이 마지막 기회일지도 모를 일이었다. 마지막 퍼팅을 남겨 놓은 매킨타이어가 아담 스콧을 생각하지는 않았을 것이다. 라이를 보며 코스 설계자의 의도를 파악해야 했고, 그린키퍼가 조성한 그린 스피드에 주목해야 했고, 아침과 다른 저녁의 잔디 길이를 고려해야 했다.

그의 신중한 퍼팅은 조금 짧은 듯했지만, 공은 마지막 순간에 힘겹게 한 바퀴를 더 굴러 홀컵에 떨어졌다. 25년간 지속된 스코틀랜드 골퍼의 갈증이 해소되는 순간이었다. 지난해에 받은 상처는 올해의 영광을 더욱 값지게 만들었다. 스코틀랜드에 다시 골프 영웅이 탄생했고, 두고두고 회자될 골프 스토리가 만들어졌다. 대한민국 자동차 브랜드 제네시스의 이름은 스코티시 오픈과 함께 골프 역사와 스코틀랜드 골프 팬들의 마음속에 오랫동안 남게 되었다.

우리 시선이 동반자에게만 머무는 경우가 있다. 그 시선은 코스 설계자에게 머물러야 하며, 코스 매니저에게도 머물러야 하고, 자연 상태와 날씨에도 머물러야 한다. 동반자와의 승부에만 집착하면 골프의 진면목을 여러모로 놓친다. 스코티시 오픈은 2024년도 2023년과 마찬가지로 우리가 놓치고 있는 골프의 진면목을 일깨워주었다.

미국 골프와 스코틀랜드 골프의 가교

르네상스 골프클럽 왼편으로는 최초의 골프클럽인 HCEG 뮤어필드가 있고, 그 왼쪽으로는 스코틀랜드 퍼블릭 골프의 정수라고 할 수 있는 걸레인 골프클럽이 있다. 오른편으로는 링크스 골프와 파크랜드 골프가 완벽하게 조화를 이루고 있는 아처필드 골프클럽이 있고, 그 오른쪽으로는 세인트앤드루스 올드코스의 업그레이드 버전이라고 할 수 있는 노스베릭 골프클럽이 있다.

스코틀랜드 골프 성지 한가운데 자리 잡고 있는 르네상스 골프클럽을 만든 것은 미국 자본이다. 그들이 2008년에 골프코스를 만들 때부터 염두에 둔 것은 스코티시 오픈이었다. 르네상스 골프클럽은 2019년 부터 매년 스코티시 오픈을 개최하고 있다. 스코티시 오픈은 유러피언 투어와 PGA 투어가 공동으로 개최하는 최초의 대회다. 르네상스 골프클럽과 스코티시 오픈은 유럽과 미국 골프의 협력을 상징한다. 이런 의미 있는 대회를 제네시스가 후원하는 것은 뜻깊은 일이다.

스코티시 오픈은 디오픈 일주일 전에 펼쳐진다. 디오픈 대회 직전에 선수들이 좌절하는 것을 막기 위해 르네상스 골프클럽은 링크스 요소를 다소 중화시킨다. 페어웨이를 비교적 넓게 조성하고, 코스에 물을 적당히 주어 페어웨이와 그린이 너무 딱딱하지 않도록 유지한다. 나머지 부분에서는 링크스 특징을 그대로 살려, 링크스 코스 경험이 적은 선수들이 디오픈 코스에 적응하도록 만든다.

콜린 모리카와Collin Morikawa와는 2019년 스코티시 오픈에서 처음으로 링크스 코스를 경험했다. 71위라는 저조한 성적을 기록한 그는 경기 후에 링크스 코스 공략법을 알 것 같다고 말했다. 그리고 한 주 뒤에 로열 세인트조지에서 열린 디오픈에서 우승했다. 그러나 그 이후로 콜린 모리카와는 링크스 코스에서 별다른 성적을 내지 못했다. 모리카와는 그의 우승이 행운에 기반했다는 사실을 당시까지는 몰랐다.

2008년 로열 버크데일에서 열린 137회 대회에서 2023년 로열 리버풀에서 열린 151회 대회까지 디오픈은 매년 다른 챔피언을 내고 있다. 어떤 선수도 두 번 우승하지 못했다. 스코티시 오픈은 2003년 이후로 누구에게도 두 번의 우승을 허용하지 않았다. 링크스 골프가 실력에 의해서만 좌우된다면, 링크스 골프가 상대 선수와의 대결만으로 구성된다면 그런 일은 벌어질 수 없다.

골프는 다양한 차원의 싸움이다. 그것이 골프의 진면목이다. 다양한 싸움에 늘 행운이 개입하는 것은 링크스 골프의 또 다른 매력이다.

PART 3

골프의 의미와 재미

링크스 골프코스 편

스코틀랜드 골프 철학은 무엇인가?
– 스코틀랜드 골퍼가 점수를 기록하지 않는 이유

    핸디캡은 현대 아마추어 골프의 핵심이다. 핸디캡이 있기 때문에 초보자도 고수와 시합할 수 있고, 여성과 남성이 경기할 수 있고, 아마추어 골퍼가 프로에게 도전할 수 있다. 핸디캡은 골프를 특별하게 만든다.

    1888년 영국에는 197개 골프클럽이 있었고, 그중 여성 클럽은 10개에 불과했다. 그러다 1893년에 영국여성골프협회가 만들어졌고, 그때 여성 골프클럽은 63개가 넘었다. 여성 골퍼가 크게 증가하는 시기였다. 영국여성골프협회는 1896년에 내셔널 핸디캡핑 시스템National Handicapping System을 만들었다. 당시 남성 골퍼는 핸디캡 시스템을 우습게 생각했지만, 오늘날 우리는 핸디캡 없는 골프를 상상하기 어렵다. 핸디캡은 여성 골퍼 덕분에 생겨난 셈이다. 당초 영국여성골프협회는 잉글랜드 여성 골프클럽 위주로 만들어졌고, 스코틀랜드 여성 골프클럽의 참여는 저조했다.

핸디캡의 의미

미국골프협회(USGA)와 R&A가 공동으로 채택하고 있는 세계 핸디캡 시스템World Handicap System은 최근 20번의 스코어 중에 좋은 성적 8개의 평균을 핸디캡으로 정한다. 다만 넷 더블 이상은 계산하지 않는다. 핸디캡이 6인 골퍼가 핸디캡 1번 홀에서 6번 홀까지 트리플 보기를 기록하면, 넷 더블이 된다. 넷 더블보기 이하는 모두 넷 더블보기로 기록된다. 따라서 핸디캡은 좋은 기록 8번의 평균이지만, 실제로는 그보다 더 낮게 나온다.

영국 골프클럽 대회는 클럽챔피언십을 제외하면 모두 핸디캡을 고려하여 승자를 가린다. "골프는 다른 사람보다 더 나은 것에 관함이 아니라, 이전의 나보다 더 나은 것에 관한 것이다"라는 말이 있다. 핸디캡을 고려하여 우승자를 가리는 방식은 골프가 다른 사람과의 경쟁이기 이전에 자신과의 경쟁이라는 의미를 담고 있다.

스코틀랜드 여성 골퍼의 철학을 듣다

영국 골프와 미국 골프가 차이가 있듯이 잉글랜드 골프와 스코틀랜드 골프에도 차이가 있다. 스코틀랜드 여성 골퍼의 철학을 듣기 위해 걸레인 골프클럽을 찾았다. 뮤어필드에서 만난 여성 골퍼는 이미 플레이를 마치고 동반자와 차를 마시고 있었다. 그곳에는 골프를 70년 넘게 쳤다는 86세의 여성 골퍼가 있었고, 걸레인 여성 골프클럽의 캡틴을 역임한 골퍼도 있었다. 모두 고령이었지만, 나이보다 젊고 활력이 있었다. 핸디캡이 얼마인지 물었다. 86세의 여성 골퍼는 평생 자신의 점수를 한 번도 세어보지 않았다고 했다. 캡틴을 역임한 골퍼는 핸디캡이 있었지만, 최근에는 스코어를 세지 않았기 때문에 핸디캡이 없는 셈이라고 했다. 나머지 두 여성도 어깨를 으쓱해 보일 뿐이었다.

그렇다면 게임을 하지 않고 골프를 즐기는 것인지 궁금했다. 그들은 겨울에는 포섬foursome, 여름에는 그린섬greensome 게임을 한다. 포섬은 두 명이 한 팀이 되어 번갈아 공을 친다. 한 플레이어가 공을 칠 때, 다른 플레이어는 예상 낙하지점에서 기다리기 때문에 네 명이 플레이를 해도 두 명이 플레이하는 것보다 빨리 끝난다. 추운 겨울에 적합한 경기 방식이다. 그린섬은 티샷은 모두 하고, 세컨 샷부터는 두 볼 중 좋은 볼을 골라서 포섬처럼 번갈아 친다. 따뜻한 여름 날씨를 더 즐길 수 있는 방식이다. 이들은 지난 수십 년간 이러한 방식으로 골프를 쳐 왔기에 자신의 스코어를 알지 못한다. "실력은 누가 좋은가?" "팀은 어떻게 나누는가?"라는 질문에 수십 년간 같이 골프를 치다 보면 실력은 비슷해지고, 팀은 당일 컨디션이 제일 좋은 사람과 제일 나쁜 사람이 한 팀이 되는 방식이라고 답했다. 핸디캡은 없지만 나름의 핸디캡 비슷한 것은 있는 셈이다.

핸디캡 없는 핸디캡, 그것은 왠지 '목적 없는 목적성'처럼 들렸다. 경기를 공정하게 만드는 핸디캡 시스템도 좋지만, 그녀들의 골프가 아름답게 느껴졌다. 어쩌면 더 아름답게 느껴졌다.

스코틀랜드 골프는
자신을 테스트하는 게임이다

윌리엄 앤더슨은 〈스코틀랜드 골프와 미국 골프의 대조The contrast between Scottish and American golf〉라는 글에서 이렇게 썼다. "스코틀랜드에서 골프는 상대를 이기는 게임이 아니고 자신의 성격을 테스트하는 게임이다. 많은 스코틀랜드 골퍼는 점수조차 기록하지 않는다. 천부적인 재능을 가진 몇몇 선수를 제외하면 대부분의 골퍼는 그 게임에서 진다. 중요한 것은 패배 과정에서 만나는 어려움을 극복하는 방법이다. 그리고 패배 가운데에서도 얻을 수 있는 작은 승리가 있다. 골프는 질 수밖에 없는 고독한 투쟁이지만, 매력과 고귀함이 싸움 안에 내재되어 있다."

스코틀랜드 여성 골퍼의 말에서 윌리엄 앤더슨의 이야기가 비로소 이해되었다. 그들은 점수조차 기록하지 않는다. 골프가 자신의 성격을 테스트하는 경기라면 점수는 중요한 문제가 아니다.

그녀들은 평소에 연습도 하지 않으며, 플레이 직전에 연습장에서 몸을 풀지도 않는다. 다시 윌리엄 앤더슨의 이야기가 떠올랐다.

"많은 골퍼가 실력을 향상할 수 있다고 믿으며, 실력을 향상하기 위해 열성적으로 노력한다. 골프 연습장, 골프 레슨, 교육용 유튜브, 새로운 장비가 산업으로 호황을 누리지만, 역설적으로 골프는 대부분의 골퍼에게 오히려 실망스러운 게임이 된다. 완벽은 존재하지만, 그것을 달성할 수 없다고 생각하면 자신을 탓할 수밖에 없다. 스코틀랜드에는 드라이빙 레인지가 거의 없으며 구식 장비를 가지고 플레이하는 경우가 많다. 장비를 개선하는 데 집착하지 않는다. 그들은 그것이 무익하다는 것을 안다. 초보자 단계를 넘어서면 더 이상 극적으로 나아지는 것은 어렵다는 것을 안다. 그것이 스코틀랜드 골프의 특징이다. 신이 주는 재능과 신이 판단한 행운으로 승부를 겨룰 뿐이다."

두 여성은 이제 혼자이며, 다른 두 여성의 남편은 HCEG의 회원이다. 회원의 손님으로 뮤어필드에 가면 그린피가 5파운드에 불과하다. 그러나 그녀들은 뮤어필드 플레이를 좋아하지 않는다. 뮤어필드는 남성 엘리트의 세계이며, 그녀들은 그들과 다른 골프를 친다. 뮤어필드의 폐쇄성과 엄격성은 그녀들을 불편하게 만든다.

1980년에 톰 왓슨은 뮤어필드에서 개최된 디오픈에서 우승했다. 그는 우승 세리머니를 마치고, 벤 크렌쇼Ben Crenshaw와 함께 히코리 클럽 hickory clubs(샤프트가 히코리 나무로 된 오래된 골프채)을 가지고 두세 홀을 플레이해볼 요량이었다. 그러나 골프클럽 매니저가 달려와서 몇 시간 전에 디오픈을 우승한 챔피언 톰 왓슨에게 말했다. "여기서 뭐 하는 거죠? 골프코스는 닫혔어요. 당장 나가주세요." 이 사건은 골프계의 전설로 남았다.

아르투르 루빈스타인이 카네기홀에서 공연을 마치고 관객으로 온 백건우와 함께 공연 감흥을 떠올리며 연주를 하는데, 공연장 관리인이 들어와서 빨리 나가라고 소리치는 상황을 상상해보라. 카네기홀은 그렇게 하지 않겠지만, 뮤어필드는 그렇게 했다.

HCEG, 2017년까지 여성 회원 받지 않아

HCEG는 2017년까지 여성을 회원으로 받지 않았다. 회원 투표에서 여성을 회원으로 받는 것을 거부했다. R&A가 이에 반발하여 뮤어필드에서 더 이상 디오픈을 개최하지 않겠다고 발표했다. 이 발표에 당황한 HCEG는 일주일 만에 회원 총회를 다시 열어 결정을 번복했다. 세계 최고의 골프코스가 세계 최고의 대회를 개최할 수 없다는 사실을 받아들일 수 없었기 때문이다.

HCEG 뮤어필드에는 최고의 역사, 아름다운 골프코스와 전설적인 이야기가 있다. 그럼에도 불구하고 그들의 엘리트 의식은 이러저러한 비난의 대상이 되었다.

뮤어필드의 남성 골프는 걸레인의 여성 골프에 비해 목적이 더 강했고, 걸레인의 여성 골프는 뮤어필드의 남성 골프보다 목적이 덜했다. 골프의 역사적 명예와 타이틀은 HCEG 뮤어필드에게 돌아갔고, 그것은 신성해 보였다. 그러나 그런 타이틀 없이도 걸레인의 여성 골프는 철학적으로 아름다워 보였다. 걸레인의 여성 골퍼 앞에서 우리가 골프에 너무 많은 목적을 부여하고 있는 것은 아닌지 생각해보게 되었다.

골프의 성지에서 셋업의 중요성을 깨닫다

- 흔들리지 않는 프로의 멘탈 비결

"스윙이 좋은 나쁜 골퍼는 많아도 셋업이 좋은 나쁜 골퍼는 없다.
스윙은 하나의 테크닉이지만, 셋업은 모든 것이다."

세인트앤드루스 16번 홀 옆에는 링크스 골프 아카데미가 있다. 그곳
에서 진행되는 일주일 골프 레슨 프로그램에 참여해보았다. 한국, 말레
이시아, 스코틀랜드, 잉글랜드, 아일랜드, 독일, 이탈리아, 미국 등지에
서 온 16명의 골퍼가 같이 교육을 받았다. 핸디캡 6에서 12 사이의 골
퍼였다. 오전에는 연습시설에서 레슨을 받고, 오후에는 세인트앤드루스
링크스 코스(뉴 코스, 주빌리 코스, 에덴 코스와 스트래터럼 코스)에서 레슨이
진행되었다.

첫 시간 강의를 맡은 스콧 헤럴드는 교육을 받으러 온 이유를 물었
다. 대부분의 골퍼는 "스윙을 고치고 싶다"고 답했다. 그에 대한 스콧 헤

럴드의 대답이 서두의 문장이다.

셋업은 샷을 하고 나서 다음 샷까지의 준비 과정을 통칭한다. 셋업은 스윙 직전의 프리샷 루틴pre-shot routine 보다 포괄적인 개념이지만, 프리샷 루틴은 셋업의 가장 중요한 부분이다.

긴장이 개입할 여지를 줄이려면

올드코스에서 첫 번째 플레이할 때, 올드코스에서 45년간 일한 캐디에게 질책을 받았다. "이렇게 서두르는 골퍼는 처음 본다"며, "전체적으로 서두르면서 프리샷 루틴은 일정하지 않다"라는 지적도 했다. 이후로 골프를 칠 때마다 올드코스 캐디의 말을 상기하며 여유를 가지려 노력했고, 그렇게 골프 실력은 좋아졌다. 하지만 여전히 프리샷 루틴의 중요성을 온전히 이해하지 못하고 있었다. 상황에 따라 연습 스윙 횟수와 방법이 달랐다.

스콧 헤럴드는 골프가 어려운 것은 샷과 샷의 간격이 길기 때문이라고 설명했다. 그사이에 많은 생각이 자리 잡는다. 테니스와 탁구는 샷과 샷의 간격이 짧아서 긴장이 개입할 여지가 적다. 순간순간 공에 반응하기 바쁘기 때문이다. 골프에서 중요한 순간에 실수가 많이 나오는 것은 중요한 순간일수록 더 많은 간격을 가지게 되어 긴장이 더 많이 담기기 때문이다. 프리샷 루틴을 일정하게 가져가면 준비 과정에서 몸이 평상시와 같은 상황임을 인식하여 평상시와 같은 샷을 할 수가 있다.

아카데미의 또 다른 프로인 스콧 윌슨은 프로 중에도 셋업이 나쁜 프로가 있다고 말했다. 정말 그런지 의문이 들었다. 이후로 골프 중계를 볼 때마다 샷보다는 셋업에 집중해서 보았는데, 실제로 셋업이 나쁜 프로가 있었다. 같은 선수라고 해도 드라이버 셋업은 좋은데 어프로치 셋업이 좋지 못한 프로가 있고, 아이언샷 셋업은 좋은데 퍼팅 셋업은 상대적으로 좋지 못한 선수가 있는 것이 보였다.

대표적인 선수가 로리 맥길로이다. 그는 드라이버와 아이언 셋업은 훌륭하지만, 퍼팅 셋업은 상대적으로 약하다. PGA 투어에서 그의 퍼팅 실력은 85위에 머물러 있다. 퍼팅 셋업이 가장 인상적인 선수는 윈덤 클라크Wyndham Clark이다. 그는 본인만 일정한 셋업을 가져가는 것이 아니라 캐디조차 셋업의 일부로 움직인다. 윈덤 클라크가 마지막으로 라이를 확인하는 과정에서 캐디는 웨지를 들고 퍼팅 자세를 취한다. 캐디의 그러한 동작이 퍼팅에 어떠한 도움을 주는 것인지는 알 수 없으나 선수와 캐디가 그린에서 일체감 있게 움직이는 모습은 훌륭한 셋업의 표본처럼 보인다.

테니스에서 가장 어려운 것은 서브다. 서브할 때만 간격이 발생하기 때문이다. 완벽한 서비스 셋업을 가지고 있는 선수가 라파엘 나달Rafael Nadal과 노바크 조코비치Novak Djokovic다. 조코비치는 침착하게 공을 10번 전후로 튀기면서 완벽한 타이밍을 찾는다. 그 과정에서 조금이라도 흐트러지면 튀기는 동작을 다시 가져간다. 매치포인트에 몰린 상황에서 넣는 세컨 서브를 정확하게 성공할 수 있는 이유다.

올드코스에서 만난 다니엘은 30세의 나이에 이미 클럽 챔피언을 두 번이나 했다. 골프 실력이 도약한 계기를 묻는 질문에 그는 "셋업에 신경 쓰면서부터 골프가 늘었다. 셋업 과정에서 조금이라도 흐트러지는 요소가 있다면, 처음부터 다시 셋업을 시작하는 것이 중요하다. 처음에는 인내심이 필요하다"라고 말했다.

멘탈도 셋업의 일종이다

DP월드투어의 대표인 키이스 팰리는 훌륭한 선수가 되기 위한 중요한 요소로 강한 멘탈을 꼽았다. 멘탈의 강약을 재는 척도로 그는 다음과 같은 예를 들었다. "타이거 우즈가 뒤에 서서 기다리고 있는데, 자신의 셋업을 유지할 수 있는 것이 강한 멘탈이다." 프로 선수 중에도 그걸 유지하지 못하는 사람이 많다고 했다.

앞서 소개한 경기 장면을 다른 시각에서 보면 이렇다. 2023년 제네시스 스코티시 오픈에서 김주형 선수가 로리 맥길로이와 마지막 날 챔피언조에서 플레이했다. 앞선 조에서 로버트 매킨타이어가 14언더파로 경기를 마쳤고, 18번 홀을 경기하던 김주형이 11언더파, 맥길로이가 14언더파였다. 맥길로이의 버디 퍼팅은 핀으로부터 네 걸음 거리에, 김주형의 파 퍼팅은 두 걸음 거리에 있었다.

김주형은 챔피언 퍼팅 기회를 잡은 맥길로이를 배려하기 위해 먼저 퍼팅하겠다고 선언했다. 그가 퍼팅 자세를 취한 상황에서 강한 바람으로 공이 움직이면서 문제가 발생했다. 당황한 김주형은 경기위원을 불렀고, 그 과정에서 시간이 소요되었다. 맥길로이를 배려하기 위한 그의 행동은 오히려 맥길로이를 방해하고 있었고, 그는 맥길로이의 눈치를 봤다.

오래 시간을 끈 후에 친 김주형의 파 퍼팅은 홀컵을 한 걸음 넘게 지나쳤다. 평상시라면 공을 마크하고, 닦고, 다시 정렬한 후에 보기 퍼팅을 했을 것이다. 김주형은 이미 자신이 너무 많은 시간을 빼앗은 것이 신경 쓰였다. 프리샷 루틴을 지키지 않고 친 공은 다시 홀컵을 외면하고 말았다. 18번 홀에서 더블 보기를 범한 김주형은 단독 3위가 될 수 있었던 경기를 공동 6위로 끝냈다.

타이거 우즈가 뒤에서 재촉하고 있을 때 자신의 프리샷 루틴을 유지하는 것이 골퍼에게 필요한 멘탈이다. 어린 김주형은 당시에 충분히 강한 멘탈을 가지고 있지 않았다. 그러나 그것은 프리샷 루틴이 좋지 않았던 것일 수도 있다. 그의 루틴이 강력했다면, 맥길로이에 대한 배려나 눈치로 루틴이 흔들리지 않았을 것이다.

멘탈과 프리샷 루틴이 모두 셋업이다. 셋업의 중요성을 익히 알고 있었을 김주형은 골프의 제2 성지인 노스베릭에서 멘탈이 중요한 셋업 요소라는 것을 배웠을 것이다. (르네상스 골프클럽, 뮤어필드, 노스베릭 골프클럽이 있는 노스베릭 지역은 또 하나의 골프 성지다. 걸레인, 머슬버러와 아처필드도 이곳에 있다.) 제네시스 스코티시 오픈에서 조금 더 성숙해진 김주형은 일주일 후에 열린 151회 디오픈에서 공동 2위라는 좋은 성적을 기록했다.

김주형이 배려와 양보, 눈치 보기와 서두름으로 고생하고 있을 때, 캐디가 김주형의 행동에 관여해야 했다. 먼저 퍼팅할 필요가 없다고 말해야 했으며, 한 걸음 넘는 퍼팅을 프리샷 루틴 없이 하는 것을 막아야 했다.

캐디는 동반자이며 선생님이다

올드코스에서 세 번째 플레이할 때 만났던 존은 27년 경력의 캐디였다. 원래는 런던 근교의 퀸우드 골프클럽에서 일하다가 세인트앤드루스로 올라왔다. 미국 자본으로 설립된 퀸우드 골프클럽은 영국에서 가장 폐쇄적이고 비싼 골프클럽이다. 마이클 더글러스, 휴 그랜트, 캐서린 제타존스, 대런 클라크, 어니 엘스와 해외의 부유한 비즈니스맨이 회원으로 있는 곳이다.

존이 퀸우드를 떠나 올드코스로 온 이유는 퀸우드 골프클럽이 캐디를 시종처럼 대했기 때문이다. 그에 따르면 퀸우드의 캐디는 유니폼을 입고 골퍼가 올 때까지 정렬해 서 있어야 하며, 플레이어가 정해진 금액 이상의 캐디피를 지급하는 것을 금지했다. 팁을 많이 주면 캐디의 버릇이 나빠진다는 이유였다. 멤버들이 캐디를 하대하는 정도가 지나친 경우도 있었다.

그에 반해 올드코스는 캐디를 파트너로 대한다. 올드코스에서 캐디는 코스 구석구석에 남겨진 역사를 설명해주는 선생님이기도 하다. 올드코스의 플레이어는 캐디에게 예의를 다한다. 성지에 와서 성지 지킴이를 하대하는 사람은 없기 때문이다. 30년 런던 생활을 청산하고 올라온 존은 대우받는 선생님 역할에 행복하다. 김주형의 캐디도 김주형의 선생님이어야 한다.

안전을 위한 외침, '포어'

캐디에게 올드코스가 모두 좋은 것만은 아니다. 올드코스는 아웃코스와 인코스가 겹치고, 페어웨이를 공유하는 홀이 많기 때문에 골프공이 뒤가 아니라 앞에서도 날아올 수 있다. 존의 친구는 30년 동안 올드코스에서 캐디로 일하면서 29번이나 공에 맞았다고 한다. 잘못 친 공이 사람을 향해 날아갈 경우에는 되도록 크게 '포어fore'라고 외쳐야 한다.

예전의 골프공은 지금보다 훨씬 비쌌다. 골프공을 잃어버리는 것은 골프채를 잃어버리는 것과 같았다. 그래서 옛 세인트앤드루스 골퍼들은 공의 예상 낙하지점 우측과 좌측 러프에 어린이를 고용하여 세워두고, 골퍼와 함께 홀을 이동하게 했다. 그들을 '포어캐디'라고 불렀다. 공이 오른쪽으로 날아가면 오른쪽 포어캐디에게 조심하라는 의미에서 '포어 라이트', 왼쪽으로 날아가면 왼쪽에 있는 포어캐디에게 조심하라는 의미에서 '포어 레프트'를 외쳤다.

좋은 캐디를 쓰고, 캐디가 주저함 없이 조언할 수 있는 환경을 만드는 것은 골퍼의 몫이다. 그것 또한 넓은 의미의 셋업이다. 위대한 선수에게는 위대한 캐디가 있고, 좋은 선수에게는 좋은 캐디가 있다. 세계 랭킹 1위의 스코티 셰플러에게는 테드 스콧이라는 걸출한 캐디가 있다. 스윙은 하나의 기술이지만, 셋업은 모든 것이다. 셋업이 좋은 나쁜 선수는 없다. 골프만이 아니라 삶 전반에서 가장 중요한 것은 셋업이다.

품격 있는 골퍼는 불평하지 않는다
– 골퍼의 품격은 경청과 존중에서 나온다

로열 세인트조지의 캐디마스터인 숀 멜리디는 품격 있는 골퍼란 '듣는 골퍼'라고 말한다. 그에 따르면, 품격 있는 골퍼는 캐디의 조언에 귀기울이고, 동반 플레이어의 이야기에 귀 기울인다. 다시 말해 품격 있는 골퍼는 자기 말만 하는 사람이 아니고 잘 듣는 사람인데, 그런 골퍼는 자연의 소리에도 귀를 기울이며, 자연의 상태를 유심히 체크한다.

로열 세인트조지의 캐디 리처드가 생각하는 품격 있는 골퍼는 불평하지 않는 사람이다. 페어웨이 상태에 불만을 표하지 않으며, 벙커에 모래가 없다거나 그린에 미세한 결함이 있다고 화내지 않는다. 그런 골퍼는 캐디를 탓하지도 않는다.

골퍼는 누구나 실수한다. 잎에서도 말한 것처럼 골프는 완벽함이 아닌 실수로 구성되는 게임이다. 상황을 오판하고, 샷을 실수한다. 골퍼가 실수에 대해 불평하면, 실수는 또 다른 실수를 부른다. 품격 있는 골퍼는 실수가 미치는 영향을 최소화할 줄 안다.

리처드는 품격 있는 골퍼의 사례를 꼽아달라는 부탁에 프로 골퍼 저스틴 로즈와 영화배우 휴 그랜트를 꼽았다. 그들은 모두 듣는 골퍼였고, 실수의 원인을 외부에서 찾지 않았다. 그들은 캐디의 조언에 주의를 기울였고, 불평하지 않고, 실수가 미치는 영향을 최소화할 줄 알았다. 늘 친절하고 예의가 바르며, 캐디와 골프클럽 직원을 허물없이 대했다. 모든 것을 갖춘 품격 있는 골퍼의 모습이었다고 한다.

로컬 캐디만이 할 수 있는 일

골퍼가 플레이를 마치고 클럽하우스로 돌아오면서 캐디의 역할을 칭찬하고 캐디의 도움에 감사를 표할 때, 캐디와 캐디마스터는 보람을 느낀다. 흠잡을 것이 없는 로열 세인트조지에서도 간혹 캐디에 대해 불평하는 골퍼가 있다. 퍼팅라인을 잘 보지 못했다거나 공을 못 찾았다는 이유다. 캐디마스터에겐 이런 순간이 가장 곤혹스럽다. 숀은 캐디가 공을 찾지 못했다면, 다른 누구도 찾기 어려울 것이라고 말한다.

2003년 로열 세인트조지에서 개최된 132회 디오픈에 타이거 우즈를 보기 위해 구름 관중이 모였다. 첫날 1번 홀에 모인 수많은 갤러리가 그의 티샷을 보았고, 공이 떨어진 지점을 정확히 보았지만, 누구도 공을 찾지 못했다. 타이거 우즈는 첫 홀에서 트리플 보기를 범했고, 결국 2타 차로 벤 커티스Ben Curtis에게 우승을 내줬다. 링크스 골프코스의 야생 페스큐그래스에서 공을 찾는 것은 결코 쉬운 일이 아니다.

퍼팅라인의 경우 캐디가 보는 라인이 맞을 확률이 높다. 볼이 홀컵을 빗나갔다면 정렬에 문제가 있었거나, 퍼터 페이스가 정확하지 않았을 수 있다. 퍼터 스피드에 문제가 있거나 골프공에 편심이 있었을 수도 있다. 숀은 캐디에 대한 신뢰가 깊다. "로열 세인트조지를 처음 방문한 프로 선수의 전담 캐디와 경험 많은 로컬 캐디의 조력을 비교하면 한 라운드에 4타 정도 차이가 난다"라고 숀은 자신 있게 말한다.

2020년 149회 디오픈에서 브라이슨 디섐보는 호흡을 맞춘 지 2주밖에 안 되는 캐디와 함께 왔다. 숀은 디섐보에게 "아직 서로를 잘 알지 못하는 사이라면 로컬 캐디를 써보라"라고 조언했지만 디섐보는 숀의 조언을 받아들이지 않았다. 숀이 보기에 디섐보는 첫날부터 어이없는 퍼팅 실수를 범하며 우승권에서 멀어졌다.

벤 커티스와 제이 스파이서의
엇갈린 인연

2003년 디오픈에서 우승 확률이 가장 낮은 선수가 벤 커티스였다. 로컬 캐디와 플레이한 그는 타이거 우즈, 데이비드 러브 3세, 비제이 싱, 토마스 비요른과 닉 팔도를 따돌리고 클라레 저그를 들어올렸다. 2003년 벤 커티스가 디오픈에 참가했을 때, 그의 랭킹은 세계 396위에 불과했다.

그는 대회 직전에 로열 세인트조지 골프클럽에 와서 클럽 캐디를 배정받으려고 했다. 캐디마스터를 찾았으나 만나지 못하여 캐디 배정 신청서를 식당 웨이트리스에게 맡겼다. 일이 끝난 후 그녀는 캐디마스터 사무실 책상에 신청서를 올려놓았다. 그러나 다른 사람이 책상 위에 물건을 올려놓는 바람에 신청서가 캐디마스터에게 전달되지 못했다. 캐디마스터로부터 연락이 없자 벤 커티스는 클럽 밖에서 캐디를 구했다. 로열 세인트조지 골프코스를 잘 아는 지역 캐디였으나 클럽 전속 캐디는 아니었다. 신청서가 제대로 전달되었다면, 벤 커티스에게 배정될 캐디는 차례를 기다리고 있던 제이 스파이서Jay Spicer였다.

2003년 디오픈은 벤 커티스가 참여한 첫 번째 메이저대회였다. 메이저대회에 처음으로 참여한 선수가 우승하는 일은 1913년 이후에 한 번도 일어나지 않았다. 세계 랭킹 제도가 도입된 이후 메이저대회를 우승한 선수 중 랭킹이 가장 낮은 선수가 벤 커티스다.

디오픈 우승 이후 벤 커티스는 특별한 활약을 하지 못했지만, 2008년에 로열 세인트조지를 다시 찾았다. 로열 버크데일에서 개최되는 디오픈을 준비하는 차원에서 유사한 링크스 골프코스에서 연습하기 위함이었다. 그는 디오픈 챔피언으로서 캐디마스터를 만났고, 캐디마스터는 이때서야 제이 스파이서를 캐디로 배정해줄 수 있었다. 벤 커티스의 캐디가 되어 그를 도와준 일주일은 제이 스파이서 인생에서 가장 기억에 남는 순간이 되었다. 벤 커티스는 말수가 적었고 신중했으며 캐디의 말을 잘 따랐다. 상냥한 젠틀맨이었다.

제이 스파이서는 2003년 캐디마스터 오피스에서 일어났던 그 아쉬운 사건을 벤 커티스에게 말해주었다. 벤 커티스는 그러한 사실에 웃음을, 빗나간 인연에 놀라움을 표현했다. 제이 스파이서와 로열 세인트조지에서 연습한 벤 커티스는 디오픈이 열리는 로열 버크데일로 올라갔다. 그는 어니 엘스와 함께 공동 7위로 리더보드 상단을 차지했고, 그해에 미국 대표로 라이더컵에도 출전했다.

벤 커티스의 우승, 그와 제이 스파이서와의 빗겨간 인연, 그리고 다시 맺은 인연이 떠오를 때마다 골프는 인생의 축소판이라는 생각이 든다. 이런 것을 두고 "골프는 인생의 메타포다"라고 표현하는 셈이다.

제이 스파이서에게 남겨진
슬픈 기대

로열 세인트조지를 두 번째 방문했을 때 캐디마스터 숀은 제이 스파이서를 캐디로 배정해주었다. 비가 많이 내렸지만, 제이는 스위프트의 움직임을 보며 비가 더 이상 오지 않을 것이라고 말했다.

그는 로열 세인트조지 골프코스의 자연에 대해 거의 모든 것을 알고 있었다. 골프백이 비에 젖었지만, 그는 무거운 골프백을 메고 뛰어가 공을 보내야 할 방향을 알려주고, 공이 떨어질 것으로 예상되는 지점에 미리 가서 기다리기도 했다.

그는 캐디와 포어캐디 역할을 혼자서 수행했다. 중간에 어딘가로 사라졌던 제이는 아스파라거스를 몇 줄기 따와서 먹어보라고 했다. 그는 하나라도 더 보여주려 헌신적으로 노력했다.

성실한 노력에도 불구하고 그도 간혹 골퍼로부터 불평을 듣는다. 세상에는 불평할 수 없는 상황에서도 불평하는 사람이 있기 마련이다. 모든 골퍼가 다 품격을 갖추고 있는 것은 아니기 때문에 어쩔 수 없는 일이라고 제이는 이해한다.

디오픈이 개최되는 골프클럽의 캐디는 디오픈 대회에 참여하는 선수의 캐디가 되기를 바란다. 골프클럽에서 최고의 캐디 10명만 꿈을 이룰 수 있다. 150명 내외가 참여하는 디오픈에서 로컬 캐디를 고용하는 선수는 10명 정도다. 그들은 벤 커티스처럼 다크호스가 클라레 저그를 들어 올리기를 기대한다.

제이 스파이어는 자신에게 한 번의 기회가 남아 있을지 모른다고 생각한다. 그렇지 못하더라도 그는 행운의 여신에게 불평하지는 않을 것이다. 샌드위치의 바람과 구름 속에서 보낸 세월이 충분히 행복했기 때문이다.

단순하고 소박한 골프클럽이 주는 정겨움
- 2025 위민스 오픈의 무대, 로열 포트콜

시골에 가면 소똥 냄새가 날 때도 있지만, 그마저도 정겹게 느껴진다. 예전의 시골은 집터가 부족할 만큼 주민이 많았고, 밭의 경계를 놓고 싸움이 일어날 정도로 인구밀도가 높았다. 아이들 노는 소리가 언제 어디서나 들렸다. 산천은 의구한데 아이들 소리는 이제 듣기 어렵다. 시골 마을이 주는 스산함을 안고 산천을 둘러보면 풍광도 예전 같지 않다. 정겨웠던 기와집이나 초가집은 온데간데없고 집터였던 곳은 빈 공간으로 남아 아련하다. 도시로 떠난 자식이 새로 지어주었을 법한 집 중에는 외관이 가건물 같은 것도 있다. 겨울에 난방은 제대로 되는지 걱정이 앞선다. 쓸쓸함과 아련함은 짧은 시간에 이뤄진 산업화와 도시화의 결과다.

2025년 위민스 오픈이 개최되는 로열 포트콜Royal Porthcawl 골프클럽을 방문할 기회가 주어졌다. 이곳의 코스는 〈골프다이제스트〉 기준

대서양에 면해 있는 로열 포트콜 클럽하우스

으로 세계 30위, 웨일스 1위라는 명예를 가지고 있다. 2023년에 예약을 시도했지만 티타임이 없어서 플레이하지 못했던 곳이라, 차를 타고 가는 4시간 내내 몹시 설렜다.

카디프를 지나 작은 돌담길을 끼고 돌아 대서양을 만났다. 바닷가 진입로의 경계석은 커다란 돌무더기로 만들어져 있었다. 멀지 않은 발치에 골프코스가 보였고, 그린키퍼 하우스로 보이는 건물, 나무로 지어진 작은 집, 클럽하우스로 보이는 건물이 있었다. 차에서 내리자마자 말똥 냄새가 났다. 이곳은 우리 시골 마을 같기도 했고 제주도 같기도 했다. 편안하며 반가웠다.

클럽하우스라고 생각했던 건물은 골프클럽과 관련이 없었다. 클럽하우스가 어딘지 몰라 서성이다가 나무로 된 집으로 갔다. 그곳에는 프로숍과 오피스가 있었다. 오피스에는 클럽 사무총장인 존 에드워드가 정장 차림으로 업무를 보고 있었다. "클럽하우스가 어딘가요?"라고 물으니 그는 질문을 이해한다는 표정을 지었다. 그도 취업 면접을 보러 왔을 때 클럽하우스를 한 번에 찾지 못했다고 한다.

1851년 런던의 하이드파크에서 세계 최초의 엑스포가 개최되었다. 당시 엑스포는 선진 산업국의 발전상을 과시하는 무대였다. 주최국 영국은 세계 최초로 철골과 유리로만 된 건물을 지어 엑스포 전시장을 만들었다. 그것이 크리스털 팰리스Crystal Palace다. 그로부터 38년 후에 프랑스가 엑스포를 개최할 때 크리스털 팰리스를 능가하기 위해 지은 것이 에펠탑이다. 엑스포 후에 크리스털 팰리스는 런던 남부의 시드넘 힐로 옮겨져 상설 전시장으로 이용되다가 1936년 화재로 전소되어 사라졌고, 지금은 건물의 기초로 사용된 돌만 유적으로 남아 있다.

최초의 유리 건물이었기 때문에 엑스포가 진행되는 동안 많은 엔지니어가 유지 관리에 투입되었고, 그들의 사무공간이 가건물 형태로 있었다. 1891년 로열 포트콜에 골프코스가 생길 때 하이드파크에 있던 가건물을 뜯어 와서 만든 것이 지금의 로열 포트콜 클럽하우스다.

존 에드워드는 클럽하우스에 대한 설명을 자세히 이어갔다. 문을 열고 들어가면 나오는 첫 번째 공간이 '트랩trap 1'이라고 했다. 한 번 들어가면 나올 수 없고, 나오고 싶지도 않다고 하여 붙여진 명칭이다. 트랩 1에서는 포크를 사용할 수 없는데, 맥주와 음료수를 마시는 골퍼가 따뜻한 음식에서 나오는 냄새를 원하지 않았기 때문이다. 존에게는 클럽하우스에 대한 자부심이 있었다. 클럽하우스 외관을 본 우리가 공감하지 못하는 표정을 짓자, 우리를 그 안으로 안내했다.

트랩1은 놀라웠다. 목재 느낌을 최대한 살린 고풍스러운 디자인에 짙은 녹색 톤의 소파와 의자가 훌륭하게 조화를 이루고 있었고, 벽면에는 역대 캡틴의 사진이 가득했다. 가장 놀라운 것은 전면 창을 통해 한눈에 들어오는 대서양이었다. 골퍼가 앉아 있는 각도에 따라 망망대해 한가운데에 떠 있는 느낌까지 들게 만들었다.

바다가 한눈에 보이는 로커룸

트랩1 왼편으로 로커룸이 있었다. 영국 골프클럽은 대체로 로커룸이 낡고 불편하다. 심지어 어두침침한 곳도 있다. 양면으로 바다가 한눈에 보였고, 바람이 창문을 노크했고, 햇볕이 가득 들어왔다. 좋은 바다 기운이 로커룸에 충만했다. 영국 골프클럽에서 우리 일행이 본 로커룸 중 가장 세련되고 아름답고 오래 머물고 싶은 곳이었다. 비바람이 부는 날이면 로커룸 창가에 앉아 비바람이 그치기를 기다리며 책을 읽어도 좋겠다. 비바람이 그치지 않아 책만 읽고 골프는 허탕을 쳐도 아무 불만이 없을 듯싶었다.

메인 홀 중간에는 멤버들만 앉을 수 있는 테이블이 있었고, 테이블 옆에는 골프와 관련한 진귀한 책이 많이 꽂혀 있었다. 개중에는 일본어로 된 책도 몇 권 있었는데, 머지않아 한국어로 된 골프 책도 꽂힐 것 같은 예감이 들었다.

조그마한 공간들이 곳곳에 있었다. 편안한 의자와 소파도 준비되었고, 창틀에 기대앉을 수 있도록 창 밑도 세심하게 설계되어 있었다. 의자와 소파 커버, 테이블과 가구는 《삼국사기》에서 김부식이 백제의 문화를 보고 평가했던 "검이불루 화이불치儉而不陋 華而不侈"라는 말을 떠올리게 했다. "검소하지만 누추하지 않고, 화려하지만 사치스럽지 않다." 오래되었지만 낡아 보이지 않았고, 알록달록하지만 지나치지 않았으며, 비싸 보이지 않지만 세련되었다. 공동으로 이용하는 공간이었지만 나만의 공간 같았다. 클럽이지만 집 같았고, 공적이지만 사적으로 보였다. 어느 공간이나 바다를 향하고 있어 밝고 상쾌했다. 그 이상의 클럽하우스는 있을 수 없다고 느껴졌고, 그러한 공간이 단순하고 소박한 외관 속에 있는 것이 놀라웠다.

계단 몇 개를 올라가면 70명 정도가 정찬을 즐길 수 있는 크지 않은 다이닝룸이 있다. 타이와 재킷을 입어야 하는 다이닝룸에서도 바다 풍광은 여전히 그대로다. 특히 18번 홀 그린을 한눈에 내다볼 수 있다. 음식을 즐기며 플레이를 마치는 골퍼의 다양한 표정을 가까이에서 볼 수 있다.

존 에드워드, 헤드 그린키퍼 이안 킨리와 함께 바bar의 분홍색 소파에 앉아 한 시간 넘게 이야기를 나눴다. 링크스 코스 관리법과 한국 선수들의 활약이 예상되는 2025년 위민스 오픈에 대한 이야기를 나눴다. 그 이야기는 뒤에서 다루기로 한다.

아쉬움을 뒤로하고 우리는 플레이를 준비하러 가야 했다. 커다란

통창 아래에는 고령의 여성 네 명이 앉아 이야기를 나누고 있었다. 그 모습은 스코틀랜드 걸레인에서 만난 네 명의 여성 골퍼를 연상시켰다. 바다를 바라보며 커피를 마시고 있는 그들의 모습을 카메라에 담을 수 있을지 물었고, 그들은 흔쾌히 응해주었다. 이어 우리 시골의 여느 할머니들과 같이 "추운 날씨에 여기까지 오느라 고생했다." "너는 우리 아들 친구와 닮았다." "우리 아들은 말이야…" 등을 이어갔다. "오늘 골프를 치실 건가요?"라고 물으니 "오늘은 기온이 낮고 바람이 차가우니 커피나 마시고 가야지!"라고 답했다. 그러나 왠지 그들은 쉽게 집에 가지 않을 것 같았다.

영국의 전통적 가정집은 고급스럽고 안락한 분위기를 가지고 있으니 클럽하우스보다 못할 것은 없겠지만, 왠지 그들은 집보다 클럽하우스에 오래 머물 것 같았다. 우리 일행 중 한 명은 자신이 로열 포트콜 골프클럽의 멤버라면 종일 이곳에 머물 것이라고 말했다. 그러니 이곳은 어디나 트랩이 아닐 수 없다.

환대의 정석을 보여준
로열 포트콜 골프클럽

클럽하우스 오른쪽 끝에는 커먼홀Common Hall이라고 불리는 비교적 넓은 공간이 있다. 3면으로 바다가 보이는 구조로 대서양의 햇빛이 한쪽으로 들어와 따뜻함을 남기고 다른 쪽으로 빠져나가는 듯했다. 골프가 끝나고 이곳에 앉아 음식을 먹으면 더없이 좋겠다는 생각이 들었다.

골프코스는 부족함이 없었다. 처음 플레이하는 골퍼에게 이렇게 어렵게 느껴지는 코스도 많지 않을 것이다. 플레이를 마무리하고 커먼홀에서 점심을 먹을 요량으로 클럽하우스에 들어왔다.

커먼홀은 분주했다. 여성들이 네 명씩 테이블에 앉아서 브리지 bridge 카드 게임을 즐기고 있었다. 로열 포트콜 사교모임의 하나였다. 사진을 찍기 위해 누구에게 허락을 받아야 할지 고민하고 있는데, 아침에 만난 여성 골퍼가 먼저 다가왔다. 골프를 잘 쳤는지 플레이 중에 무엇이 마음에 들었는지 물었다. "로열 포트콜의 골프코스는 모든 것을 가지고 있네요. 부족한 것이 없어요. 여성 골퍼들이 골프 게임보다 브리지 게임을 즐기고 있는 모습을 카메라에 담을 수 있을까요?"라고 물으니, "찍어, 찍어! 그걸 뭘 물어봐!"라며 따뜻하게 말해주었다.

홀의 러블리한 분위기를 사진에 담으며 문득 우리네 시골 마을이 떠올랐다. 전화벨 소리가 추억을 소환하고 자식의 부모 사랑이 전화를 통해 전해진다면, 가건물처럼 보이는 우리네 마을의 시골집들도 포트콜의 클럽하우스만큼 따뜻할 것이다. 괜한 걱정을 했다.

미소와 환대는 골프클럽 멤버들만의 몫이 아니었다. 오피스, 프로숍, 레스토랑, 바와 홀에서 근무하는 직원들 모두가 따뜻하게 환영해주었다. 세계 100대 골프코스 중에는 목록 상단을 차지하는 것이 당연해 보이는 골프코스가 있다. 그런 코스를 가진 골프클럽은 전화와 이메일을 수없이 받는다. 요청과 부탁이 거듭되면 클럽은 스스로는 눈치채지 못할 만큼 조금 거만해진다. 그래서 명문 코스에서 기분이 상하는 경우가 가끔 있다.

로열 포트콜은 달랐다. 클럽의 업무를 총괄하는 존 에드워드와 코스 관리를 총괄하는 이안 킨리는 겸손하고 사려 깊으며 무척 세심했다. 2025년 'AIG 위민스 오픈Women's Open'을 개최하기에 부족함이 없어 보였다. 브리지 게임을 즐기는 여성 골퍼들의 밝은 미소는 골프대회 개최지로 이만한 곳이 없을 것이란 확신을 가지게 했다. 2025년 여름에 많은 한국 여자 프로 골퍼와 갤러리가 이곳에서 환대받을 생각을 하니 절로 미소가 지어졌다.

모든 것을 가진 골프코스
– 세상에 골프코스를 단 하나만 남긴다면

　　클럽하우스의 밝은 기운과 환대는 골프코스에 대한 기대를 증폭시켰다. 영상 4도의 기온이었고 땅이 얼지는 않아 나무 티를 땅에 꽂는 것이 가능했다. 화창한 날씨였지만, 바닷바람은 차갑고 매서웠다.

　　1번 홀 티샷박스에서 코스를 봤을 때 페어웨이까지는 멀어 보였고, 공이 떨어질 지점은 꽈배기처럼 꼬여 있었다. 잘 맞은 티샷은 바운스가 되어 왼쪽으로 흘렀는데 그곳에는 페어웨이 벙커와 와일드 러프가 있었다. 이곳에서는 꽈배기 같은 뒤틀림이 있어 좋은 티샷이 좋은 안착지점을 의미하지는 않았다. 지난해에 로열 포트콜을 다녀간 지인은 페어웨이 중간이 낙타 등 같다고 표현했다.

　　3번 홀에는 캐주얼 워터가 있었다. 링크스 코스가 해안가 모래사장에 조성되기 때문에 물은 저지대에 머물지 않고 모래 밑으로 빠진다. 저지대 바닥이 얼어 있어서인지 일부 저지대가 진흙화되었기 때문인지 모르지만, 지난 며칠 동안 내린 비가 고여 캐주얼 워터가 되었다. 캐주얼 워터의 존재는 링크스 코스의 순수성을 따지는 골퍼에게는 약점처럼 보일 수도 있다. 하지만 캐주얼 워터는 페어웨이가 시작하기 전에만 있어서 플레이에 방해가 되지는 않았다.

이곳에는 다양한 벙커가 있다. 페어웨이 벙커는 와일드한 느낌을 그대로 살렸다. 벙커인지 도랑ditch인지 알 수 없는 길쭉한 해저드도 있다. 그린 사이드 벙커는 보통의 링크스 코스처럼 깊게 만들어졌다. 벙커에서 그린을 공략하는 평균 각도가 65도로 높다. 그린 주변 벙커의 크기가 유난히 작은 것이 특징이다. 공이 벙커에 빠지면 골퍼의 백스윙 또는 팔로스윙이 벙커 벽 어딘가에 부딪히게 되고, 벙커에서 핀에 붙이는 확률이 낮아진다.

'바다에서 바로 올라온' 코스

4번 홀에 가니 갑자기 진행 방향이 바뀐다. 링크스 코스는 해안가를 따라 한 방향으로 9홀을 갔다가 반대 방향으로 다시 9홀을 돌아오는 형태가 일반적이다. 세인트앤드루스 올드코스와 턴베리 알리사 코스는 해안가 쪽으로 9홀을 갔다가 안쪽으로 9홀을 돌아온다. 로열 도녹은 안쪽으로 9홀을 갔다가 해안가 쪽으로 9홀을 돌아온다. 강한 바람은 골퍼에게 도전이지만, 한 방향으로 갔다가 한 방향으로 돌아온다면 바람을 어느 정도 계산할 수 있다. 그러나 아일랜드의 라힌치와 웨

바다에서 갓 올라온 듯한 인상을 주는 로열 포트콜의 골프코스

일스의 로열 포트콜은 동서남북 가릴 것 없이 모든 방향으로 홀이 구성되어 있다. 그래서 바람이 불면 더욱 어려운 코스가 된다.

5번 홀과 이웃 농장 사이에는 작은 연못이 있고, 그린은 불쑥 올라와 있다. 이곳은 높낮이가 있다. 많은 링크스 코스가 기본적으로 평지다. 반면 이 코스에는 높은 곳에 위치한 포대그린이 있고, 경사가 급한 내리막 끝에 그린이 있기도 하다. 딱딱한 링크스 코스의 오르막, 내리막은 소프트한 파크랜드 코스의 오르막, 내리막과 다르다. 거리감을 조절하기 훨씬 어렵다.

로열 포트콜은 생태계가 풍성하다. 보통 고스가 많은 곳에는 히스가 적고, 히스가 많은 곳에는 고스가 적지만, 이곳에는 고스와 히스가 모두 많다. 여러 종류의 잔디가 있고, 이름을 알기 어려운 식물이 있다. 안개가 자욱할 때 이 코스에서 플레이한 골퍼는 코스가 바다에서 방금 툭 하고 올라온 것 같은 느낌을 받았다고 했다. 코스 관리를 책임지고 있는 이안 킨리에 의하면, 폭풍우가 몰아치면 바닷물이 코스를 덮치기도 한다. 바닷물은 잔디를 죽이지는 않지만, 생태계에 영향을 미친다. "바다에서 방금 올라왔다"라는 말이 얼마나 적절한 표현인지는 드론으로 촬영한 코스 사진을 보면 알 수 있다.

로열 포트콜의 코스는 야생적이고 도전적이며, 생소하고 난해하다. 만약 하나님이 골프를 즐기지 않아 천국에 골프코스 하나만 허용한다면, 그곳에는 로열 포트콜이 있을 것이다. 이 코스는 하나의 골프코스에서 보기 어려운 많은 것을 가지고 있기 때문이다. 골퍼는 모든 것을 다 가질 수는 없다고 했다. 그렇다면 로열 포트콜에는 무엇이 없을까? 좋은 스코어가 없다.

인천 송도에 위치한 잭 니클라우스 골프코스(6,934야드, 블루티)의 코스레이팅이 73.7이며, 슬로프가 132다. 코스레이팅이 73.7이라는 것은 핸디캡이 0인 골퍼가 파 72 코스에서 평균적으로 1.7오버파를 친다는 의미다. 슬로프는 보기 플레이어가 느끼는 코스 난이도다. 슬로프는 55에서 155까지 숫자로 매겨지는데, 평균 난이도가 113이기 때문에 132는 높은 수치다. 아마추어 최고수와 주말 골퍼 모두에게 어려운 코스다. 로열 포트콜(6,966야드, 블루티)은 코스레이팅 75, 슬로프 141이다.

스크래치 골퍼도 3오버파를 친다. 슬로프가 141로 송도보다 훨씬 높기 때문에 보기 플레이어에게 더욱 어렵게 느껴지는 코스다.

날씨와 실력에 따라
전혀 다르게 느껴지는 코스

흐린 날 이곳에 온 골퍼는 클럽하우스에 들어오는 햇빛을 볼 수 없어서 클럽하우스의 진면목을 발견하지 못한다. 낡고 칙칙하다고 느낄 수도 있다. 클럽하우스에서 전면 창을 통해 대서양을 보는 묘미도 날씨에 따라 달라진다.

로열 포트콜은 라힌치와 달리 모든 홀에서 바다를 볼 수 있다. 이곳에서는 동서남북, 고저에 상관없이 어디서나 바다를 볼 수 있다. 다양한 각도의 바다 풍광을 안개로 인해 볼 수 없다면, 코스의 가치를 느끼지 못할 수 있다. 바람이 심한 날 플레이한 골퍼는 바람을 종잡을 수 없어서 어렵기만 한 코스로 기억할 수 있다. 비가 많이 오는 날 플레이한 골퍼는 러프에 있는 히스가 미역 줄기처럼 보일 수도 있다.

초보 골퍼는 잃어버리는 공의 수만큼 스트레스를 받지만, 고수는 매 홀에서 만나는 색다른 도전이 반갑다. 자신만의 코스 공략은 좌절로 이어지기도 하고 성취감을 주기도 한다. 성패와 관계없이 이 코스는 도전 자체를 즐기는 골퍼에게 안성맞춤이다.

이안 킨리의 책무는 자연미를 최대한 살리면서 최고의 코스 상태를 유지하는 것이다. 해안가에서 주워온 돌에 색칠하여 티샷박스 표지석을 만든 것이 유일한 인공구조물이다. 코스 중간의 OB 말뚝은 최소한으로 있고, 거리 표시목, 공을 닦는 설비, 휴지통이나 식수 공급 시설은 없다.

자연미를 중시하는 로열 포트콜은 살충제, 제초제와 화학비료를 최소한으로 사용한다. 자연미가 강조된다는 것은 관리를 하지 않는다는 의미가 아니다. 우리가 플레이하는 동안에도 그린키퍼가 그린 사이드 벙커를 정돈하느라 분주했다.

벙커에 모래를 가져다 담는 것도 고된 일이다. 링크스 코스는 모래 지형이기 때문에 파크랜드 코스보다 모래 주입을 덜 해도 되지만, 최상의 상태를 유지하기 위해서는 꼭 그렇지도 않다. 파크랜드 골프코스인 런던 골프클럽 헤리티지 코스에 쓰는 모래양이 900톤이다. 로열 포트콜은 1년에 1,000톤의 모래를 사용한다. 인근에서 모래를 저렴하게 가져올 수 있기 때문에 기꺼이 소비한다.

제초제를 사용하지 않으면 생태계가 생동감 있게 운영되며, 생태계가 활기를 띨수록 지표면의 진흙화는 빨리 진행된다. 많은 유기물이 쌓이면서 모래 형질이 줄어들기 때문에 모래를 많이 사용하여 링크스 코스 원래의 모습을 유지하려고 노력한다.

이안 킨리는 일을 하지 않는 휴일에도 이곳에서 골프를 치고 퇴근 후에는 개와 함께 산책한다. 그에게 골프는 삶이다. 폭풍우가 불기도 하고, 바닷물이 넘치기도 하고, 여름 가뭄이 오래 지속되기도 하는 해안가 코스를 관리하는 일은 어려움의 연속이지만, 그는 자신의 일에 자부심을 느낀다. 그는 로열 포트콜이 날씨로 인해 코스를 닫은 적이 6년 전에 딱 한 번 있었던 것으로 기억한다. 코스를 닫는 것이 베테랑 그린키퍼에게는 자존심 상하는 일인 듯 보였다.

모든 것을 기대하게 만드는
골프코스와 골프클럽

존 에드워드와 이안 킨리는 2025년 AIG 위민스 오픈에 대한 기대감을 품고 있다. 존 에드워드는 2023년 월튼히스에서 개최된 대회를 면밀히 참관했다. 우리가 그곳에서 자원봉사를 했다고 하니, 대회 운영상 아쉬운 점이 무엇인지 물어봤다. 그보다는 히스랜드와 파크랜드의 차이점을 잘 모르는 골퍼가 있었던 것 같다고 말했다. 2023년 대회는 주최 측보다 선수 측에서 준비 부족이 있었던 셈이다.

골프는 코스마다 다른 게임이며, 같은 코스라고 해도 날씨에 따라 상황이 달라진다. 선수가 코스에 대한 정보를 많이 가질수록 유리하다. 대회 때 코스 정보를 얻기 위해 그린키퍼에게 접근하는 선수가 있는지 물었다. 이안 킨리는 웃으며 이렇게 답했다. "선수 중에 그런 경우는 보지 못했는데, 고참 캐디 중 종종 그런 경우가 있다. 인사하면서 넌지시 코스에 대한 정보를 묻기도 한다. 캐디는 다음 날 핀 포지션에 대한 정보를 최대한 얻으려고 애쓴다. 최대한 돌려서 질문하지만, 질문을 듣는 순간 의도를 금방 알아차릴 수 있다." 그런 것을 느끼면 대답을 해주지 않는다고 하지만, 캐디가 골프코스를 공략하기 위해 정보를 수집하려고 하는 것은 자연스러운 일이다.

2024년 AIG 위민스 오픈은 세인트앤드루스 올드코스에서 개최되었다. 그 상징성과 의미는 두말할 필요가 없다. 골프선수에게 올드코스 우승자로 기록되는 것은 최고의 명예다. 리디아 고Lydia Ko가 신지애와 경쟁 끝에 우승을 차지했다. 2017년 킹스반스 대회에서 김인경 선수가 우승한 이후에 볼 수 없었던 한국 또는 한국계 선수의 우승이었다.

2025년 로열 포트콜 대회에서 우승하기 위해서는 한국 선수들의 준비가 더 많이 필요하다. 이곳은 올드코스나 킹스반스와 다르다. 박인비가 우승한 턴베리, 신지애가 우승한 로열 리버풀, 장정이 우승한 로열 버크데일과도 다르다. 한국 선수에게 로열 포트콜은 훨씬 생소하고 도전적일 것이다.

참가하는 모든 선수는 클럽하우스에서 골프의 환대가 무엇인지 알게 될 것이며, "천국에 단 하나의 골프코스가 있다면 이 코스일 것이다"라는 말의 의미도 알게 될 것이다. 클럽하우스의 편안함과 골프코스의 긴장감이 가져오는 대조도 경험할 것이다. 우승자가 누구든 로열 포트콜의 클럽하우스와 골프코스에서 그는 천국을 경험할 것이다.

재미는 골프에서 가장 중요한 부분
- 미스 샷을 쳐도 웃을 수 있는 이유

"평생에 걸쳐 세계 최고의 골프를 추구하다 보면, 알려지지 않았던 지구 표면이 우리 눈에 들어와서 단순히 바다를 건너게 할 뿐만 아니라 필요하다면 지구를 일주하게 만드는 골프코스를 오직 두세 번 마주하게 된다. 그곳이 바로 펜나드Pennard다."

– 제임스 피네건James W. Finegan

웨일스에는 '하늘의 링크스The Links in the Sky'라고 불리는 펜나드 골프코스가 있다. 링크스와 하늘이라는 두 단어의 조합이 골퍼의 마음을 설레게 한다. 웨일스 스완지에 위치한 펜나드 골프클럽에 가기 위해서는 앞 장에서 "천국에 하나의 골프코스가 있다면, 바로 이곳과 같을 것이다"라고 표현했던 로열 포트콜을 거쳐야 한다. 그렇다면 로열 포트콜을 그냥 지나칠 수는 없다.

봄날의 링크스 코스는
고급 양탄자 같다

2개월 만에 다시 만난 로열 포트콜 골프코스는 이전과는 또 다른 코스였다. 기온이 영상 4도에서 10도로 변했을 뿐이지만, 많은 것이 달라 보였다. 비가 많이 왔지만 캐주얼 워터는 없어졌고, 지면 상태는 양탄자 같았다. 지표면 감촉이 얼마나 부드러운지 골프화도 몸에 전달되는 감촉을 막지 못했다. 하루 내내 걸어도 피로감이 느껴지지 않을 정도였다. 단순히 "땅이 푹신하다.""잔디 상태가 좋다"라는 말로는 온전히 표현할 수 없었다. 130년에 걸쳐 촘촘히 다져진 10미터가 넘는 모래층이 적당한 습기를 머금고 있을 때만 나타나는 경이적인 탄력이었다. 이런 곳은 걷지 않으면 손해다. 카트를 타고 이동하는 것은 돈을 준다고 해도 사양해야 할 일이다.

세인트앤드루스 링크스 아카데미의 스콧 윌슨은 "좋은 구질은 좋은 볼 컨택에서 나오는 것이 아니라 좋은 지면 컨택에서 나온다"라고 말했다. "지면을 컨택해라, 그 감촉이 얼마나 좋은지 느껴라." 봄날의 링크스에서 그 말의 의미를 알 수 있었다. 로열 포트콜 골프코스와의 지면 컨택이라면, 볼이 클럽의 어디에 맞는지는 중요하지 않게 느껴졌다. 클럽이 지면을 만날 수 있다면, 앞땅이어도 좋고 뒤땅이어도 좋다. 좋은 스코어는 없었지만, 플레이의 즐거움이 선물처럼 느껴졌다.

골퍼가 골프코스에 오는 이유는
재미를 위해서다

골프를 마치고 프로숍에 들러 클럽 프로인 피터 에번스를 만났다. 악수를 하면서 그는 우리에게 "오늘 골프가 재미있었나요?"라고 물었다. 그의 질문은 어떻게 보면 평범했지만, 이날따라 정곡을 찌르는 것처럼 느껴졌다.

인터뷰가 시작되었다. "당신에게 골프란 무엇인가요?"라는 질문에 그는 이렇게 답했다. "골퍼가 이곳에 오는 목적은 누구에게나 오직 한 가지라고 생각해요. 웨일스의 다른 골프클럽을 방문하는 골퍼의 목적도 같아요. 재미를 위해서죠. 골프는 재미를 빼고는 말할 수 없어요. 나는 여기서 3분 거리에 살아요. 나와 골프코스 사이에는 갈매기와 서핑을 즐기는 사람뿐이죠. 내가 이곳에 오는 이유도 재미라는 그 한 가지 때문이죠." 그에게 골프는 재미다. 그가 왜 갈매기와 서퍼를 언급했는지는 알 수 없었다. 갈매기와 서퍼가 이곳에 오는 이유도 같을 거라는 의미였을 것으로 짐작할 뿐이다.

앞 장에서 칭찬한 로열 포트콜의 장점은 우리 일행의 일치된 감흥이었다. 그러나 우리에게 로열 포트콜이 좋았던 이유는 명확하지 않다. 코스의 역사성, 코스의 완성도, 골프코스가 가진 스토리로 볼 때 로열 포트콜보다 좋은 곳은 분명히 있다. 그럼에도 우리에게는 로열 포트콜이 가장 좋았다. 로열 포트콜이 자연적이라고 하지만 로열 도녹보다 더 하지는 않다. 로열 포트콜이 오래되었다고 하지만 세인트앤드루스의 올드코스만큼은 아니다. 클럽하우스에 스토리가 있다고 하지만 로열 블랙히스만큼은 아니다. 골프코스가 잘 관리되고 있다고 하지만 뮤어필드만큼은 아니다. 풍광이 아름답다고는 하지만 턴베리만큼은 아니며, 페스큐와 마람그래스가 아름답다고 하지만 로열 버크데일에 비할 바는 아니다. 그렇지만 우리에게는 로열 포트콜이 가장 좋았다. 우리가 각각의 항목을 점수화하여 평균을 낸 것도 아니었다. 골고루 좋았기에 가장 좋았다고 말하는 것도 아니었다.

그것은 재미였다. 가장 재미있었기 때문에 가장 좋았다. 이번에도 우리 일행 모두는 더블파를 하나씩 기록했다. 나도 5번 홀에서 더블파를 기록했다. 세컨 샷이 그린 50야드 지점에 잘 떨어졌지만, 그곳에서 친 미스샷이 벙커를 지나 벙커 턱에서 멈췄다. 보통의 링크스 그린 주변 벙커는 공이 멈추지 않고 벙커로 흘러들도록 잔디를 페어웨이와 같은 길이로 짧게 깎아놓지만, 5번 홀 우측 그린 사이드 벙커는 주변을 와일드하게 조성해 놓았다. 경사가 심한 벙커 턱에서 친 네 번째 샷은 전진하지 못하고 후진하여 벙커에 빠졌다. 다섯 번째 샷이 다시 벙커 턱에 걸렸고, 여섯 번째 샷은 다시 후진하여 벙커에 빠졌다. 일곱 번째 샷에서 벙커 탈출에 실패했고, 여덟 번째 샷에서 그린에 올린 후에 두 번의 퍼팅으로 10타 만에 홀 아웃했다. 더블파라는 결과는 참혹했지만, 플레이어와 동반자 모두 크게 웃었다. 다른 동반자는 1번 홀에서, 또 다른 동반자는 12번 홀에서 더블파를 기록했다. 모두 지금껏 경험해보지 못한 의외의 상황에서 나온 더블파였다. 그러나 그 과정은 짜증보다는 웃음이었고, 실망보다는 재미였다.

그래서 피터 에번스는 만나자마자 재미 여부를 물었다. 방문 목적을 달성했는지 물은 것이다. 우리가 웃을 수 있었던 것은 그러한 실패조차도 방문 목적에 부합하고 있었기 때문이다.

프로숍은 프로가 운영하는 숍이다

피터 에번스는 133년 역사를 자랑하는 로열 포트콜 골프클럽의 네 번째 골프 프로페셔널이다. 첫 번째 프로였던 제임스 허치슨은 50년간, 두 번째 프로는 33년간 한 자리를 지켰다. 세 번째 프로였던 그레엄 푸어가 비행기 사고로 사망하면서 13년 만에 프로 자리가 공석이 되었고, 그의 뒤를 이어 피터 에번스가 32년째 골프클럽의 프로 역할을 맡고 있다. 이곳의 프로는 골프숍을 운영하고, 골프 레슨을 진행하고, 클럽하우스 유지보수를 책임진다. 그리고 연습장도 운영한다.

골프클럽에서 골프용품을 파는 곳을 '프로숍'이라고 부르는 이유는 프로가 운영하는 가게이기 때문이다. 정식 명칭은 '프로의 가게pro's shop'다. 전통적 클럽의 프로숍은 프로의 개인 사업이다. 프로숍 운영에서 나오는 수익금 전액을 프로가 가져간다. 골프클럽과 프로 간의 계약이기 때문에 클럽마다 차이가 있지만, 대부분의 전통 클럽은 비슷하다. 거래 브랜드, 취급 품목, 제품 가격을 모두 프로가 단독으로 결정한다. 피터 에번스의 전임자들은 모두 죽을 때까지 프로숍을 운영했다. 기존 프로가 죽으면, 골프클럽은 새로운 프로와 새로운 계약을 맺는다. 기존 프로의 영업권은 인정되지 않는다. 일반적으로 기존 프로 밑에서 일하던 직원 중 골프클럽에서 적임자를 선택한다. "영업권이 없는 것이 불공정한 것이 아닌가?"라는 질문에 피터는 다음과 같이 답했다.

"대신에 프로숍을 운영하면서 로고 사용료는 물론이고 임대료, 전기세, 난방비와 수도세 등을 일절 내지 않아요. 골프클럽은 프로숍이 잘 운영되도록 최대한 지원해주죠. 프로숍을 운영하여 버는 돈으로 직원 세 명을 고용하며, 직원들은 필요하다면 골프클럽 업무를 도와요. 클럽과 프로숍의 관계는 공평하고 이상적이에요."

골프클럽과 조화로운 관계 속에서 세상에서 가장 재미있는 일을 하고 있다고 생각하는 그에게 은퇴 계획을 묻는 것은 어리석은 일이지만, 그래도 물어보았다. 그는 전임자들이 그랬던 것처럼 걸어 다닐 수 있을 때까지는 프로숍을 운영할 계획이다. 프로 자리가 가져다주는 수익 때문만은 아니고, 오랜 전통과 역사 속에서 명예롭고 영광스러운 자리이기 때문이다.

재미를 모토로 하는 웨일스 골프

피터 에번스의 소망 한 가지는 웨일스에서 디오픈을 개최하는 것이다. 셀틱매너에서 2010년에 라이더컵을 개최했고, 로열 포트콜에서 아마추어 챔피언십, 시니어 오픈과 워커컵을 개최했다. 1994년 워커컵에는 타이거 우즈가 참여하기도 했다. 2025년 위민스 오픈이 개최되지만,

아직 디오픈 소식은 없다. 언젠가 웨일스에서 디오픈이 개최될 것이고, 그렇다면 로열 포트콜이 개최 장소가 될 것이란 점에는 의심의 여지가 없다. 문제는 피터 에번스의 생애에 이뤄질 것인가 하는 점이다. 그렇게 되기 위해서는 웨일스 골프가 세상에 더 알려져야 한다.

웨일스 골프협회는 웨일스 골프의 특징으로 재미를 강조한다. 재미의 중심에는 로열 포트콜이 있지만, 또 다른 곳으로 펜나드가 있다. 로열 포트콜은 영국과 아일랜드 링크스 코스 중 가장 바다에 가깝고, 해발 고도가 가장 낮은 코스 중 하나다. 지대도 낮지만, 바다와 코스 사이에 높은 모래 둔덕이 없어서 바다와의 일체감이 뛰어나다. 인근에 위치한 펜나드는 로열 포트콜과 정반대다. 링크스 코스 중 가장 해발이 높은 곳에 위치한 코스 중 하나다. 그리하여 펜나드는 '하늘의 링크스'라고 불린다.

펜나드 골프코스에는 어떠한 재미가 있을까? 제임스 피네건의 말대로 펜나드는 지구를 일주하는 한이 있어도 꼭 와서 플레이할 필요가 있는 골프코스일까? 최고의 골프를 지향하는 골퍼가 인생에서 두세 번밖에 만날 수 없는 그런 코스일까?

골프는 재미가 있기에 오락이고, 고난이 있기에 순례다

- '하늘의 링크스' 펜나드에서 보낸 시간

2023년 5월 웨일스 펜나드 골프클럽으로 가는 길에 일어난 일이다. 런던에서 웨일스 스완지에 위치한 펜나드에 가기 위해 새벽 3시에 일어났다. 동반자가 운전하고 차주인 나는 편안하게 자면서 가고 있었다.

펜나드를 얼마 남기지 않고 차가 고속도로에서 멈춰 섰다. 운전자가 연료 부족 사인을 심각하게 받아들이지 않고 계속 달렸기 때문이다. 자신의 차는 주행거리 0이라는 메시지가 나오고도 20마일을 더 가기 때문에 쉽게 생각했던 것이다.

스리랑카 웨일스인의 도움을 받다

차를 갓길에 세우고 이곳저곳 전화했다. 모두 자신들 서비스 영역을 벗어났다거나 30분 안에 도달할 수 없다고 말했다. 지나가는 차를 세우기로 했다. 10분이 지나도 아무 차도 정차하지 않았다. 마침내 허름한 자동차 하나가 멈췄고, 남아시아인으로 보이는 운전자가 "무슨 도움이 필요한가요?"라고 물었다. "기름이 떨어졌으니 가장 가까운 주유소까지만 태워다 줄 수 있나요?" "시간이 많지는 않은데, 할 수 없죠. 타세요." 차에 타고 나서야 보조석에도 사람이 있다는 것을 알아차렸다.

두 사람은 건장했고, 무표정에 말이 없었다. 고속도로를 벗어나자 먼발치에 주유소가 보였지만, 차는 우회전하여 공장지대로 들어갔다. 긴장되었다. 보조석에 앉았던 사람이 내리니 운전자가 따라 내리면서 그의 손에 두툼한 봉투를 쥐어 주었다. 1만 파운드는 되어 보일 정도로 두툼했다. 극구 사양하는 사람과 극구 주려는 사람 사이에 실랑이가 있었다. 알아들을 수 없는 말이었지만, "왜 이걸 나에게 주느냐?" "너에게 필요한 돈이니까 가져라!"라는 말이 오가는 것처럼 보였다. 운전자는 서둘러 차에 탔고, 돈을 받은 사람은 금방이라도 눈물을 떨굴 것 같았다. 둘은 형제 같아 보이기도 했고, 친구 같아 보이기도 했다. 차는 서둘러 떠났다.

어렵게 운전자에게 말을 걸었다. 그는 스리랑카에서 온 노동자였고, 웨일스의 어느 공장에서 일하고 있었다. 웨일스의 삶에 대해 물으니 "고단해요. 삶은 고난이죠"라고 말했다. "그렇다면 왜 웨일스에 사나요?" "아이들을 교육하는 데 보람을 느끼고 스리랑카에 있는 부모와 형제에게 돈을 보내줄 수 있는 것은 즐거움이죠. 그리고 휴일에 웨일스 해변에서 아이들과 보내는 시간은 평화롭고 재미있어요." 그는 로열 포트콜과 펜나드의 해변을 자주 찾는다고 말했다.

주유소에 도착하자 그가 어떻게 돌아갈 것인지 물었다. "우버를 불러야죠"라고 답했다가, 바로 생각을 고쳤다. "미안하지만 혹시 다시 태워다 줄 수 있나요?" "저도 시간이 촉박하네요." "그럼 돈을 드릴게요. 저희가 시간이 없어서요." 그는 잠시 곤란한 표정을 짓더니, "기다릴 테니 가서 기름을 사 오세요"라고 말했다.

차로 돌아오니 고속도로 순찰대가 도착해서 위험을 알리는 점멸등과 신호대를 설치하고 있었다. 동반자에게 기름통을 넘겨주고, 태워다 준 차로 가면서 얼마를 주어야 할지 고민했다. 지갑을 열고 돈을 주려고 하니 뜻밖의 말이 돌아왔다. "돈 때문에 도와준 것은 아니니, 도움이 필요한 사람이 있으면 그들을 도와주면 돼요." 그의 말에서 불교 철학이 연상되었다. 그가 스리랑카 출신이기 때문에 든 생각일 수도 있었다. 불교 신자인지 묻는 질문에 그는 크리스천이라고 답하고는 떠나려고 했다. 어려움에 처한 다른 사람을 도와주겠다는 우리의 말에 그는 "재미있는 골프 되세요"라는 말을 남기고 떠났다. 도움을 받았지만 불편했다. 도움을 받는 과정에서 드러낸 편견이 깊은 잔상을 남겼다. 골프코스에 도착할 때까지 그런 불편함은 가시지 않았다.

양떼와 토끼굴, 고난이 있어 순례처럼 느껴진 플레이

우여곡절 끝에 티타임 시작 3분 전에 펜나드에 도착했다. 옥스퍼드에서 출발한 다른 동반자가 애타게 우리를 기다리고 있었다. 이른 시간이어서 골프클럽 직원도 만날 수가 없었다. 골프코스에 대한 어떠한 정보도 얻지 못한 채, 스코어 카드도 없이 이슬을 잔뜩 먹은 코스를 향해 티샷을 날렸다. 공은 잘 날아가 페어웨이에 안착했다. 페어웨이는 지나치게 울퉁불퉁했고, 세컨 샷 위치에서 그린은 보이지 않았다. 세컨 샷도 잘 맞았지만 가보니 공은 그린을 훌쩍 넘어가 있었다. 그린은 좁았고 그린 주변 또한 굴곡이 심했다. 모든 홀이 그랬다. 페어웨이에 평지는 없었다. 대부분의 링크스 골프코스는 바다에 면한 저지대에 있지만, 이곳은 해발 고도가 70미터나 된다. 높낮이가 있고, 언덕과 계곡이 있기에 골프채를 메고 다니는 것이 힘들었다. 전동 트롤리를 운전하는 것도 쉽지 않았다.

그린 주변에는 전기선이 둘러쳐져 있었다. 양떼가 그린에 접근하지 못하도록 설치한 것이다. 펜나드는 양떼가 페어웨이 풀을 뜯어 먹는 원초적 형태의 링크스 코스다. 코스 중간에는 양, 말, 토끼 분비물이 이곳저곳에 있었다. 공이 동물 분비물 사이에 있을 경우 분비물을 피해 공을 다시 위치시키고 플레이할 수 있다.

잔디는 영국 링크스 골프코스를 대표하는 페스큐그래스였다. 바람, 비와 추위에 강한 페스큐는 여름의 고온에 약하다. 2022년 여름 고온에 상한 것이 2023년 5월까지 복구되지 못해서 페어웨이 상태는 나빴다. 양떼가 잔디를 뜯어 먹을 수는 있으나 잔디를 살릴 수는 없다. 페어웨이에 스프링클러가 골고루 깔려 있는 것이 아니기 때문에 여름의 고온과 가뭄을 골프코스가 견딜 재간이 없다. 가뭄을 스프링클러로 극복하는 것은 링크스 골프의 정신에 맞지 않는다.

2023년 5월 펜나드의 골프는 신기했지만, 재미있지는 않았다. 도움을 주었던 스리랑카 웨일스인의 "재미있는 골프 되세요"라는 인사말이 두고두고 생각났지만, 우리는 펜나드 골프를 즐기지 못했다.

골프는 재미가 있어서 오락이지만, 펜나드 골프는 재미보다는 고난에 가까웠다. 그래서 오락보다는 순례에 가깝다. 힘든 시간도 지나고 나서는 미화될 수 있다. 골프에 대한 책을 읽다가 제임스 피네건의 펜나드에 대한 묘사를 다시 읽었다.

"평생에 걸쳐 세계 최고의 골프를 추구하다 보면, 알려지지 않았던 지구 표면이 우리 눈에 들어와서 단순히 바다를 건너게 할 뿐만 아니라 필요하다면 지구를 일주하게 만드는 골프코스를 오직 두세 번 마주하게 된다. 그곳이 바로 펜나드다."

펜나드를 다시 찾아야 할 이유가 생겼다. 그의 말이 맞다면, 우리는 세계 최고의 골프를 추구하고 있는 것이 아니거나 일생에 오직 두세 번만 만날 수 있는 기회를 살리지 못하는 우둔한 골퍼가 되어버리기 때문이다.

링크스 코스는 저지대일수록 좋다

드디어 2024년 3월 로열 포트콜에서 재미있는 골프를 즐기고 다시 펜나드에 오게 되었다. 2023년에 고되게만 느껴졌던 펜나드 골프가 로열 포트콜과 비교를 통해서 다르게 보일 수 있을 것이라고 기대했다.

높은 곳에 위치한 펜나드는 과연 하늘의 링크스였다. 클럽하우스는 더 높은 곳에 위치해서 하늘의 링크스를 내려다보도록 설계되었다. 바람은 순간 시속 50킬로미터에 달했다. 하늘의 링크스는 바람에 더욱 취약했다. 고지대는 저지대만큼 모래층이 깊을 수가 없다. 펜나드 지표면은 로열 포트콜의 지표면처럼 부드럽지 못했다. 울퉁불퉁한 지표면은 공의 바운스를 더욱 불규칙하게 만들었고, 잘 맞은 공도 찾을 수 없는 경우가 여러 번 있었다.

불규칙하다는 것은 뜻하지 않은 행운이 찾아오기도 한다는 의미가 되어야 하지만, 그런 일은 좀처럼 벌어지지 않았다. 그런에 잘 떨어진 공이 불규칙 바운스를 내고 그린을 벗어나 찾을 수 없는 일도 벌어졌다. 코스 중간에는 무너진 성벽이 있는데, 동반자의 공은 성벽 뒤에 떨어졌다. 오래된 성벽은 인공 장애물이 아닌 자연의 일부로 분류되어 구제를 받을 수가 없었다.

러프에는 많은 토끼굴이 있었다. 조심하지 않으면 발목을 다칠 수 있으며, 페어웨이에도 토끼가 파놓은 구멍이 제법 발견되었다. 토끼굴에 빠진 공은 구제를 받을 수 있지만, 구제 범위 안에 골퍼가 편안함을 느낄 만한 지형을 발견하기 어려웠기에 구제도 큰 의미를 가지지는 못했다.

두 번째 방문에서도 고난은 고난일 뿐이었고, 재미를 느끼지 못했다. 로열 포트콜의 어려움은 재미로 느껴졌지만, 펜나드의 어려움은 고난으로 느껴졌다. 우리는 제임스 피네건의 말에 공감하지 못했고, 그의 묘사가 과장으로만 느껴졌다. 그리고 우리는 링크스 코스는 저지대일수록 좋으며, 하늘의 링크스는 바다의 링크스만큼 좋지는 않다고 성급히 결론 내렸다.

다만 이렇게는 묘사할 수 있을 것 같다. "평생에 걸쳐 다양한 골프를 모두 맛보았다고 말하고 싶다면, 반드시 펜나드를 경험해야 한다. 세상에 존재하는 골프를 모두 경험하고 싶다면, 단순히 바다를 건널 뿐만 아니라 필요하다면 지구를 일주하는 한이 있더라도 이곳 펜나드에 꼭 와보아야 한다."

우리 일행을 도와준 스리랑카인은 웨일스에서의 삶을 '고난 속의 재미'라고 명명했다. 우리 일행은 펜나드 골프코스에서 고난 속의 재미를 느끼지 못했다. 어쩌면 그것이 우리의 골프가 미숙한 지점일지도 모른다. 그리고 우리는 스리랑카 웨일스인과의 약속을 충분히 지키지 못했다. 그와의 약속을 이행한 후에 다시 한번 펜나드에 가서 골프를 쳐보고 싶다. 삶의 고난을 충분히 이해한 사람은 고난의 골프를 이해하는 깊이가 남다를 것이다. 그런 골퍼는 펜나드에서 순례의 재미를 느낄 수도 있을 것이다.

해리 콜트의 걸작을 만나다
– 골프코스를 평가하는 여덟 가지 기준

유명 골프 작가이자 저널리스트인 패트릭 콜빈Patrick Corbin은 로열 도녹 골프코스를 칭찬하면서 이렇게 말했다. "어떤 골프코스도 세계 100대 골프코스의 상위권에 들어가는 것을 당연시할 순 없다. 로열 도녹을 제외하고는 말이다." 명문 골프클럽은 골프코스 평가에 어느 정도 신경을 쓰는지 궁금했다. 로열 도녹의 캡틴인 데이비드 벨을 만났을 때 "평가기관의 평가를 얼마나 신경 쓰는가?"라고 물었다. "우리는 자연을 최대한 신경 쓸 뿐이다"와 같은 고상한 대답을 예상했는데 의외로 그는 "신경 쓴다. 그것도 매우 신경 쓴다"라고 답했다.

앞서 소개했듯 로열 도녹은 자연주의 골프코스의 모델이라고 불린다. 골프코스를 조성하는 과정에서 불도저를 사용하여 흙을 옮기지 않았다. 도널드 로스는 도녹을 떠나 미국으로 가서 400개가 넘는 골프코스를 디자인했다. 로열 도녹은 그의 모델이었다. 그의 대표작인 파인허스트 넘버2에서 2024년 US오픈이 열렸다. 파인허스트는 마스터스가 열리는 오거스타 내셔널이나 플레이어스 챔피언십이 열리는 소그래스와는 확연히 다르다. 벙커는 정돈되지 않은 것처럼 보이고, 코스 윤곽은 단정하지 못하다. 페어웨이 잔디 상태는 고르지 못하고 딱딱하다.

잭 니클라우스는 도널드 로스를 최고라고 치켜세웠지만, 그의 설계는 도널드 로스의 것과는 거리가 있다. 메모리얼 토너먼트가 열리는 뮤어필드 빌리지가 대표적인 잭 니클라우스 작품이다. 코스 이름을 뮤어필드 빌리지라고 지은 것은 1966년에 잭 니클라우스가 처음 우승한 디오픈이 뮤어필드에서 개최되었기 때문이다. 뮤어필드 빌리지는 아마추어 골퍼에게 더 많은 즐거움을 주고, 프로 골퍼에게 더 많은 도전을 주도록 코스를 자주 변경한다. 이러한 경향이 현대 골프코스를 대표한다. 뮤어필드 빌리지는 파인허스트보다는 오거스타 내셔널을 지향한다.

골프코스를 평가하는 기준

〈골프다이제스트〉는 골프코스를 평가하기 위해 여덟 가지 기준을 제시한다.

① 샷 옵션 – 얼마나 다양한 샷을 요구하는가?

② 도전 – 얼마나 어려운가?

③ 홀 구성 – 홀의 길이와 구조, 해저드 위치, 그린 모양과 윤곽이 얼마나 다양한가?

④ 홀 개별성 - 각 홀이 다른 홀과 비교했을 때 얼마나 개별적 특징을 가지고 있는가?

⑤ 아름다움 - 코스 경관이 플레이어의 즐거움에 얼마나 기여하는가?

⑥ 코스 상태 - 페어웨이 상태가 얼마나 단단하며, 그린은 빠르고 단단하면서도 얼마나 공을 잘 받아주는가?

⑦ 특징 - 코스 디자인이 얼마나 창의적이고 독창적이며, 그 시대를 대표할 만한 뛰어난 특징을 담고 있는가?

⑧ 재미 - 모든 수준의 골퍼가 여러 번 쳐도 충분히 재미를 유지할 수 있는가?

1,900명의 평가위원이 위 기준에 따라 항목별로 점수를 매기고 가중치를 두어 골프코스를 평가한다. 항목 일부는 중복 요소가 있고, 일부는 가변적이다. 샷 옵션과 도전은 유사한 항목이며, 홀 구성과 홀 개별성도 중복 요소가 있다. 코스의 아름다움과 재미는 평가위원이 어떠한 상황에서 플레이했느냐에 따라 달라지는 요소다.

세부 항목별로 수치화하여 평균을 내다보면, 아마추어 골퍼의 직관과 평가위원의 평가 사이에 괴리가 생긴다. 골프코스 평가에서 가장 중요하게 생각해야 할 요인은 골퍼의 만족감이다. 평가 항목을 세분화하기보다는 통합하고, 주관적 감성을 평가에 더 가미할 필요가 있어 보인다. 아름다움, 도전과 재미 이외에 골프코스의 의미와 골프코스가 골퍼에게 주는 깨달음을 평가기준으로 추가할 필요가 있어 보인다.

골프코스 디자인의 또 다른 거장,
해리 콜트

도널드 로스와 함께 골프코스 설계에 가장 큰 영향을 미친 거장이 해리 콜트다. 도널드 로스가 미국에서 골프코스를 설계했다면, 해리 콜트는 영국을 중심으로 활동하면서 전 세계 도처에 발자취를 남겼다. 300여 개의 골프코스를 직접 설계하거나 설계에 도움을 주었다. 히로노를 포함하여 일본에만 4개의 골프코스를 디자인했다.

영국에서 가장 어려운 코스인 우드홀 스파를 비롯해 많은 유명 골프코스에 관여했다. 이 책에서 소개하고 있는 로열 포트콜, 로열 세인트조지, 뮤어필드, 로열 트룬을 비롯하여 런던 근교 최고의 골프코스인 서닝데일, 로열 윔블던, 스윈리 포레스트, 세인트조지 힐스, 웬트워스의 설계에 참여했다. 그 밖에도 로열 카운티다운, 라이, 간톤과 같은 세계적 골프코스가 그의 손을 거쳤다.

해리 콜트는 자연 지형을 최대한 유지하면서 홀 전체가 물 흐르듯이 자연스러운 것을 추구했다. 그린 주변에 인위적인 해저드를 설치하지 않았으며, 페어웨이 벙커를 적게 가져갔다. 그는 볼이 플레이 불가 지역에 위치하는 것을 원하지 않았다. 어렵지만 플레이 가능한 코스를 지향했고, 모든 골프클럽이 골고루 사용될 수 있도록 홀 길이와 구조, 해저드 크기와 구조를 세심하게 조정했다.

그가 특별히 신경 쓴 것은 그린이다. 해리 콜트는 그린 크기와 모양을 홀마다 다르게 가져갔다. 작고, 크고, 세로로 길고, 가로로 길고, 동

그렇고, 네모지고, 땅콩 같은 다양한 그린이 있다. 그는 가짜 그린false green 또는 false front을 만드는 것을 선호했다. 가짜 그린은 멀리서는 그린으로 보이지만 사실은 그린이라고 말하기 어려운 지역을 말한다. 윤곽이나 잔디 길이로 봤을 때는 그린이지만, 공이 머물 수 없고 밑으로 굴러 내려가기에 그린으로 볼 수 없는 곳이다.

가짜 그린을 보면 영국 골퍼는 "이 홀은 해리콜티시HarryColtish하군!"이라고 말한다. 해리 콜트가 실제로 디자인했든 아니든, 그것은 해리 콜트 스타일이다. 그의 그린은 흩어지는 형태이기 때문에 골퍼가 레귤러 온에 성공하기 위해서는 전략적이며 정교한 공략이 필요하다. 그린에는 심하지 않은 굴곡이 춤추듯이 있지만, 이단 또는 삼단 그린은 좀처럼 없다. 그는 퍼팅을 잘하면 두 번 만에 홀에 넣을 수 있을 것이라는 희망을 골퍼에게 주길 원했다.

해리 콜트 골프코스는 그린뿐만 아니라 코스 전체가 어렵지만, 도전

로열 포트러시 골프코스 전경

적이고 희망적이다. 잘하지 못하거나 운이 없다면, 희망은 실망으로 변한다. 그의 골프코스 철학이 가장 잘 드러난 곳이 로열 포트러시 던루스 코스다. 로열 포트러시를 한마디로 표현해 달라는 요청에 골프클럽 제너럴 매니저인 존 라울러는 "해리 콜트의 마스터피스"라고 말했다.

아름다움, 도전, 재미, 의미, 깨달음

아름다움: 던루스 코스의 레이아웃은 자연스러움의 극치다. 골퍼가 5번 홀 그린에 도착하면, 초크로 된 하얀 절벽과 던루스 캐슬을 만나게 된다. 골퍼가 이보다 더 아름다운 홀을 만나는 것이 가능할지 궁금해진다. 디오픈을 위해 새롭게 조성된 7번 홀과 8번 홀도 해리 콜트 정신을 잘 살려내고 있어 골퍼를 매료시킨다.

도전: 던루스 코스는 모든 수준의 골퍼에게 도전이다. 해리콜티시한 가짜 그린은 위협적이다. 홀이 제각기 독특하여 14개 클럽을 모두 골고루 잘 사용해야 하는 것도 도전이다. 골프코스는 보는 각도에 따라 다양한 착시를 일으킨다. 페어웨이가 좁아 보이지만 실제로는 넓고, 넓어 보이지만 가보면 좁은 곳도 있다. 도전은 시각적인 것에서 시작된다. 11번 홀은 디오픈이 개최되는 홀 중 프로 선수가 티샷하기에 가장 어려운 홀이라고 여겨진다. 어떤 클럽으로 티샷을 해도 좋은 안착지점을 찾기가 마땅하지 않다. 재난 코너Calamity Corner라고 불리는 16번 홀은

파3, 203야드다. 미세하게 오른쪽으로 휘어지는 구조인데, 오른쪽으로는 가파른 낭떠러지가 있고, 좋은 위치인 그린 왼쪽은 티샷박스에서 시야가 확보되지 않는다. 두려운 홀이지만, 공이 낭떠러지에 간다고 해도 막상 가보면 티샷박스에서 본 것처럼 경사가 심하지 않다. 공만 찾는다면 세컨 샷을 어떻게든 시도할 수 있다. 닐 자고에는 네 명이 플레이하면 최소 두 명은 낭떠러지에서 세컨 샷을 치게 된다고 말했다.

재미: 골프는 때로는 지루하다. 네 시간 가까이 걸어야 하며, 무거운 가방을 짊어져야 할 때도 있다. 홀로 고독한 골프를 칠 때도 있으며, 유쾌하지 않은 동반자와 함께할 때도 있다. 좋은 동반자는 자주 함께하는 친구지만, 별로 할 말이 없을 때도 있다. 몇몇 홀이 유사하다거나 반복되는 느낌을 주면, 지루하고 피곤한 나머지 몇 개 홀을 건너뛰고 싶을 때도 있다. 그러나 로열 포트러시에서라면 그런 생각은 들지 않는다. 〈골프다이제스트〉는 '재미' 항목에서 매일 같은 곳에서 골프를 치는 클럽 멤버에게도 재미가 유지될 수 있는지를 평가기준으로 삼고 있다. 그 항목에서 로열 포트러시는 10점 만점에 10점이 될 것이다.

의미: 로열 포트러시의 골프가 가지는 의미에 대해서는 앞장에서 다루었다. 평화의 가교로서, 평화의 공고화 수단으로서 역할을 해낸 로열 포트러시는 골프가 인간에게 줄 수 있는 최고의 가치를 선물하고 있다.

깨달음: 로열 포트러시에서 골프를 치는 내내 풍광은 아름다웠고 플

레이는 재미있었지만, 코스는 어려웠다. 심지어 닉 팔도에게조차 어려운 코스였다. 캐디가 왼쪽을 공략하라고 하면 공은 오른쪽으로 날아갔고, 낮은 탄도로 공략하라고 하면 높은 탄도로 날아갔고, 길게 치라고 하면 짧게 떨어져서 가짜 그린에 맞고 굴러 내려왔다. 오른쪽으로 바운스되면 좋은 곳에서는 왼쪽으로 바운스되었고, 왼쪽으로 바운스되면 좋은 곳에서는 오른쪽으로 바운스되었다. 불운을 불평하자, 기억력 좋은 동반자는 내게 있었던 행운을 조목조목 상기시켰다. 그리고 닐 자고에는 가장 큰 행운은 이곳에서 골프를 치고 있다는 사실이라고 말해주었다. 그것은 깨달음이었다.

로열 포트러시 던루스 코스는 아름다움, 도전, 재미, 의미와 골퍼에게 주는 깨달음 측면에서 우리 일행으로부터 최고점을 받았다. 〈골프다이제스트〉는 세계 100대 골프코스 리스트에 해리 콜트의 손길이 닿은 로열 카운티다운을 1위, 로열 도녹을 3위, 해리 콜트가 관여한 일본의 히로노와 뮤어필드를 각각 6위와 7위에 위치시켰다. '해리 콜트의 걸작'으로 칭송받는 로열 포트러시 던루스 코스는 8위에 올랐다. 이는 아름다움, 도전, 재미 등의 요소만으로 평가한 것이다. 아마추어가 평가하듯 의미와 깨달음을 평가 요소에 반영한다면, 로열 포트러시가 테이블 최상단에 있을 것이다.

우리 삶은 어렵지만 도전적이고 희망적이다. 희망은 간혹 실망으로 이어진다. 그러나 실망조차도 사실은 큰 행운 위에 기반하고 있다. 해리 콜트가 로열 포트러시를 통해 보여주려고 했던 골프는 그래서 우리 삶의 완벽한 메타포다.

　2024년 US오픈은 도널드 로스가 디자인한 파인허스트 넘버2에서 개최되었고, 2024년 디오픈은 해리 콜트가 디자인한 로열 트룬에서 열렸다. 2025년 디오픈은 다시 로열 포트러시에서 개최된다. 로리 맥길로이는 16세의 나이에 로열 포트러시 던루스 코스에서 코스 레코드인 11언더파 61타를 쳤다. 스코티 셰플러, 잰더 쇼플리, 로리 맥길로이 같은 골프 마스터들이 도널드 로스와 해리 콜트의 마스터피스에서 벌이는 대결은 흥미진진했고 앞으로도 그럴 것이다. 그것은 선수 간 대결을 넘어 골프코스 디자인 거장과의 시간을 초월한 대결이다.

캐디, 골프를 더욱 풍성하게 만드는 존재

- 명문 골프클럽 캐디가 주는 가르침

양희영은 데뷔 17년 만에, 메이저대회 출전 75번 만에 첫 메이저 우승을 달성했다. 2024년 6월 24일 사할리 컨트리클럽에서 열린 LPGA 투어 시즌 세 번째 메이저대회인 'KPMG 여자 PGA 챔피언십' 최종 4라운드에서 양희영은 마지막 세 홀을 남기고 6타 차 선두였다. 그녀는 16번 홀에서 짧은 퍼팅을 놓쳐 2위와의 격차가 5타 차로 줄었다. 17번 홀에서 그린 우측 핀을 직접 본 그녀의 공은 열려 맞으며 물에 빠졌다. 더블 보기로 차이는 3타로 다시 줄었다.

이날 경기가 열린 사할리 골프코스는 아름드리 침엽수가 인상적이었다. 조금만 페어웨이 중앙을 벗어나도 세컨 샷이 나뭇가지에 걸릴 수 있는 코스였다. 1999년 스코틀랜드 카누스티에서 열린 디오픈에서 3타 차이가 마지막 홀에서 역전된 적이 있다. 3타 차는 결코 안심할 수 없는 스코어다.

그래서인지 양희영은 18번 홀 티샷박스에서 긴장감을 보였다. 좋은 티샷을 쳤지만, 공은 페어웨이 우측에 떨어졌다. 핀을 직접 겨냥한다면 우측 나뭇가지에 걸릴 수 있는 곳이었다. 그녀는 우드를 잡고 페이드샷으로 그린을 노리려 했다. 공은 발보다 약간 높은 위치에 있었고, 그녀의 의도가 통하지 않는다면 공이 그린 왼쪽 큰 나무에 튕겨 어디로 갈지 모를 상황이었다.

비슷한 상황이 전날에도 있었다. 당시 캐디는 아이언으로 레이업하길 권했고, 그녀는 순순히 응하여 파를 기록했다. 그러나 이번에는 그녀가 고집했다. 해설자는 의아해했다. 양희영은 16번과 17번 홀에서 자신이 보여준 플레이가 챔피언답지 않았다고 생각했을 수도 있다. 단순한 골프를 지향하는 그녀가 늘 하던 대로 하고 싶었을 수도 있다. 캐디는 그녀에게 좋은 제안을 했지만 플레이어가 고집한다면 캐디가 끝까지 말리는 경우는 거의 없다. 보스는 캐디가 아니고 플레이어기 때문이다. 골프는 플레이어 혼자 공의 움직임을 만들어낸다. 공은 멈춰 있고, 땅이나 핀은 움직이지 않는다. 다른 누가 어시스트를 하거나 방해할 수 없다. 골퍼 혼자 경기하고, 혼자 책임진다. 책임이 있는 자리에 보스가 있다.

이날 양희영 '보스'의 선택은 옳지 못했다. 그녀의 공은 왼쪽으로 날아가 나무에 부딪혔다. 다행히 나무를 맞은 공은 세 번째 샷을 하기에 무리 없는 곳에 떨어졌고, 3온 2퍼트로 마무리했다. 고생 끝에 그녀는 이날 메이저 첫 승, 올림픽 출전권과 상금 21억 원을 획득했다. 캐디도 메이저 승리를 도운 캐디가 되었고, 많은 상금을 받았다. 보스는 보스의 역할을 했고, 캐디는 캐디의 역할을 했다. 보일 듯 말 듯한 캐디 역할로 인해 승리는 더 아름답게 보였고, 골프 팬은 골프의 진면목을 경험했다.

로열 포트러시의 엘리트 캐디, 닐 자고에

닐 자고에는 9세에 캐디를 시작했다. 200~300년 전의 캐디들도 모두 그 나이에 캐디에 입문했다. 닐이 어린 나이에 전문적으로 캐디로 나선 것은 아니다. 로열 포트러시 골프클럽 멤버였던 할아버지 요청에 캐디 일을 시작했다. 바퀴 달린 수레에 가방을 올려놓고 밀어주는 것이 전부였지만, 정식으로 캐디피를 받았다. 과자나 콜라를 사주는 것으로 갈음하지는 않았다. 그가 받은 캐디피는 게임에 사용하는 카드 한 장이었다.

멤버들은 대개 캐디 없이 골프를 쳤다. 할아버지 친구 중에 힘이 부치는 동반자가 생기면, 닐이 그 가방을 밀고, 할아버지는 자기 가방을 끌었다. 그는 할아버지에게 캐디 일과 골프를 배웠다. 나이가 더 들어가면서 다른 사람의 캐디를 맡았고, 대학에 진학할 때까지 시간 나는 대로 캐디를 했다.

대학을 졸업한 후에는 홍콩 경찰이 되었다. 1990년대 홍콩 경찰은 시민들과 갈등이 없었고 별 어려움이 없었다. 홍콩 경찰은 영국 경찰보다 두 배 이상의 급여를 받았기 때문에 영국 젊은이들에게 인기가 있었다. 1970년대까지 홍콩 경찰은 영연방에서 가장 부패한 직종 중 하나였다. 경찰로 발령받아서 첫 출근을 하면 테이블에 놓인 두툼한 돈 봉투가 놓여 있었다. 그것을 받으면 홍콩 경찰이라는 버스에 올라타는 것이고, 그 봉투를 거절하면 홍콩 경찰의 버스에 치인다는 말이 있을 정도였다. 부패는 점차 줄어들어 닐이 일한 1990년대에는 그런 일이 거의 없었다. 홍콩 경찰의 근무조건은 좋았다. 주말 골프 비용은 홍콩 경찰의 직원 복지비에서 지불되었다. 홍콩이 중국으로 반환되기 직전에 닐 자고에는 홍콩을 떠났다.

그는 홍콩 경찰로 일한 경력이 인정되어 영국 외무부에 외교관으로 발탁되었다. 태국, 필리핀, 이라크와 아프가니스탄에서 근무했으며, 중간중간에 본국 근무를 했다. 이라크에서 근무하면서부터 골프를 정기적으로 치지 못했다. 아프가니스탄 근무 이후에 영국 외무부 지원으로 대학교에서 연수를 받을 수 있었다. 뒤늦게 공부에 적성을 느낀 닐은 외무부를 그만두고 공부에 전념했다. 그 과정에서 아내와 이혼했고, 금전적 어려움을 겪게 되었다. 그는 다시 캐디 일을 시작했다. 캐디는 공부하면서 하기에 적격인 일이다. 그리고 은퇴한 사람이 하기에도 적격이다. 지금도 로열 포트러시 골프클럽에는 70대 후반의 나이에 카트를 몰며 일하는 캐디가 있다.

그는 일주일에 8번 정도 캐디백을 메고 800파운드(약 141만 원)를 번다. 중간에 쉬기도 하면서 한 달에 3,000파운드(약 529만 원) 정도 번다. 그리고 북아일랜드 경찰의 문서 분류를 도와주면서 추가로 돈을 번다.

박사학위 취득까지 그에게는 1년 정도의 시간이 남았다. 캐디를 하고 경찰 일을 하면서 학위 취득이 지연되기는 했지만, 1년 안에는 학위를 받을 것으로 예상하고 있다. 그의 박사학위 주제는 북아일랜드의 런던데리Londonderry 축구클럽을 두고 발생한 가톨릭과 프로테스탄트의 대립이 북아일랜드 사회에 주는 함의에 관한 것이다.

지역사회에 기여한다는 캐디의 자부심

로열 포트러시에는 100여 명의 캐디가 있는데, 평생 캐디만 해온 전문 캐디가 15명, 닐처럼 어릴 적에 캐디를 했다가 은퇴 후 다시 돌아온 캐디가 55명, 학비를 벌기 위해 아르바이트를 하는 학생 캐디가 30명이다. 프로 선수를 도울 수 있는 정도의 전문 캐디를 블루 빕스blue bibs (캐디들이 입는 조끼가 빕스다), 오랜 경력을 가진 캐디를 클라레claret 빕스, 경력이 짧은 캐디를 옐로 빕스라고 부른다. 로열 포트러시에는 20여 명의 블루 빕스가 있는데, 닐은 지난해 블루 빕스로 승격되는 테스트를 아깝게 통과하지 못했다. 박사학위를 받는 내년쯤에는 블루 빕스가 될 수 있을 것으로 기대한다.

캐디 일은 그에게 만족감을 준다. 가장 큰 기쁨은 멋진 자연을 운동 삼아 걸으면서 돈을 벌 수 있다는 것이다. 일을 마치고 동료 캐디와 기네스 맥주를 마시는 순간이 인생에서 가장 행복하다.

로열 포트러시를 방문하는 골퍼의 90%는 미국인이다. 그들 대부분은 로열 포트러시에서 골프 치는 것을 버킷리스트에 담아 두었던 골퍼들이다. 그런 골퍼들은 불평하는 법이 없으며, 캐디의 도움에 감사한다. 닐은 자신이 태어나고 자란 지역에 찾아오는 골퍼가 행복한 골프를 즐기는 것을 보는 것이 좋다. 영국을 대표하는 외교관으로 일했을 때보다 더 보람을 느낀다.

1998년 굿프라이데이 협약으로 북아일랜드에 평화가 찾아오기 전에는 골프클럽에 찾아오는 외국인 골퍼가 거의 없었다. 어쩌다 찾아오는 골퍼가 있으면 감사의 표현으로 평생 회원권을 주기도 했다. 방문객이 없었으므로 캐디도 거의 필요하지 않았다. 은퇴했다가 다시 온 캐디가 노령의 골프클럽 멤버를 도와주는 것이 전부였다. 그들은 캐디보다는 캐디로 버는 돈으로 술을 사서 먹는 것에 의미를 두는 사람들이었다.

로열 포트러시에는 던루스 코스와 밸리 코스 두 곳이 있다. 날씨가 좋은 날에는 술에 취한 캐디가 밸리 코스의 벙커에 누워서 자는 일도 허다했다. 던루스 코스 10번 홀에는 타번Tavern (선술집)이라고 불리는 그늘집이 있다. 캐디는 그곳에서 술을 살 수 없으며, 타번 안으로 들어갈 수도 없다. 기네스를 마시는 즐거움은 일이 끝난 다음에나 가능하다.

아직도 곳곳에 존재하는 캐디에 대한 차별

일반적인 사교클럽은 멤버들을 위해 존재한다. 클럽하우스는 멤버들만의 배타적 공간이다. 하지만 대다수 골프클럽은 골프코스와 클럽하우스를 방문객에게도 허용한다. 그것은 골프가 가지는 개방성에 기인한다. 소수 멤버만을 위한 골프클럽이 도처에 존재하지만, 역사적 의미를 가지는 영국과 아일랜드의 전통 명문 클럽은 예외 없이 골프코스와 클럽하우스를 일반에 개방한다. 그러나 멤버들만 골프코스를 사용할 수 있는 날이 있고, 클럽하우스에도 멤버만을 위한 공간이 있다. 어떤 골프클럽은 캐디의 클럽하우스 이용은 물론이고 입장 자체를 허용하지 않는다.

미국 PGA 내셔널 리조트앤드스파 골프클럽에서 혼다 클래식이 열리던 중에 폭풍우가 몰아쳤다. 선수와 관객은 모두 클럽하우스에 들어와 비를 피했지만, 골프클럽 룰에 따라 캐디는 클럽하우스에 들어오지 못하고 비를 맞았다. 이는 많은 골프 팬을 분노하게 만들었다. 몇몇 대회는 선수에게 제공하는 음식과 캐디에게 제공하는 음식에 차별을 둔다. 캐디는 선수의 최고 파트너로서 같이 아침과 저녁을 먹는다. 골프클럽에서만 다른 퀄리티의 음식이 제공되는 이유는 납득되지 않는다. 캐디에 대한 차별은 점차 없어지고 있지만, 곳곳에 여전히 존재한다.

명문 클럽의 멤버라고 모두 금전적으로 여유가 있는 것이 아니기 때문에 캐디 일을 하며 돈을 벌려는 사람이 있다. 멤버십 연회비는 2,000파운드 정도에 불과하고, 2~3주만 캐디를 하면 연회비를 납부할 수 있다. 그러나 로열 포트러시는 멤버가 캐디를 하는 것을 품위 위반으로 규정하고 있다. 반면 라힌치 같은 골프클럽은 멤버의 캐디 역할을 허용한다. 그러한 제한은 개인의 자유에 대한 과도한 침해이며, 캐디에 대한 차별의식의 발로다. 캐디가 타번 안에 들어갈 수 없는 것도 과도한 조치로 시정되어야 한다.

은퇴 후 그들이 캐디로 돌아오는 이유

닐 자고에는 캐디를 하면서 골프를 치지 않게 되었다. 일주일 내내 코스를 돌다보면, 자연을 즐기기 위해 그린을 누빌 필요를 느끼지 못한다. 프로 선수 캐디 중에도 골프를 더 이상 치지 않는 경우가 많다. 골프코스는 그들에게 일터이기 때문에 휴일이 되면 골프코스를 떠나고 싶은 생각이 든다.

아일랜드 최고의 골프코스 중 하나인 밸리부니온 골프클럽에서 일하는 캐디 카일은 22세의 대학생이다. 캐디인 그가 느끼는 최고의 즐거움은 좋은 사람들을 만나고 그들과 함께 자연의 정취를 만끽하는 것이다. 경제학을 전공한 그는 졸업 후에 선물옵션 트레이더가 되기를 원하지만, 은퇴 후에 다시 캐디로 돌아올 것을 확신하고 있다. 누가 뭐라고 해도 캐디만 한 자유가 없기 때문이다. 돈을 캐디로 벌기 시작했고, 마지막도 캐디로 돈을 벌 것이다. 캐디의 즐거움은 캐디를 해보지 않은 사람은 알지 못한다고 그는 강조한다.

그가 어느 도시에서 직장을 얻어 일하게 될지 모른다. 더블린일 수도 있고, 런던일 수도 있다. 하지만 그 역시 밸리부니온의 많은 캐디처럼 다시 돌아와 캐디를 하면서 인생 후반부를 보낼 것이다. 트레이더로

로열 포트러시 5번 홀에서 캐디와 이야기를 나누며 걷는 골퍼

아무리 많은 돈을 벌어도 밸리부니온으로 돌아와 캐디를 하는 것이 그의 바람이다. 미래는 장담할 수 없는 것이지만, 캐디 생활에 대한 그의 만족도는 충분히 표현되고도 남았다.

프로 선수는 캐디와 좋은 호흡을 보여야 성공할 수 있다. 낯선 코스에 갔을 때 아마추어가 기댈 수 있는 유일한 존재는 캐디다. 캐디의 조언에 귀 기울일 때 우리는 만족스러운 골프를 즐길 수 있다. 그러기 위해서는 캐디를 이해하는 것이 무엇보다 중요하다. 프로나 아마추어에게 동일한 것은 캐디가 골프를 더 의미 있고 재미있게 만든다는 사실이다.

PART 4

골프, 행복한 도전

인랜드 골프코스 편

골퍼가 행복해지는 방법
- '왕의 클럽' 월튼히스에서 얻은 깨달음

PART 1에서 소개한 블랙히스라는 지명에 왜 '블랙'이라는 단어가 붙었는지는 로열 블랙히스 인근 월튼히스 골프클럽에서 그 힌트를 얻을 수 있다. 겨울에 히스와 헤더는 죽은 나무 같고, 먹구름 속에서 더욱 검게 보인다. 히스는 진달래과 에리카속의 관목 수풀이고, 헤더는 칼루나속의 야생화를 일컫는다. 모두 모래흙을 기반으로 하는 황야나 미개간지에서 자란다. 히스와 헤더는 외관상 비슷해 자주 혼동하여 사용된다. 덤블처럼 모인 군상을 히스라고 하고, 하나하나를 따로 헤더라고 부르는 사람도 있다.

로열 블랙히스 골프클럽이 지금의 위치로 골프코스를 옮긴 것은 기존의 7개 홀로 구성된 코스에서는 현대 골프를 즐길 수 없었기 때문이다. 그래서 애초의 히스랜드 코스를 버리고 파크랜드로 왔다. 파크랜드 골프장은 수풀과 관목이 곳곳에 도사린 히스랜드 코스와 달리 큰 나

무를 특징으로 한다. 파크랜드 골프장은 장맛비에도 젖고, 소나기에도 젖고, 소프트한 이슬비에도 젖는다. 젖은 땅은 쉽게 마르지 않는다. 골퍼는 골프코스의 땅이 모래 형질이어서 쉬이 마르기를 바란다.

히스랜드는 비 때문에 문 닫는 법이 없다

최초의 골프는 바닷가 모래사장 위에 형성된 링크스 코스에서 시작되었다. 배수가 잘되기 때문에 모래 지형이 골프를 치기에는 더 좋다.

내륙에도 모래가 있는 곳이 있다. 그런 곳은 큰 나무 대신에 고스, 히스와 헤더 같은 높이가 낮은 관목이 자란다. 바닷가가 아닌 내륙 지방에도 히스와 헤더가 자라는 곳이 있다. 이런 땅을 히스랜드라고 부르고, 모래 형질이 아닌 곳을 파크랜드라고 부른다.

월튼히스는 런던 근교의 대표적인 히스랜드 코스다. 모래층이 지면으로부터 60센티미터 정도 된다. 영국은 자연 상태 그대로에서 골프를 시작했기 때문에 대부분의 골프코스가 별도의 토사 작업이 없는 상황에서 건설되어 비에 취약하다. 비가 많이 오면 질척해지기 때문에 코스를 닫는 경우도 있다. 하지만 월튼히스는 비로 인해 코스가 닫히는 경우가 거의 없다. 겨울에 눈이 오거나 그린이 얼어붙을 경우에만 코스가 닫힌다. 그런 일은 1년에 5일을 넘지 않는다. 웨일스 해안가 링크스 코스인 로열 포트콜의 경우에는 날씨로 코스를 닫은 것이 무려 6년 전으로 거슬러 올라간다. 월튼히스 골프클럽 멤버들은 자신들을 행운아라고 부른다. 골프코스가 가진 천연 모래의 양이 얼마인가 하는 것은 골프클럽 멤버들이 가진 행운이 얼마인가를 재는 작은 척도다.

비가 많이 온 다음 날인 2024년 1월 6일 로열 블랙히스와 월튼히스를 순차적으로 방문했는데, 파크랜드 코스인 블랙히스에는 골퍼가 거의 없었고, 히스랜드 코스인 월튼히스에는 주차공간을 찾기 어려울 정도로 골퍼가 많았다. 그린키퍼는 1년에도 수차례 파크랜드 골프코스에 구멍을 뚫고, 천 톤가량의 모래를 뿌린다. 파크랜드를 조금이라도 히스랜드처럼 만들기 위한 노력이다.

'세계 100대 골프코스'라고 기대하고 가보았는데 해안가 링크스 코스도 아니고 대단한 역사가 있는 것도 아니어서 평범해 보이는 코스가 있다면, 그 코스는 완벽에 가까운 히스랜드일 가능성이 크다. 겨울에도 질척이지 않아 1년 내내 골프를 즐길 수 있기에 높은 점수를 받는다. 모래를 가져다 붓는 작업을 자주 하지 않아도 되니 관리가 쉽고 친환경적이다. 다만 산성토양이기 때문에 농작물 재배에 적합하지 않다. 많은 골프코스가 농부와 갈등을 일으킨 역사를 가지고 있는 데 반해 히스랜드 골프코스는 농지로 적당하지 않기 때문에 인근 주민과 갈등도 없었다. 영국의 대표적인 히스랜드 코스로는 월튼히스 외에도 잉글랜드 중부의 간톤과 우드홀 스파, 런던 근교의 서닝데일과 워킹 등이 꼽힌다.

2023년 위민스 오픈이 월튼히스에서 개최되었다. 한국 선수 중에는 히스랜드의 특징에 주목하지 않고 런던 근교의 파크랜드 골프코스에서 연습한 선수가 있고, 그와 달리 히스랜드 골프코스를 찾아 연습한 선수도 있었다. 당시 파크랜드에서 연습한 선수 대부분은 컷탈락하거나 고전을 면치 못했다.

파크랜드와 히스랜드는
많은 것이 다르다

히스랜드 코스와 파크랜드 코스는 서식하는 식물만 다른 것이 아니다. 잔디 종류가 다르고, 서식 패턴이 다르고, 얽힘이 다르고, 색깔이 다르다. 히스랜드는 겨울에는 비가 많이 와서 땅이 부드럽고 잔디색이 푸르러 보기에 좋다. 문제는 여름이다. 히스랜드는 여름에 페어웨이에 물을 거의 주지 않는다. 물을 줘도 모래가 물을 오래 머금고 있지 않아서 효과가 별로 없다. 여름에 잔디는 갈색으로 변하고 땅은 딱딱해진다. 지면과 클럽이 가파르게 임팩트 되어 잔디를 깊게 파는 스윙을 해서는 안 된다. 얕은 스윙을 해야 한다.

서로 가까운 골프코스라고 해도 히스랜드 코스는 파크랜드 코스에 비해 런이 많이 발생한다. 파크랜드 코스에서 비거리 230야드에 런이 20야드였다면, 히스랜드에서는 같은 비거리에 런이 40야드가 될 수도 있고 80야드가 될 수도 있다. 파크랜드에서 연습하고 히스랜드로 온 선수는 페어웨이 벙커에 더 많이 빠졌을 것이다. 히스랜드는 나무로 덜 둘러싸였기 때문에 순간적으로 부는 바람의 영향도 많이 받는다.

특히 히스나 헤더에 공이 들어갔을 때, 발목 높이의 낮은 관목에서 공을 치는 훈련을 충분히 한 선수와 하지 못한 선수는 완전히 다르다. 히스는 낮고 부드러운 관목이기 때문에 아이언으로 강하게 치면 뿌리째 뽑혀 나갈 것 같아도 그렇지 않다. 오래된 히스 뿌리는 땅에 서로 얽혀 있기 때문에 관목을 통째로 걷어내려고 시도하면 손목 부상이 올 수 있다.

월튼히스에서 만난 전직 캡틴인 리처드에 따르면, 월튼히스 골프클럽의 프로는 멤버들에게 늘 이렇게 말해준다. "공이 헤더에 들어가면 클럽 두 개를 가지고 가서 공을 찾으세요. 3번 우드와 샌드웨지를 들고 가세요. 공을 찾았을 때 3번 우드를 칠 수 없다면, 다른 선택은 하나밖에 없어요. 샌드웨지로 탈출하는 방법밖에 없어요." 아이언은 생각조차 하지 말라는 말이다. 페어웨이가 아닌 헤더 안에서 3번 우드를 사용해도 좋은 환경은 거의 발생하지 않기에 샌드웨지를 쓰라는 말이다. 3번 우드를 군이 가져가는 이유는 샌드웨지 이외의 다른 클럽을 선택하려는 유혹에 흔들리지 않기 위함이다.

블랙히스와 월튼히스는 무엇이 다를까

최초의 골프클럽으로서 블랙히스는 런던 근교에 골프클럽이 생기고 골프코스가 조성될 때마다 도움을 주었다. 1903년에 월튼히스가 만들어졌을 때도 그랬다. 7홀밖에 없었던 블랙히스는 월튼히스가 부러웠을까? 월튼히스는 36홀을 가지기에 충분히 넓은 땅이고, 모래층이 어느 히스랜드보다 깊다. 전장이 길어 큰 대회를 개최할 수 있고, 1981년에는 라이더컵도 개최했다.

버나드 다윈은 월튼히스를 이렇게 묘사했다. "맑고 화창한 날에 이보다 더 매력적인 곳은 없다. 여기보다 공기가 신선하고, 하늘이 더 커 보이고, 더 기분이 좋아지는 곳은 없다. 이곳은 골프라는 우리의 게임과 우리 자신을 위해서 더할 나위 없이 좋은 곳이다."

그래서 월튼히스 골프클럽에는 많은 저명인사가 멤버로 있었다. 윈스턴 처칠, 로이드 조지, 보너 로, 아서 밸푸어 총리가 이곳의 멤버였다.

에드워드 8세 왕은 월튼히스 골프클럽의 캡틴을 하던 중 왕이 되었다. 왕이 캡틴을 한 유일한 골프클럽이 월튼히스다. 그리하여 '왕의 클럽' 이라는 타이틀은 블랙히스에서 월튼히스로 옮겨졌다. 에드워드 8세는 왕의 자리는 1년도 채우지 않고 사임했지만, 캡틴의 자리는 임기를 마쳤다.

반면 오랜 역사를 자랑하는 로열 블랙히스는 넓은 땅을 가지지 못했다. 그들이 18홀 코스를 얻었을 때는 히스랜드를 포기해야만 했다. 우리의 삶은 완벽할 수 없고 모든 것을 가질 수 없다. 태어나자마자 왕이 되었던 최초의 여성 골퍼 메리 여왕은 왕으로 죽지 못했다. 스코틀랜드의 자연에서 자유를 만끽했던 여왕은 잉글랜드에서 감금 생활을 하다가 처형되었다. 골프는 완벽할 수 없고, 모든 것을 가질 수는 없다는 사실을 골프를 칠 때마다 깨닫는다.

가지지 못했다고
행복하지 않은 것은 아니다

드라이버를 얻는 날 아이언샷을 얻을 수 없고, 롱게임이 잘되는 날 쇼트게임이 되지 않는다. 롱퍼팅이 들어가는 날 쇼트퍼팅에서 실수한다. 동반자가 좋은 날 베스트 스코어를 얻지 못하며, 컨디션이 좋은 날 부드러운 스윙을 선보이지 못한다. 골프는 그런 경기다.

그러한 골프의 특징을 이해하는 블랙히스 멤버에게 아쉬움이나 부러움은 없다. 블랙히스에서 골프를 치고 있던 노령의 멤버에게 농담을 섞어 물었다. "혹시 월튼히스 같은 히스랜드가 부럽지 않나요?" "부럽냐고요? 뭐가 부럽죠?" "겨울에 더 좋은 환경에서 골프를 칠 수 있으니까요!" "겨울에 털모자를 쓰고 꼭 골프를 쳐야 하나요? 골프는 쉬는 것도 좋아요."

노년의 골퍼가 골프백을 등에 메고 한겨울에 반드시 골프를 쳐야할 이유는 없다. 골프는 골퍼에게서 시간과 정신을 많이 빼앗아 가는 운동이므로 1년에 두어 달 정도는 골프를 치지 않고 시간을 보내는 것도 좋다. 골퍼는 '모든 것을 가질 수 없다'라는 단순한 사실을 깨달음으로써 더욱 행복한 골퍼가 된다.

품격 있는 골퍼는 행복을 전한다
- 상처는 극복하는 것이 아니라 잊는 것이다

　해안가 링크스 코스는 순수 링크스 코스와 링크스 스타일 코스로 나뉜다. 올드코스가 전자라면, 페블비치가 후자다. 영국에서는 인랜드 골프코스를 다시 파크랜드 코스와 히스랜드 코스로 나눈다.

　런던 근교에는 유명한 인랜드 골프코스가 많다. 세계 톱 골프코스 상단에 항상 이름을 올리는 서닝데일, 런던 한복판 최고의 골프코스로 손꼽히는 로열 윔블던, 매년 BMW 챔피언십을 개최하는 웬트워스, 윈스턴 처칠과 로이드 조지 등의 역대 총리가 멤버로 있었던 월튼히스, 위민스 오픈을 여러 차례 개최한 워본, 잉글랜드 최초의 골프클럽 로열 블랙히스, 역사는 오래되지 않았지만 LIV 골프의 고향인 센추리온 등이 있다.

'잉글랜드의 가든' 켄트에 위치한 런던 골프클럽

런던에서 남동쪽으로 뻗은 A20 도로를 따라가다 보면 런던 외곽순환도로에 해당하는 M25를 만난다. M25 안에 골프코스가 250개나 있으니, 영국은 과연 골프의 나라다. M25를 지나자마자 '잉글랜드의 가든, 켄트'라는 표지판이 나온다. 켄트가 잉글랜드의 정원이라 불리는 이유는 기후가 온화하고, 여름철에도 강수량이 많아 작물 재배에 이상적이기 때문이다.

이 표지판을 보자마자 2031년 라이더컵 후보지 중 하나인 런던 골프클럽이 나타난다. 1994년에 잭 니클라우스 설계로 탄생한 런던 골프클럽의 헤리티지 코스는 전장이 길고 폭이 넓다. 광활하게 구성된 와일드 러프가 일품이다. 헤더와 히스가 없어서 히스랜드 골프코스라고 할 수 없지만, 허리 높이까지 자란 페스큐그래스와 고스의 노란 꽃은 링크스 코스 느낌도 주고, 히스랜드 코스 느낌도 준다. 잭 니클라우스가 골프코스를 설계할 때 생각이 많았던 것으로 보인다.

스타터란 무엇인가?

피터 로스는 런던 골프클럽에서 12년째 스타터로 일하고 있다. 스타터는 1번 홀 티샷박스에서 골퍼를 기다리는 골프코스의 얼굴이다. 스타터는 골퍼가 일정한 간격으로 출발할 수 있도록 관리하고, 로컬 룰과 경기에 영향을 미칠 변수를 설명해준다. 그린 스피드, 핀의 위치, 핀까지의 거리를 파악하는 방법, 주의해야 할 홀, 드롭존과 수리지에 대해 말해준다.

22세에 골프를 시작한 피터는 41년째 골프를 치고 있다. 젊은 시절에는 핸디캡 5의 골퍼였으며, 베스트 스코어는 2언더파다. 골프클럽에서 스타터를 하기 전에는 루퍼roofer(지붕 공사 전문가)로 일했다. 51세 때 지붕에서 일하던 중 심장에 이상을 느꼈고, 다음 날로 지붕에 올라가는 일을 그만두었다. 골프를 사랑했던 그는 골프클럽에서 일하는 것으로 제2의 인생을 시작했다. 골프클럽 업무 중 스타터 일을 가장 좋아한다. 모든 골퍼가 행복한 표정으로 그에게 걸어온다. 간혹 긴장된 상태인 골퍼가 있지만, 긴장감 속에도 행복감이 묻어난다. 자신에게 다가오는 모든 사람이 행복한 표정으로 온다는 것은 축복이다.

런던 골프클럽 헤리티지 코스 2번 홀 그린

그 점에서 루퍼와 스타터는 대척점에 있다. 영국에서 악명 높은 직업 중 하나가 루퍼다. 대도시인 런던에서조차도 단독주택 비중이 높은 나라가 영국이다. 단독주택이 많다는 것은 지붕이 많다는 뜻이다. 문제가 생겼을 때 높이 올라가야 하는 위험성 때문에 집주인은 지붕에 올라가지 못한다. 루퍼는 지붕의 문제를 침소봉대하거나 작업을 과장하여 청구하는 경우가 있다. 사람들은 물이 새는 것과 같은 문제로 루퍼를 부른다. 짜증이 난 상태에서 루퍼를 맞이하고 루퍼가 자신을 속일 수 있기에 방어적으로 대한다. 루퍼를 찾는 고객은 이미 불행한 사람이다. 루퍼를 불신할 준비가 되어 있다.

골프코스에서 스타터만 해본 사람은 골퍼가 얼마나 행복한 표정으로 스타터에게 다가오는지 모른다. 하지만 루퍼 출신 스타터인 피터는 골퍼가 얼마나 스트레스가 없는 표정인지, 얼마나 상대를 신뢰하는 표정인지 잘 안다. 1번 홀로 다가오는 골퍼는 특히 그렇다. 골프는 자기 마음대로 되는 운동이 아니기 때문에 18홀을 마친 골퍼는 다를 수 있다. 피터는 골퍼는 시작할 때처럼, 마칠 때도 행복해야 한다고 생각한다. 그렇게 되도록 도와주는 것이 골프클럽 직원의 사명이라고 생각한다.

"가장 행복했던 순간은 잭 니클라우스를 만났을 때"

그가 일하면서 가장 기억에 남는 순간은 잭 니클라우스를 만났을 때다. 몇 해 전에 잭 니클라우스가 윔블던 결승전을 관람하고 친구와 함께 런던 골프클럽에 왔다. 밝은 미소의 잭 니클라우스는 골프클럽 직원의 크고 작은 부탁에 기꺼이 응해주었다. 골프클럽에 유명인사가 와도 사인이나 사진을 부탁하지 않는 것이 보통이다. 클럽하우스에서는 모든 골퍼가 편안함을 느껴야 하기 때문이다. 그러나 골프에서 잭 니클라우스는 단순한 셀럽이 아니다.

그는 연습장에서 몸을 풀고 1번 홀로 왔다. 피터에게 다가온 잭은 손을 내밀어 악수를 청했다. 그는 자신이 설계한 골프코스를 잘 지켜줘서 고맙다고 인사했고, 이런저런 유쾌한 담소를 나눴다. 잭 니클라우스가 특별히 좋아하는 홀은 헤리티지 코스의 13번 홀이다. 이 홀은 우리나라에도 있다. 베어즈베스트 청라 유럽코스 2번 홀을 헤리티지 코스 13번 홀 모양을 본떠서 만들었다.

피터는 프로 골퍼 중에 거만한 골퍼를 몇 명 보았다. 폴 케이시가 대표적이다. 피터는 먼저 손을 내민 잭의 소탈함에 놀랐고, 잭이 행복을 전해주는 골퍼라고 생각했다. '그린 위의 신사' 잭과의 만남은 피터에게 강한 인상을 남겼다. 그린 위의 신사라는 별명도 영국인이 붙여주었다.

행복 전하는 '그린 위의 신사' 잭 니클라우스

1969년 리버풀의 로열 버크데일에서 라이더컵이 열렸다. 당시까지만 해도 라이더컵은 미국과 영국의 대결이었다. 미국은 직전 5개 대회에서 승리했고, 영국팀은 설욕을 준비했다. 영국에는 전성기를 구가하던 토니 재클린Tony Jacklin이 있었다. 잭 니클라우스와 토니 재클린이 17번 홀 그린에 왔을 때 다른 선수의 경기가 끝났고, 팀 점수는 15.5대 15.5였다. 17번 홀에서 토니 재클린의 40피트(12미터) 이글 퍼팅이 거짓말처럼 홀컵에 빨려 들어가면서, 한 홀을 뒤지고 있던 토니 재클린이 마침내 동점을 만들었다. 라이더컵 역사에서 가장 흥미진진한 엔딩을 눈앞에 두고 있었고, 갤러리는 흥분했다. 18번 홀 티샷 후에 잭 니클라우스가 페어웨이로 걸어가는 토니 재클린을 불러 세웠다. "토니! 긴장돼?" "잭! 긴장되냐고? 나 지금 제정신 아니야!" "토니! 이 말이 너에게 위로가 될지 모르겠는데, 나도 마찬가지야!" 18번 홀 그린에서 두 선수는 버디 퍼팅을 남겨두었다. 토니 재클린의 버디 퍼팅은 한 걸음 앞에 멈췄고, 잭 니클라우스의 버디 퍼팅은 홀컵을 두 걸음 지나 멈췄다. 잭 니클라우스 골프 경력에서 가장 긴장된 퍼팅이었다.

퍼팅에 성공한 잭은 홀컵으로 가서 공을 꺼내지 않고, 토니의 볼 마크를 집어 들었다. 컨시드를 준 것이다. 이것이 바로 '더 컨세션The Concession'이다. 로열 버크데일을 가득 메운 영국 골프 팬은 잭 니클라우스의 행동에 놀랐다. 잭 니클라우스는 모든 사람을 행복하게 만들었다. 컨시드를 준 이유를 묻는 질문에 그는 "토니가 그것을 넣었겠죠. 토니는 최고의 골퍼였고, 영국의 우상이었죠. 골프 우상이 수많은 골프 팬 앞에서 실수할 가능성에 노출되는 것을 바라지 않았어요. 그게 아주 작은 가능성이라고 하더라도 말이죠"라고 답했다.

골프코스 중에는 핀 주변에 원을 그려놓아 자동으로 컨시드가 되도록 해놓은 곳도 있다. 빠른 진행, 동반자 간의 불필요한 갈등, 홀 주변의 그린 보호를 위해서다. 그러나 그런 원은 컨시드로 인해 발생하는 골프의 역동성을 떨어트리는 것이라서 동의하기 어렵다. 컨시드는 골퍼 성격 형성character building에 중요한 역할을 한다. 결정적인 순간에 잭 니클라우스처럼 상대방에게 컨시드를 줌으로써 품격 있는 골퍼라는 캐릭터를 스스로 만들 수 있다.

런던 골프클럽이 개장하는 날, 잭 니클라우스와 토니 재클린은 세베 바예스테로스Seve Ballestero와 함께 헤리티지 코스에서 스킨스(각 홀에서 가장 잘 친 플레이어가 홀을 가져가는 방식의 경기)를 펼쳤다.

이제 피터 로스가 어떻게 골프로 자신의 무너진 마음을 치유했으며, 잭 니클라우스가 어떻게 어려움을 극복했는지에 관해 살펴보고자 한다.

스타터가 지켜본 품격 있는 골퍼는

피터 로스는 수준 높은 골퍼를 많이 본다. 그들은 허겁지겁 도착하지 않으며, 연습장에서 충분히 몸을 푼 후에 스타터에게 온다. 드레스 코드에 맞는 옷을 입고, 동반자의 좋은 샷에 칭찬을, 실수에 격려를 잊지 않는다. 그들은 벙커 정리, 디봇과 피치마크 수리를 빼놓지 않는다. 늦장 플레이도 하지 않는다. 골퍼는 골프 규칙을 잘 지켜야 하며, 상대방을 속이는 행동을 해서는 안 된다. 중요한 경기에서 유혹을 느낄 수 있지만, 속임수를 쓰면 클럽 멤버가 알게 되고, 다른 골프클럽까지 소문이 난다. 속임수는 자신의 골프를 위태롭게 만든다.

골프는 모든 스포츠를 통틀어 규칙이 가장 복잡한 운동이다. R&A 룰북(규정집)은 238쪽에 달한다. 규칙을 모르는 상황이 발생하거나 룰 적용이 애매할 경우에는 동반자에게 묻고, 판단을 기다려야 한다. 골퍼는 동반자에게 농담하거나 장난을 걸 수 있지만, 상대가 웃고 넘어갈 정도에 머물러야 한다. 웃고 넘어가도 상처는 남을 수 있다는 점도 명심해야 한다. 골퍼는 다른 골퍼의 플레이에 방해를 주어서는 안 되며, 다른 홀에 있는 골퍼에게 영향을 줄 정도로 소란스러워서도 안 된다.

행복한 골퍼가 좋은 골퍼다

피터는 자신이 모든 에티켓을 잘 지킨 훌륭한 골퍼였다고는 생각하지 않는다. 다만 그는 행복한 골퍼였다. 핸디캡 12 정도의 꾸준한 골퍼였던 아버지를 따라 골프코스에서 놀았다. 아버지와 함께한 추억의 대부분은 동네 골프코스에서 만들어졌다. 피터는 아들을 골프선수로 키웠다. 아들은 어릴 적부터 선수로서 대회에 참여했다. 대회를 따라다니면서 긴장을 경험했지만, 행복한 순간이었다.

아들 잭 로스는 프랑스 최고의 골프클럽인 레보르데Les Bordes의 사장이다. 레보르데는 유럽 대륙 골프코스 중에 가장 어렵고 가장 아름다운 코스로 꼽힌다. 프라이빗 골프클럽으로 많은 셀럽이 멤버로 있다.

피터는 영국 골프클럽에서 작은(사실은 결코 작지 않은) 일을 담당하고 있지만, 아들은 유럽 최고의 클럽에서 대표를 맡고 있다. 아들은 모든 것이 아버지 덕이라고 말하니, 아버지로서 더한 행복이 없다. 1년에 세 번 아들이 일하는 곳에서 골프를 친다. 아들이 아니면 가기 어려운 골프클럽이다. 아들과 함께 골프를 치면서 이야기를 나눌 때가 가장 행복한 순간이다. 그 기억을 고스란히 간직하고 일터로 돌아온다.

골프는 동반자와 하는 경쟁이기도 하고, 자연과 벌이는 게임이기도 하다. 상대가 동반자이든 자연이든, 골퍼는 이기기보다는 지기 쉽다. PGA 투어에서 73번을 우승하고 유러피언 투어에서 14번을 우승한 잭 니클라우스조차도 메이저대회에서 우승을 18번 했지만, 2등은 19번 했다. 피터는 아들과 골프를 치면서, 골프는 동반자를 이기기 위해서 하는 것이 아니라 동반자와 대화하기 위해서 하는 것이란 사실을 깨달았다. 골프는 자연을 극복하기 위해서 하는 것이 아니며 자연과 조화를 이루려고 하는 것이란 사실을 골프코스에서 일하면서 깨달았다. 깨달음은 행복감을 주었고, 그 행복감으로 그의 몸이 치유되었다.

골프에는 마음이 무너지는 순간이 없다

피터 로스의 아들은 골프선수로 이름을 날리지는 못했다. 아들의 골프대회를 따라다니며 마음이 무너지는 순간은 없었을까? 아들이 문턱에서 우승을 놓친 적도 있었다. 안타까운 순간은 있었지만, 마음이

잭 로스와 파리 올림픽 대회를 준비하기 위해 레보르데에 머물렀던 스코티 셰플러

무너지는 순간은 없었다. 우승도, 준우승도, 컷탈락도 그럴 만한 것이었다.

골프 역사에서 가장 안타까운 순간 중 하나는 김인경 선수가 메이저대회인 나비스코 챔피언십에서 30센티미터 퍼팅을 놓친 장면이다. 퍼팅은 행운의 영향을 받지만, 30센티미터 퍼팅에서 행운이 개입할 여지는 거의 없다. 그것은 순전한 그녀의 문제였다. 그녀의 마음은 무너졌겠지만, 지켜본 많은 팬은 어쩌면 당연한 일이라고 생각했을 것이다.

1999년 카누스티에서 개최된 디오픈에서 프랑스 선수 장 방 드 벨드 Jean Van de Velde는 마지막 홀까지 3타차 선두였다. 마지막 홀에서 도랑에 빠진 공을 신발을 벗고 들어가서 치는 최악의 선택을 했다. 트리플 보기를 범하고 연장전에 가서 패배했다. 디오픈 역사상 가장 드라마틱한 패배였다. 그의 선택은 잘못된 것이었고, 그의 패배는 골프 팬에게 가슴이 무너지기보다는 당연한 것으로 보였다.

골프가 어려운 이유는
멈춰 있는 공을 쳐야 하기 때문이다

월드 매치플레이 챔피언십에서 타이거 우즈를 두 번이나 이긴 유일한 선수인 닉 오헌Nick O'Hern은 골프가 어려운 이유는 멈춰 있는 공을 쳐야 하기 때문이라고 말했다. 다른 스포츠는 움직이는 볼에 반응하면 되지만, 골프는 정지한 공에 움직임을 창조해내야 한다. 공 멈춤이 계속되고, 공의 움직임을 만들어내는 스윙과 스윙의 간격이 너무 긴 것은 또 다른 문제다. 그사이에 수많은 생각과 감정이 개입한다.

움직임을 창조하는 골퍼에게 핑계는 없다. 골퍼가 스윙하는 순간에 공은 움직이지 않고, 땅도 움직이지 않으며, 골퍼와 홀컵 사이에 골키퍼나 수비수도 없다. 온전히 골퍼 혼자 만들어내고 책임을 진다.

세계 랭킹 300위가 랭킹 1위를 이기는 게임이 골프다. 다른 종목에서는 좀처럼 없는 일이다. 골프에서 세계 랭킹 1위가 디오픈을 우승한 사례가 손에 꼽을 정도로 적다. 골프는 행운에 의해 좌우되지만, 골프에서 행운의 영향력은 과소평가된다. 골프에서 움직이는 것은 오로지 골퍼뿐이기 때문이다. 골퍼는 핑계를 댈 수 없으며, 모든 결과를 당연히 받아들인다. 그래서 골프에는 좀처럼 마음이 무너지는 경우가 없다.

이것이 골프가 정신건강에 좋은 이유다.

상처는 극복하는 것이 아니라 잊는 것이다

골프가 정신건강에 좋다? 동의하지 않을 골퍼가 많을 것이다. 짧은 퍼팅 미스를 오래 기억하는 사람이 있다. 특정 홀에만 가면 오비가 우려되고, 스윙하고 나면 여지없이 오비가 난다. 세계 최고의 골퍼였던 대만의 청야니曾雅妮는 퍼팅에 입스yips가 와서 짧은 퍼팅을 하지 못하고 젊은 나이에 은퇴했다.

런던 골프클럽에 온 잭 니클라우스는 행복한 골프의 비결을 묻는 질문에 "나쁜 기억은 잊어라"라고 조언했다. 그의 비결은 밥 로텔라의 책《퍼팅 마음의 게임》에 현실감 있게 나와 있다.

잭 니클라우스가 어느 골프 모임에서 연설했다. "나는 골프대회 마지막 홀에서 3퍼팅을 해본 적이 없고, 1미터 이내 퍼팅을 놓친 적이 없다." 질의응답 시간에 한 청중이 "지난달에 당신이 대회 마지막 날 마지막 홀에서 1미터 퍼팅을 놓치는 것을 보았다"라고 말했다. 그러자 잭 니클라우스는 "내가 그 자리에 있었고 정확히 기억하고 있다. 나는 그런 적이 없다"라고 단호하게 말했다. 잭 니클라우스가 떠나고, 그는 밥 로텔라에게 와서 불평했다. "내가 봤는데 어떻게 그럴 수가 있죠? 그런 적이 없나요?" 밥 로텔라는 다음과 같이 답했다. "당신과 나는 보기 플레이어죠. 우리가 생각하는 방식과 잭 니클라우스가 생각하는 방식이 같을 것이라고 생각해요? 당신 말대로 그는 1미터 퍼팅을 놓쳤을 거예요. 그러나 그가 거짓말을 한 것도 아니에요. 그의 머리는 자동으로 나쁜 기억을 지우는 거예요. 그래서 그에게는 입스도 없고, 상처도 없죠. 그것이 그가 최고의 골퍼로 장수할 수 있는 비결이라고 생각해요."

골프에는 운이 작용하지만, 골프에서 움직이는 것은 골퍼뿐이므로 다른 것을 탓할 수 없다. 불운으로 마음이 무너지는 일이 골프에서는 좀처럼 없다. 피터 로스는 루퍼로 일하면서 심장이 망가졌지만, 골프를 치면서 스트레스로 심장에 이상을 느낀 적은 없다. 골프코스에서 일하면서 그는 육체적·정신적으로 건강해졌다. 골프도 아주 가끔은 골퍼의 마음을 무너지게 하지만, 골퍼는 잭 니클라우스의 교훈을 떠올리면 된다.

잉글랜드의 가든 켄트에는 언덕이 많기 때문에 운전하고 돌아오는 길에 런던 시내를 한눈에 볼 수 있다. 오랜 역사의 시티 오브 런던, 현대 금융의 상징 카나리 워프, 새롭게 개발되고 있는 빅토리아의 스카이라인이 파노라마처럼 펼쳐진다. 많은 건설업자, 루퍼, 배관공, 전기공 등이 골프코스를 자주 찾는다. 타고 온 차를 보면 누군지 금세 알 수 있다. 런던의 스카이라인을 만들어낸 건설업자도 시간이 나면 골프코스를 찾았을 것이다. 도심의 스트레스를 잊게 만드는 자연이 있고, 행복한 동료 골퍼가 있었을 것이다. 골프의 지혜를 알고 있는 현명한 골프클럽 직원까지 있었다면, 그들은 18홀 성적이 어떠했든지 상관없이 집으로 돌아오는 길도 골프코스로 가는 길만큼 행복했을 것이다.

골프클럽도 위스키처럼 블랜딩하라

- 사랑하는 사람은 허투루 대하지 않는다

"당신에게 골프란 무엇인가요?"

"슬프게 말한다면 골프는 진정한 사랑입니다."

"그게 왜 슬프게 말하는 거죠?"

"골프가 내게는 끝이 없는 사랑처럼 느껴집니다."

"당신은 결혼했나요?"

"질문의 의도를 알겠어요. 어떤 면에서 나는 나의 아내보다 골프를 더 사랑하며, 아내도 그것을 알고 있어요."

조지 필립스는 피팅 스페셜리스트로 7년째 일하고 있다. 그는 골퍼에게 맞는 골프클럽을 찾아 주는 전문가다. 타이틀리스트를 위해 일하고 있으며, 지난 한 달 동안 85명의 골퍼를 만났다.

한 골퍼가 그의 앞에서 10여 차례 스윙을 하자 조지는 그의 스윙을 분석해주었다. 현재 사용하는 아이언보다 조금 더 관용성forgiveness (골퍼의 실수를 골프클럽이 일정 부분 만회할 수 있게 해주는 것을 지칭하는 말) 있는 것을, 조금 더 가벼운 샤프트를 사용하기를 권유했다. 골퍼는 쓰고 있는 아이언에 큰 불만이 없었지만, 전문가의 조언에 마음이 흔들렸다. 조지 필립스가 할애해 준 45분의 시간이 고마웠고, 그의 조언을 따르지 않는다면 미안할 것 같았다.

조지는 판매량이 아닌 일하는 시간에 따라 보수를 받는다. 고객은 조지를 위해 골프클럽을 반드시 살 필요도, 시간에 대한 대가를 지불할 필요도 없다. 골퍼가 최적의 골프클럽을 사용하고 있는데도 불구하고 새로운 것을 사도록 권유하는 일이 없도록 하기 위함이다. 그가 만난 85명 중에 클럽을 바꾼 골퍼는 35명이다.

비싼 채보다 조화로운 채가 좋다

조지 필립스가 피팅해준 고객 중에 가장 기억에 남는 골퍼는 조셉 밀러Joseph Miller다. 그는 2010년과 2016년 두 번에 걸쳐 세계 장타 대회에서 우승한 장타왕이다. 첫 대회 때는 캘러웨이를, 지금은 크랭크 드라이버를 사용하고 있다. 처음 봤을 때 그는 생각보다 거구였고, 시타 중 채가 부러질 것 같은 걱정이 들었다.

조셉의 7번 아이언 클럽헤드 스피드는 시속 118마일로 프로 선수 중에도 아주 빠른 편이었다. 그의 스윙은 많은 스핀과 높은 발사각을 가지고 있었다. 무겁고 견고한 샤프트가 그에게 맞았다. 조지는 조셉에게 3, 4, 5번 아이언과 2번 드라이빙 아이언을 피팅해주었다. 6, 7, 8, 9번 아이언은 기존 것을 그대로 쓰기로 했다.

조지는 아마추어든 프로든 골프클럽을 블랜딩blending하여 쓰기를 권한다. 스카치위스키를 블랜딩하여 마시는 것처럼, 골프클럽도 블랜딩하여 쓰기를 권유한다. 골퍼는 드라이버, 우드, 하이브리드, 드라이빙 아이언, 롱 아이언, 쇼트 아이언, 웨지, 퍼터를 사용한다. 모든 스포츠를 통틀어 가장 많은 도구를 사용하는 스포츠가 골프다. 각각의 클럽은 고유의 특색을 가지기 때문에 골퍼는 각 클럽에 대한 숙련도와 자신감이 다르다. 골퍼가 상황마다 추구하는 것이 다르기 때문에 필요로 하는 스펙도 다르다. 120야드에서 핀에 붙이는 아이언과 180야드에서 많은 런을 발생시키는 아이언이 같은 스펙일 이유는 없다. 피칭과 9번은 머슬백 아이언을, 8번과 9번은 T100을, 7번과 6번은 T150을, 5번과 4번은 T200을 쓰는 것도 좋다. 롱 아이언은 타이틀리스트를, 쇼트 아이언은 테일러 메이드를 쓸 수도 있다. 드라이버는 캘러웨이를 쓰지만, 우드는 핑을 쓰는 것도 좋다.

조지 필립스는 1994년생으로 골프채를 네 살 때 잡았지만, 골프를 본격적으로 시작한 것은 12세 때였다. 그는 13세 때부터 골프대회에 나갔고, 18세에 전업 선수로 나섰다. 아마추어 대회와 프로 대회에 나갔고, 많은 경쟁자를 겪었다. 그는 경기 시작 전에 상대방과 인사하면서 골프백에 담긴 골프클럽을 유심히 본다. 높은 사양의 채를 가지고 있거나 고가의 채를 가지고 있다고 해서 긴장하는 일은 없다. 여러 종류의 채가 조화롭게 섞여 있는 골프백을 보면 경계심이 든다.

기억에 남는 상대가 있다. 모든 채가 각기 달랐고, 아이언은 두 개만 있었고, 퍼터가 두 개 있었다. 자기만의 계획이 뚜렷한 골퍼였다. 이런 상대는 핸디캡이 높아도 가볍게 볼 수 없다.

중요한 것은
비거리와 스핀양이 아닌 관용성

골프클럽은 5년마다 한 번씩 바꾸는 것이 좋다. 골프클럽의 변형도 있을 수 있지만, 골퍼의 체형이나 스윙 스피드에 변화가 있기 때문이다. 더 자주 바꾸는 것은 골프클럽에 대한 집착이다. 대부분의 골퍼는 자신의 실력보다 높은 사양의 골프클럽을 사용한다. 아마추어 골퍼에게 중요한 것은 비거리와 스핀양이 아닌 관용성이다. 골프의 성적을 좌우하는 가장 중요한 요소는 게임에 대한 구체적 계획이다. 골프클럽의 종류와 스윙의 완성도는 부차적인 문제다.

핸디캡 0의 골퍼와 핸디캡 18의 골퍼가 한 라운드에서 기록하는 버디의 차이는 고작 1.8개다. 아마추어 최고수와 주말 골퍼는 평균적으로 2개 미만의 버디를 기록한다. 파를 하는 방법, 실수했을 때 보기로 막는 방법이 중요하다. 골퍼가 좋은 성적을 내기 위해서 중요한 것은 '기대 관리'다. 많은 아마추어 골퍼가 핀을 직접 공략하고 모든 홀에서 버디를 꿈꾼다. 기대 관리는 좋은 스코어를 내겠다는 욕심을 버리고, 상황을 종합적으로 판단하여 그 홀에서 얻어낼 수 있는 현실적 스코어를 상정하고 그에 맞게 샷을 하는 것이다. 자신의 핸디캡이 14라고 하면, 인덱스 1에서 14까지는 보기를 목표로 삼는 것이 좋다. 그것이 골프코스의 의도며, 핸디캡의 의미다. 자신의 실력과 홀의 난이도를 같이 고려하는 것이 골프 아이큐다. 많은 골퍼가 어느 채를 잡을 것인가를 중요하게 생각하지만, 다른 변수에 대해서는 충분히 주의를 기울이지 않는다. 골프에서의 계획은 골프백에서 특정 채를 꺼내는 것으로 마무리되지 않는다. 오히려 그때부터 본격적으로 시작된다.

골프는 단점을 찾기 어려운 스포츠

30세의 조지 필립스는 홀인원을 7번 기록했다. 클럽 챔피언십 대회에서 알바트로스 홀인원(파4 홀 홀인원)도 해봤다. 330야드였고, 오른쪽에서 왼쪽으로 약간 휘어지는 홀이었다. 드로 구질을 구사하는 조지에게는 자신감이 있는 홀이었다. 그날도 좋은 샷을 쳤지만, 공이 멈춘 지점이 보이지 않았다. 동반자가 홀인원이라는 농담을 했다. 홀에 가까워졌는데 공이 보이지 않았기에 공이 그린을 벗어났다고 생각했다. 동반자가 홀컵 안에 공이 있다고 말했다. 말을 듣고도 믿을 수 없었다. 그 후로 경기에 집중할 수 없었고, 좋지 못한 성적을 냈다.

영국에서 홀인원을 하면 클럽하우스에서 모든 사람에게 술이나 음료수를 사는 것이 관행이다. 늦게 클럽하우스로 돌아오는 골퍼를 위해 위스키를 병째로 사서 두고 가기도 한다. 이날은 클럽 챔피언십 대회일이었기에 많은 골퍼가 클럽하우스에 있었다. 당시 조지는 15세였고 돈이 없는 학생이었기 때문에 그에게 음료수와 술을 사라고 말하는 사람은 없었다.

알바트로스 홀인원 순간보다 더 기억에 남는 순간도 있다. 14세 때 30대 후반의 클럽 챔피언과 조를 이뤄 포섬(두 명이 한 조를 이뤄 번갈아서 공을 치는 방식) 플레이를 했다. 라이벌 클럽과의 클럽 대항전이었다. 17번 홀까지 동점 상황이었다. 마지막 홀에서 25야드가 넘는 내리막 퍼팅을 남겨두었고, 자신의 차례였다. 내리막 경사도 심했지만 왼쪽에서 오른쪽으로 휘어지는 기울기도 심했다. 50명이 넘는 관중이 있었고, 도저히 계획을 세울 수 없어 동반자 아저씨에게 물어봤다. "어떻게 하죠?" "뭘 어떻게 해? 평상시와 똑같다고 생각하고 그냥 쳐(Just hit it)!" 평상시와 똑같다는 말에 계획이 생겼고, 그냥 치라는 말에 복잡한 생각을 거뒀다. 볼이 생각보다 조금 세게 맞았다고 느꼈다. 볼은 내리막 경사를 타고 더욱 빨라지는 것 같았고, 볼의 궤적을 보면서 숨이 멎을 것만 같았다. 공은 거짓말처럼 홀컵에 빨려 들어갔다. 모든 클럽 멤버가 달려와서 그를 안아주었다. 스스로 클라레 저그를 손에 든 타이거 우즈와 같다고 느꼈다.

그가 퍼팅하는 장소는 주로 연습장이다. 일하는 시간 앞뒤에는 연습을 한다. 쉬는 날에는 골프를 친다. 골프는 일이며 휴식이다. 그에게는 16년 동안 같이 골프를 쳐온 친구가 있다. 친구의 핸디캡도 0이다. 어릴 적에는 초콜릿 바 내기를 했고, 지금은 맥주 한잔 내기를 한다. 골프대회에서 이기는 것보다 그를 이기는 것이 좋다.

골프는 항상 행복한 도전이다

그가 골프선수의 삶을 완전히 포기한 것은 아니다. 여전히 일주일에 네 번, 한 번에 다섯 시간씩 연습한다. 드라이버 평균 거리는 310야드다. 드라이버는 자신 있기 때문에 대부분의 연습을 쇼트게임과 퍼팅에 할애한다. 그는 타이거 우즈의 퍼팅을 최고로 생각하며, 퍼팅할 때마다 그를 생각한다. 티칭 프로가 PGA 투어에 초청받아 좋은 성적을 냈다는 뉴스를 접할 때면, 그의 심장이 뛴다. 세상에 어느 스포츠가 코치를 하다 대회에 출전하여 우승 경쟁을 하며, 세상에 어느 스포츠가 장비를 팔면서 챔피언을 꿈꿀까? 골프는 그런 것이 가능한 게임이어서 좋다. 그에게 골프는 항상 행복한 도전이다.

어쩌면 프로 선수로서 조지 필립스의 미래는 밝지 않을 수 있다. 선수로서 그는 성공하지 못할 수도 있지만, 골프를 시작하고 한 번도 불행하다고 느낀 적이 없고, 후회한 적도 없다. 골프를 사랑하는 사람은 골프를 시작한 것을 후회하지 않는다. 골프는 그에게 셀 수 없을 만큼 많은 좋은 기억을 남겼고, 앞으로도 그럴 것이다.

조지 필립스가 생각하는 품격 있는 골퍼란 골프를 사랑하는 사람이다. 우리는 사랑하는 사람을 허투루 대하지 않는다. 골프를 사랑하는 사람도 골프를 허투루 대하지 않는다. 첫 번째 벙커샷을 실패하고, 두 번째 벙커샷을 다시 실패하고, 세 번째 벙커샷을 또 실패했다고 해서, 네 번째 벙커샷을 허투루 치지 않는다. 품격 있는 골퍼는 모든 샷에 계획을 가지고 진지하게 임한다. 품위 있는 골퍼는 기초를 잘 갖추고,

연습을 많이 하고, 자신의 골프 데이터를 모은다. 많은 연습과 축적된 데이터만이 다양한 상황에서 구체적인 계획을 만들어낸다.

조지가 좋아하는 골퍼는 아담 스콧이다. 조지는 아담 스콧의 모든 행동에서 골프에 대한 사랑을 느낀다. 그는 모든 상황에서 세심하게 계획하고, 좋은 판단을 한다. 폼이 좋고, 매너도 좋다. 아담 스콧은 모든 것을 갖춘 골퍼다.

조지의 딸과 아들은 집에서 골프클럽을 가지고 논다. 아이들의 장난감은 대부분 골프와 관련한 것들이다. 아이들이 골프선수가 되기를 바라느냐는 질문에 조지는 "골프를 하면서 나쁜 것이 하나도 없었다. 골프는 단점을 찾기 힘든 스포츠다. 아이들이 그런 스포츠에 도전하는 것은 큰 축복이다"라고 답했다.

골프를 사랑하는 조지 필립스의 태도에는 가슴 뭉클한 점이 있다. 그는 아담 스콧에게서 골프의 모든 격조를 본다고 말했지만, 골프의 대한 그의 사랑에도 진한 품격이 담겨 있다.

골프의 전통에 도전하다

– 드레스코드는 본질이 아니다, 센추리온 골프클럽

사우디아라비아의 국부펀드 PIF(Public Investment Fund)는 축구를 비롯한 스포츠에서 돈의 위력을 보여준다. 그들이 가장 공을 들이고 있는 스포츠 중 하나가 골프다. PIF는 골프를 정말 그들의 영향력하에 둘 수 있을까? 그들은 골프의 변화를 이야기하며 LIV 골프를 출범시켰다. LIV 대회장에는 "Golf, But Louder(골프, 그러나 더 시끄럽게)"라고 쓰여 있는데, 시끄럽게 만드는 것이 목표라면 그것은 어느 정도 달성했다. LIV 대회에는 플레이 중에도 록 음악이 골프코스 전역에 울려 퍼진다.

골프는 특별하다. 그것이 그들이 골프를 장악하려는 이유다. LIV와 관련한 논란은 골프가 특별한 이유를 생각해보게 만든다.

골프는 여러모로 특별하다

골프는 1400년대에 스코틀랜드에서 시작되었다. 잉글랜드 축구협회 (FA)가 축구 룰을 만든 것이 1863년인데, 골프 룰은 1744년에 HCEG에 의해 만들어졌다. 골프는 가장 오래된 구기 종목이다. 1860년에 시작된 디오픈은 모든 선수가 참여할 수 있는 최초의 열린 대회였다. 디오픈은 '더(The)'라는 정관사를 사용하고 있는데, 자세한 설명이 필요하지 않은 '그 대회'라는 의미다. 오픈 앞에는 '브리티시'라든가 '코리안'과 같은 수식어가 붙지 않는다. 최초의 대회라는 자부심이 묻어 있다. 디오픈에는 종목명조차 들어가지 않는다. 최초의 골프대회라는 의미를 넘어 최초의 스포츠대회라는 인상마저 준다.

1872년부터 디오픈은 클라레 저그 트로피를 수여했는데, 이는 테니스와 축구를 비롯한 모든 구기 종목의 어떤 트로피보다 오래되었다. 티머시 스나이더는 '현대 우크라이나의 형성'이라는 강의에서 학생들에게 역사를 두 단어로 정의해보라고 주문했다. 그가 기대한 답은 '변하는 계속성'이었다.

디오픈 챔피언은 매년 변한다. 계속되는 것은 클라레 저그다. LIV는 2022년 우승자 캐머런 스미스Cameron Smith를 1,400억 원에 영입했지만, 2023년 우승자는 브라이언 하먼Brian Harman이었다. LIV는 골프를 원하지만, 골프는 역사를 빼고 말할 수 없다. 그들은 '변하는' 것을 사고 있지만, '계속성'은 간과하고 있다. 그들은 수식어만 살 뿐, 본질은 사지 못하고 있다. 세상에서 가장 오래된 역사에는 돈보다 큰 힘이 있다.

LIV로 인해 PGA 투어와 유러피언 투어의 상금도 대폭 올랐다. 골프는 지상 최대의 돈 잔치 스포츠가 되어가고 있고, 개인 종목으로 이미 그 자리를 차지하고 있다. 상금이 올라가는 것은 골프 팬에게 유익한가? 관중 입장에서 지금의 골프가 타이거 우즈가 맹활약하던 시기보다 좋은가? 잭 니클라우스와 토니 재클린이 라이더컵에서 대결하던 시기보다 좋은가?

골프 팬은 골프를 직접 즐긴다. TV로 대회를 관람하는 사람은 전날 또는 전주에 골프코스를 다녀온 사람이다. 실내 연습장, 스크린 골프장과 집에서 꾸준히 연습하는 사람이다. 골프는 관람만으로 성립되지 않는다. 영국의 SKY 스포츠는 골프 중계 중간에 스튜디오에서 시청자에게 도움이 될 레슨을 진행한다. 어느 다른 스포츠보다 레슨에 할애하는 시간이 많은 것이 골프다.

골프는 아마추어 골퍼 없이 존재할 수 없다. 그렇다면 LIV는 아마추어 골퍼를 위해 어떤 일을 하고 있는가? 엘리트 선수에게 수조 원을 쓰고 있지만, 그것은 골프 팬에게 어떤 유익을 주는가? 골프 팬의 마음을 얻지 못하면, 골프를 얻기 어렵다.

많은 골퍼에게 골프는 곧 골프클럽이다. 골프클럽은 사교모임이다. 전통 골프클럽 멤버십은 돈으로 거래되지 않는다. 사교모임을 탈퇴하는 사람이 자신의 자리에 기존 멤버가 알지 못하는 누군가를 집어넣고 나갈 수는 없다.

PIF의 수장인 야시르 알루마얀은 PGA와 LIV 합병을 논의하면서, PGA 측에 오거스타 내셔널 골프클럽과 R&A 골프클럽의 회원권을 요구했다. 그것은 PGA의 소관이 아니다. 회원의 자리는 돈으로 거래되지 않는다. 그들은 골프클럽의 의미를 간과한다. 그들은 돈으로 할 수 없는 것의 경계를 돈으로 무너뜨리려고 한다.

골프는 랭킹이 높다고 하여 특별 대접을 받지 않는다. 모든 선수가 하루는 오전에, 하루는 오후에 플레이한다. 3라운드부터 성적이 좋은 선수가 늦게 플레이하는데, 그것은 혜택이 아니다. 골프의 행운은 누구에게나 올 수 있기에 세계 랭킹 300위가 메이저대회에서 우승할 수 있으며, 아마추어도 트로피를 들어 올릴 수 있다. 영화 〈브리티시 오픈의 유령〉처럼 골프를 한 번도 쳐보지 못한 사람도 대회에 참가하려는 생각을 가질 수 있다. 전 대회에서 최하위를 한 선수가 다음 대회에서 우승할 수 있다.

2023년 아메리칸 익스프레스 대회에서 아마추어로 출전하여 우승한 닉 던랩Nick Dunlap은 다음 대회에 프로로 전향하여 AT&T 페블비치 프로암에 출전했지만, 최하위를 기록했다.

행운의 여신이 무작위를 좋아하기에 골프는 누구에게나 열려 있어야 한다. 아마추어도 예선을 거쳐 대회에 참가할 수 있어야 하며, KPGA의 상위권 선수도 메이저대회에 초대되어야 한다. 그럴 때 스토리가 만들어진다. LIV처럼 54명의 플레이어에게만 자리가 보장되는 대회는 골프의 특별함과는 거리가 있다.

골프는 동반 플레이어가 스코어를 확인해주지만 스코어 제출 책임은 선수 자신에게 있다. 아마추어 경기나 프로암 대회에서 골퍼는 사정에 따라 별도의 마커 없이 플레이할 수 있다. 혼자 플레이하고 점수를 제출해도 인정된다. 4인이 한 팀이 되어 플레이하는 경우에는 모든 팀이 각자 알아서 점수를 제출한다. 보이지 않는 곳에 공이 들어갔을 경우 플레이어는 혼자 플레이한다. 다른 선수는 의심하지 않는다. 골프는 신뢰의 게임이다.

큰 골프대회에는 600명이 넘는 자원봉사자가 참여한다. 2023년 로열 리버풀에서 개최된 디오픈에서 주최 측은 자원봉사자에게 보스Boss 유니폼을 제공했다. 자원봉사자 유니폼을 사고 싶다는 관객이 많았다. 2023년 여름에 센추리온Centurion에서 진행된 LIV 대회에 가봤다. 대회가 끝났는데 자원봉사자들이 뙤약볕 아래 길게 줄을 섰다. 근무시간을 일일이 확인하고 유니폼을 주기 때문에 시간이 오래 걸렸다. LIV 골프는 1회 대회부터 자원봉사자 유니폼을 대회가 끝나고 줬다. 유니폼만 받고 나오지 않는 경우를 막기 위해서다. 아직 대회를 해보지도 않았는데, 유니폼만 수령하는 자원봉사자를 상정한 것이다. LIV는 신뢰라는 골프의 정신을 이해하지 못한다.

골프가 특별한 이유는 다섯 가지 이외에도 많다. LIV는 전성기를 지난 필 미켈슨을 2,800억 원에 영입했다. 필 미켈슨은 특별했기 때문이다. 그러나 그들이 필 미켈슨을 돈으로 산 순간 필 미켈슨의 특별함은 사라졌다. LIV는 존 람을 4,000억 원에 영입했다. 존 람은 "거액의 돈 앞에 부양해야 할 가족을 생각하지 않을 수 없었다"라고 말했다. LIV는 골프를 오로지 돈의 문제로 만들어버렸다.

골프의 변화를 꿈꾸는
센추리온 골프클럽

골프에도 변화가 필요하다. 전통 명문 클럽은 자신들만의 세계에 빠져 있다. 노년의 남성들이 골프 역사를 독점하는 것처럼 보일 때가 있다. 그들은 역사적 의미를 지닌 골프코스를 젊은이들에게 가뭄에 콩 나듯이 허용한다. 자선을 베풀 듯이 플레이를 허용하면서 클럽하우스에서 전화를 사용하지 못하게 하며, 옷 입는 법과 모자 쓰는 법에 대한 훈계를 잊지 않는다. 골프의 본질은 사라지고, 외형이 강조되는 느낌을 받을 때가 있다.

LIV에 의해 골프에서 돈이 강조되는 것은 부정적 변화 중 하나다. PIF가 골프의 특별함에 주의를 기울였고, 골프의 본질에 대해 고민했다면, LIV와는 다른 방식으로 남자 골프에 접근했다.

PIF가 여자 골프에 보여주는 태도는 조금 다르다. LET(레이디스 유러피언 투어) 대회를 후원하고 있는데, LET는 사우디아라비아 최초로 여자 스포츠대회를 개최했다. 그것은 최초의 여자 골프대회가 아닌 최초의 여자 스포츠대회였다. 이것이 바로 역사다. LET와 협력하고 있는 아람코 팀 시리즈는 아마추어와 프로가 함께 뛴다. 이것이 바로 기회다.

돈이 많은 LIV는 좋은 골프코스를 원한다. 그러나 영국의 전통 명문 골프클럽은 코스를 내주지 않는다. LIV 창립 대회는 런던 북부의 센추리온 골프클럽에서 개최되었다. 2023년 영국 대회도 같은 곳에서 열렸다. 2024년 영국 대회는 JCB 골프&컨트리클럽에서 개최되었다.

2013년에 오픈한 센추리온과 2019년에 오픈한 JCB는 2000년대 영국에서 만들어진 골프코스 중 최고로 꼽힌다. 이들 신생 골프클럽은 골프의 변화에 동의하여 LIV와 관계를 맺게 되었다.

골프의 본질은 외형이 아니다

센추리온 골프클럽은 좋은 코스를 가지고 있지만 짧은 역사 속에 철학과 영혼이 없다는 비난도 듣는다. 누군가에게는 역사, 철학과 영혼이 빈곤한 골프클럽일지 모르지만, 어찌 됐든 개장 10년 만에 LIV 대회를 유치하면서 세계 골프계의 전면에 등장했다. 논란의 스토리를 만들었고, 스토리를 발전시킬 좋은 기반을 갖고 있다고도 볼 수 있다.

센추리온이 위치한 세인트올번스St. Albans는 로마제국, 대영제국, 기독교와 골프라는 낯선 단어가 만나는 곳이다. 기독교는 313년에 로마 황제 콘스탄티누스에 의해 공인되어 로마제국의 근간이 되었다. 이후 대영제국의 틀 안에서 전 세계로 전파되었고 이 과정에서 스코틀랜드 선교사도 큰 역할을 담당했다. 그들은 기독교와 함께 골프도 전파했다.

올번은 영국 최초의 기독교 순교자다. 올번은 박해를 피해 도망가던 선교사를 숨겨주었다. 선교사 대신 잡혀간 그는 끝까지 기독교를 옹호했다. 참수형을 선고받고 형 집행 장소인 언덕을 올라가며 목이 말라 물을 달라고 했지만, 참수가 진행되었다. 그의 머리가 언덕을 굴러내려

멈춘 지점에 갑자기 물이 솟았다. 이를 보고 놀란 심판관은 더 이상 기독교를 박해하지 않았다. 올번은 영국 내 기독교 전파에 크게 공헌했다. 이때가 251년이다.

305년에 영국에 온 콘스탄티누스는 306년 로마제국의 최변방인 요크에서 로마 황제임을 선포했다. 최초의 기독교도 황제인 그가 기독교를 접한 시점에 대해서는 다양한 설이 있다. 영국에서 기독교를 접했다는 주장도 있다. 올드코스는 세인트앤드루스라는 지명과 결합되어 신성함이 빛난다. 센추리온은 세인트올번스에 위치한 이점을 스토리로 만들 수 있을까?

구글맵은 꼬불꼬불한 작은 도로로 센추리온 가는 길을 안내했다. 아스팔트가 움푹 파인 곳도 있었다. 로마가 만든 도로는 네 개 층으로 지반이 다져졌고 2,000년 가까이 멀쩡한데, 현대 엔지니어가 만든 도로는 쉽게 움푹 파인다는 풍자가 인터넷에 떠돈다. 세인트올번스에는 돌로 만들어진 로마 시대 도로와 성곽이 많이 남아 있다.

로마제국의 성곽을 연상케 하는 클럽하우스는 돌로 만들어져 견고해 보였다. 로마 군대에서 100명의 군사를 이끄는 사람이 센추리온이다. 성경에 나오는 백부장이 센추리온이다. 골프클럽 이름을 센추리온으로 정한 이상, 클럽하우스를 돌로 짓는 것은 당연해 보였다.

클럽하우스를 짓기 위해 돈이 필요했는지, 설립 초기에 150명 한정으로 평생 회원을 받았다. 10만 파운드를 내면 연회비와 그린피 없이 평생 골프를 칠 수 있다. 이 회원권은 대대손손 끝없이 상속된다. 로마제국이나 대영제국의 위엄이 배어 있는 것 같아 장엄함마저 느껴진다.

센추리온 골프클럽의 대표 스콧 에번스는 인터뷰에서 이렇게 말했다. "이곳에서 골퍼가 집과 같은 편안함을 느끼기를 바란다. 우리는 다른 사람의 양말 길이를 살펴볼 시간이 없으며, 그걸 걱정할 이유도 없다. 그것은 시간 낭비다. 어떤 골퍼가 옷을 이상하게 입었다면, 그는 아픈 손가락처럼 눈에 띌 것이다. 옷을 어떻게 입으라고 말하는 것은 우리 일이 아니고 상식이다. 그런 것에 신경을 쓰면 골프가 줄거리plot를 잃어버리게 된다."

어느 골프코스 1번 홀에서 플레이를 준비하고 있는데, 황급히 달려온 골프클럽 직원으로부터 "7부 바지는 안 된다"라는 말을 들은 골퍼가 있다. 반바지와 긴바지는 되지만, 그 중간은 안 되는 드레스코드를 가진 골프클럽이 있다. 플레이 중에 모자를 돌려쓴 골퍼에게 마셜이 달려와서 모자를 바로 쓰라고 말한 경우도 있다. 상의를 하의에 넣어 입지 않은 플레이어가 지적을 당하기도 한다. 맥주를 마시면서 모자를 테이블 위에 올려놓았다가 테이블에 모자를 놓으면 안 된다는 충고를 들은 골퍼도 있다.

스콧 에번스가 말한 '상식'에 센추리온 골프클럽의 철학이 담겨 있다. 로마의 전사 센추리온에게 드레스코드가 필요하지는 않다. 전투에서 다치지 않고 승리하기 위한 의상은 전사 스스로 가장 잘 알기 때문이다. 본질보다 외형을 중시할 때 '골프의 줄거리'를 잃기 쉽다는 센추리온 대표의 말에 주의를 기울여볼 필요가 있다.

현대적이며 도전적인 골프코스

골프코스의 동선은 직관을 따랐고 상식에 맞았다. 다음 홀 방향을 보여주는 표시판이 필요하지 않았다. 1번 홀에서 5번 홀까지는 숲속에 위치하는데, 페어웨이 양쪽으로 장송이 있다. 미스샷을 내면 공은 좌우로 날아가 소나무와 부딪혀 '땅' 하는 청명한 소리를 낸다. 숲으로 날아간 공을 찾을 때는 치유의 숲을 걷는 느낌을 받는다.

6번 홀에서 13번 홀까지는 길게 자란 페스큐그래스로 인해 들판에 있는 것 같지만, 높낮이가 있어 단조롭지 않다. 모든 홀이 자연 지형을 최대한 살린 고유한 특징을 가지고 있어 그 자체로 아름다웠고, 반복되는 느낌이 없었다.

코스를 평가하는 전문가들이 세심하게 보는 것이 그린이다. 그린은 보기에 아름다워야 하며, 보이는 것보다 난이도가 높아야 한다. 2단, 3단으로 복잡한 것도 좋지만, 쉽게 눈에 띄지 않는 미세한 굴곡이 있는 것이 좋다. 이곳 그린은 그 조건을 충족하고 있다. 짧은 퍼팅도 방심하면 볼은 미세한 라이를 타고 홀컵을 비켜나간다.

골프코스가 좋은 평가를 받기 위해서는 후반부가 인상적이어야 한다. 14번 홀에서 다시 만나는 장송이 반갑다. 15번 홀은 오른손잡이에게 공이 발보다 높은 상태가 유지된다. 그린 오른쪽으로는 높은 언덕이 있어서 골퍼는 드로보다는 페이드를 쳐야 하는데, 공이 발보다 높은 상황에서 페이드를 치는 것은 도전이다. 16번 홀은 페어웨이가 좁고 길며, 양쪽으로 워터 해저드가 있다. 가능하다면 15번 홀과 16번 홀을 무한

정 반복해서 플레이하고 싶은 생각이 든다. 17번 홀은 단순해 보이지만 아름답다. 길게 자란 페스큐 잔디와 11개나 되는 벙커를 특징으로 하는 18번 홀은 링크스 느낌을 가득 담고 있다.

오랜 전통을 가진 골프코스는 홀마다 고유한 이름을 가지고 있다. 홀 이름은 대개 주변 지형지물이나 홀의 모양에 착안하여 만들어진다. 홀 이름은 세월이 흐르면서 골퍼들에 의해 하나둘씩 자연스럽게 생겨난다. 센추리온은 로마풍을 살리기 위해 라틴어를 최대한 활용하여 일관적으로 홀 이름을 정했다. 15번 홀은 막시무스 Maximus (최대한), 16번 홀은 하이퍼 Hyper (과도한), 17번 홀은 메아 쿨파 Mea Culpa (내 잘못), 18번 홀은 애드 인피니툼 Ad Infinitum (무한히)이라는 이름을 가지고 있다. 최대한 힘을 내서 치다가 과도한 자연의 위력에 무릎을 꿇고, 모든 것이 내 잘못이라고 깨닫기를 무한히 반복하는 것이 골프가 아닌가 한다. 몇 개 홀 이름은 아주 좋지만, 라틴어 홀 이름에서 신생 클럽의 조급함이 느껴진다.

2023년 캘리포니아의 페블비치에서 AT&T 프로암대회가 개최되었다. 우승한 윈덤 클라크는 3라운드에서 12언더파 60타를 기록했다. 16번, 17번, 18번 홀 퍼팅은 홀컵 바로 앞에서 멈췄다. 하나만 성공했다면 13언더파 59타를 칠 수 있었다. 페블비치 코스 레코드를 경신했지만, 59타를 기록하지 못한 것이 아쉬웠을 법도 했다. 그러나 그는 말한다. "만일 내가 어딘가에서 59타를 기록한다고 하더라도 지금의 기록과 비교될 수 있다고는 생각하지 않는다. 이곳은 세계에서 가장 역사적인 코스 중 한 곳이기 때문이다."

센추리온 클럽하우스는 세월을 견딜 만큼 견고하고, 골프코스는 자연스럽고 흥미로우며, 골프클럽은 편안하고 상식적이다. 하지만 센추리온은 올드코스도 페블비치도 오거스타 내셔널도 아니다. 역사적 의미는 다른 무엇으로 대체되기 어렵다. 올드코스에서 느끼는 신성함은 어떤 것과도 비교할 수 없다. 오거스타 내셔널에 해마다 쌓이는 마스터스 대회의 스토리를 다른 골프클럽은 흉내 낼 수 없다. 오거스타 내셔널에는 '아멘 코너Amen Corner'라고 이름 붙여진 홀이 있고, 페블비치에는 '파멸의 절벽Cliffs of Doom'이란 이름의 홀이 있다. 역사 속에서 스토리가 쌓여 만들어진 이름이다.

센추리온의 도전은
어떤 변화를 가져올까

센추리온이 2022년에 LIV로부터 대회 개최 요청을 받은 시점은 대회 시작 12주 전이었다. 디오픈이나 라이더컵은 적게는 5년, 길게는 10년 전에 개최지가 선정된다. 12주 만에 큰 대회를 준비하는 것은 영국에서 가능하지 않다. 그러나 센추리온은 해냈고 박수받을 만하다. 그들은 좋은 출발을 했고, 골프 역사의 한 페이지를 벌써 만들어냈다. LIV와 관련된 센추리온의 스토리를 부정적으로 보는 골퍼도 있을 수 있다. 클럽 PGA 디렉터로 일하는 피터 홀란드는 센추리온이 골프의 본질에 집중한다면 결국 골퍼의 사랑을 받을 것이라고 생각한다.

신성모독이 될지 모르지만, 올번의 머리가 멈춘 지점에서 물이 솟아나지 않았을 수도 있다. 역사적 사실이었든지 사실이 아니었든지 그것은 좋은 스토리가 되었다. 플롯을 구성할 줄 아는 세인트올번스 사람들이 센추리온 골프클럽에서 앞으로 만들어나갈 스토리가 궁금하다. 좋은 스토리에는 의외의 반전도 있다. 그들이 만들어나갈 반전 또한 기대된다. 골프의 전통에 도전하는 그들이 골프에 새롭고 긍정적인 변화를 가져올지 두고 볼 일이다.

미국 대통령은 어떤 골프를 칠까?
— 오바마·트럼프의 정치적 회동지, 더그로브

더그로브The Grove는 잉글랜드 1등 골프 리조트다. 시크한 숙박시설, 일급의 레스토랑, 최고의 골프코스를 가지고 있다. 화려하지만 사치스럽지 않은 스파SPA는 한 점의 부족함도 없다. 정상회담이 개최되는 곳이며, 잉글랜드 국가대표팀이 웸블리에서 축구 경기를 할 때 머무는 곳이기도 하다. 이곳에선 유명 배우와 가수를 어렵지 않게 볼 수 있고, 전원 풍경을 만끽할 수도 있다. 하루 숙박비가 84만 원으로 가성비가 좋고, 차로 40분이면 런던 시내 중심지까지 갈 수 있다.

더그로브의 18번 홀에서 퍼팅을 마치니 직원이 다가와서 골프클럽을 받아갔다. 골프클럽을 닦고 정리해주기 위해서다. 그에게 더그로브에서 일하면서 가장 인상적이었던 순간이 언제였는지 물었다. "2019년 12월 이곳에서 나토NATO 정상회담을 했을 때다. 골프코스 사방에 스나이퍼가 배치되었고, 트럼프 대통령의 전용 헬기가 골프코스에 착륙

했다. 헬기의 위용이 대단했고, 헬기가 골프코스와 아주 잘 어울린다고 생각했다."

헬기에서 내리자마자 골프코스를 밟은 것이 당시 트럼프가 정상회담에서 만족스러웠던 유일한 순간이었을지도 모른다. 트럼프는 여러 나라의 나토 정상과 지금도 긴장 관계를 유지하고 있다. 나토 회원국 간에는 국내총생산의 2%까지 국방비를 올린다는 약속이 있다. 트럼프는 어느 정상과의 대화에서 "미국은 약속을 지키지 않는 나라의 방위를 책임지지 않을 것"이라고 말했다는 사실이 알려져 논란이 벌어졌다. "그런 나라에 대해서 러시아가 마음대로 하도록 내버려두겠다"는 취지의 말도 했다고 한다. 트럼프의 주장에 따르면, 그의 단호한 입장 표명에 응해 국방비를 2%까지 올린 나라가 있다. 러시아의 우크라이나 침공에 놀란 핀란드, 루마니아, 헝가리와 슬로바키아는 2% 약속을 뒤늦게 지킨 것으로 알려졌다. 문제의 발언은 러시아-우크라이나 전쟁 이전이었다. 전쟁의 발발로 그의 발언은 더 심각하게 받아들여졌다.

사람을 파악하기 위한 가장 빠른 방법은 골프를 같이 치는 것이다. 트럼프는 골프를 좋아한다. 트럼프의 성격, 진실성과 삶의 태도가 그의 플레이에 고스란히 드러날 것이다. 그와 골프를 쳐본 사람을 알진 못하지만, 전해지는 몇몇 골프 에피소드를 통해 트럼프를 어렵지 않게 파악할 수 있다.

미국 대통령은 대부분 골프를 사랑했다

최근 20명의 미국 역대 대통령 중 17명이 골프를 정기적으로 즐겼다. 존 F. 케네디는 골프 치는 모습을 언론에 공개하지 않았지만, 핸디캡 7의 수준급 골퍼였다. 실력도 좋았지만 매너도 뛰어났다. 조 바이든 현 대통령도 핸디캡 7의 골퍼다. 그는 "당신이 골프 핸디캡을 유지하길 바란다면 대통령직에 입후보하지 않는 것이 좋다"라고 말했다. 바쁜 대통령은 골프를 원하는 만큼 즐길 수는 없다.

빌 클린턴은 예외였던 모양이다. "나는 대통령 재임 기간에 골프 실력이 늘었다. 백악관에 입성했을 때 핸디캡 16의 골퍼였지만, 백악관을 나갈 때는 핸디캡이 12였다." 클린턴은 멀리건^{mulligan}(잘못 쳤을 때 벌타 없이 다시 치는 것)을 좋아했기 때문에 실제 핸디캡은 12보다 훨씬 높을 것이다. 그는 티샷이 아닌 상황에서도 멀리건을 썼고, 동반자 의사와 상관없이 스스로 멀리건을 주었다. 일명 '대통령 멀리건'이다. 잭 니클라우스와 플레이한 후에 클린턴은 "오늘 80타를 쳤다"라고 기자들에게 말했다. 놀란 잭 니클라우스는 다른 동반자에게 "멀리건을 50개쯤 썼나?"라고 물었다. 흔히 골프를 인생의 메타포라고 하지만, 1999년 8월 〈뉴욕타임스〉는 "멀리건은 클린턴 삶의 완벽한 메타포다. 하원에서 탄핵당한 그에게 상원이 다시 한번 기회를 주었고, 힐러리 클린턴도 여러 차례 멀리건을 줬다"라고 썼다.

아버지와 외할아버지가 USGA 협회장을 역임했던 조지 H. 부시는 멀리건을 쓰라는 주변의 권유를 한사코 거절하는 품격 있는 골퍼였다.

어쩌면 골프의 격조도 다른 것과 마찬가지로 몇 대에 걸쳐 누적되어 나타나는 것인지도 모른다. 그는 "대통령을 그만두니 나를 이기는 골퍼가 이렇게 많다는 사실을 알고 놀랐다"라고 말했다. 그의 동반자들은 멀리건을 거절하는 대통령에게 표 나지 않게 져주었던 모양이다. 클린턴이 퇴임할 때 지미 카터는 이런 농담을 했다. "이제 카메라 세례 없이 자신의 샷에 집중하며 골프를 칠 수 있게 된 것을 축하한다. 그러나 안 좋은 것도 있는데, 동반자들이 이전처럼 멀리건을 많이 주지는 않을 것이다." 클린턴 동반자들이 퇴임 이후에도 대통령 멀리건을 클린턴에게 용인하는지는 확인되지 않았다.

홀인원을 한 적이 있는 핸디캡 10의 골퍼인 조지 W. 부시는 "골프는 우리에게 정직을 가르치고, 원칙을 가르친다. 그리고 골프는 우리 시대에 부족한 책임의식을 함양하기에 좋은 스포츠다"라고 말했다. 그렇다면 그는 골프를 충분히 즐기지 않았던 것인지 의문을 가지는 사람도 있을 것이다. 그는 이라크전쟁 발발 이후에는 대통령직에 있으면서 골프를 치지 않았다.

골프에 관한 에피소드를 가장 많이 남긴 대통령은 버락 오바마와 도널드 트럼프다. 오바마의 재임 기간 골프 라운드 수는 333번이다. 대통령으로서 8.77일에 한 번 골프를 친 셈이다. 그는 각국 정상들과 골프 치는 것도 즐겼다.

오바마, 브렉시트 때 캐머런 지지 골프

오바마는 2016년 브렉시트 국민투표를 3개월 앞둔 시점에 영국에 와서 데이비드 캐머런 총리와 골프를 쳤다. 그때 골프를 친 곳이 바로 더그로브다. 골프는 브렉시트를 우려했던 버락 오바마가 데이비드 캐머런을 지지하는 정치적 회동이었다.

오바마가 골프를 치는 날 더그로브를 찾은 조녀선 퍼 일행은 평소보다 보안이 강화되었다는 것을 느꼈지만 큰 특별함은 눈치채지 못했다. 다만 골프코스에 도착하니 더그로브 직원이 "10번 홀부터 플레이할 수 있느냐?"라고 물었다. 조녀선 퍼는 "어느 골퍼가 10번 홀부터 출발하는 것을 좋아하겠는가? 그렇게 할 수 없다"라고 거절했다. 중간에 조금 빨리 진행하도록 부탁받았지만, 앞 조에 네 명이 플레이하고 있어서 그럴 수 없었다. 급기야 13번 홀에서 마셜이 다가와서 "뒤 조를 패스해줄 수 있느냐?"라고 정중하게 물었다. 앞 조에 있는 네 명도 같은 요청을 받았다. 패스해 주기로 했는데, 카트에서 내린 한 골퍼가 다가와서 "만나서 반갑다. 양보해주어서 대단히 고맙다. 플레이를 방해해서 미안하다"라고 말했다. 그가 바로 미국 대통령 오바마였다. 그들은 같이 사진을 찍은 후에 오바마와 캐머런을 패스해주었다. 오바마가 보여준 말과 행동은 골퍼가 마땅히 갖추어야 할 품격이었다. 더그로브는 대통령과 총리를 위해 앞 티타임을 비워 두거나, 주말 골퍼를 일방적으로 후반 홀로 배정하지 않았다. 뒤 팀을 통과시켜야 할 이유를 거창하게 설명하는 대신에 양해를 구했다. 골프를 대하는 더그로브의 태도는 격조 자체였다.

오바마는 그렇게 골프를 쳤다. 데이비드 캐머런은 1번 홀에서 파를 기록하고, 공을 하나밖에 잃어버리지 않았다고 자랑했지만, 핸디캡 12인 버락 오바마에게 졌다. 골프보다는 테니스를 즐기는 캐머런이 재임 기간에 골프를 자주 친 오바마를 이길 수는 없었다. 이 사실은 영국의 골프선수 콜린 몽고메리를 화나게 만들었고, 그는 총리에게 무료 골프 레슨을 제안했지만, 레슨은 성사되지 않았다. 브렉시트 국민투표에서 패배한 데이비드 캐머런이 총리직을 사임했기 때문이다.

오바마의 빈번한 골프는 비판의 대상이 되었다. 가장 열렬한 비판자는 도널드 트럼프였다. 그는 이렇게 말했다. "오바마는 타이거 우즈보다 더 많은 골프 라운드를 한다. 오바마는 법안을 통과시키기 위해 의회를 설득할 시간이 없다. 골프를 쳐야 하기 때문이다. 미국이 직면하고 있는 모든 문제와 어려움을 생각해보라. 그는 지미 카터보다 더 나쁘다. 그가 일을 하고 있다면, PGA 투어 선수들보다 자주 골프를 치는 것은 불가능하다."

오바마 골프를 비판한
'골프 대통령' 트럼프

트럼프는 오바마를 비난하면서 맥락 없이 지미 카터를 언급했다. 지미 카터를 가장 나쁜 대통령으로 생각하고 있었기 때문이다. 트럼프의 눈에 카터는 온갖 좋은 사람인 척하지만, 책임지는 일을 하지 않는 지도자로 보였다. 카터를 '좋은 사람이지만 나쁜 대통령' 이미지로 만든 이유는 자신을 그 반대편에 위치시키기 위함이다. 자신은 나쁜 사람처럼 보이지만, 실제로는 책임의식을 가지고 일하는 지도자라고 포지셔닝하려는 것이다. 그가 카터를 싫어하는 이유가 골프 때문일 수도 있을까? 카터는 골프를 치지 않은 역대 3명의 대통령 중 한 명이다.

대통령이 되기 전 트럼프는 "대통령이 되면 골프를 치겠느냐?"라는 질문에 이렇게 답했다. "나는 골프를 사랑한다. 그것은 최고의 스포츠다. 그러나 나는 국민을 위해 일해야 한다." 그리고 반복하여 이렇게 덧붙였다. "우리는 골프 칠 시간이 없다. 골프 칠 시간이 없단 말이다. 우리는 일해야 한다."

그러나 트럼프는 대통령이 된 후 골프를 쳤다. 그는 영국 방문 일정을 소화한 후에 스코틀랜드 서해안에 있는 '트럼프 턴베리'에 가거나, 동해안의 '트럼프 인터내셔널 에버딘'에 가거나, 아일랜드에 있는 '트럼프 인터내셔널 둔벡'에 갔다. 전 세계에 19개 골프코스를 가지고 있으니, 골프는 그의 비즈니스이기도 하다.

트럼프는 재임 기간 중 4.92일에 한 번 골프를 쳤다. 오바마보다 훨씬 자주 쳤고, 오바마보다 훨씬 잘 친다. 핸디캡 2.8의 트럼프는 클럽 챔피언을 두 번이나 했다. 조 바이든이 핸디캡을 유지하길 원한다면 대통령직에 입후보해서는 안 된다고 한 말은 트럼프를 두고 한 것이다.

트럼프는 영국에서 인기가 없다. 타인에 대한 생각을 잘 드러내지 않는 영국인과 직설적인 도널드 트럼프는 잘 맞지 않는다. 그가 영국과 아일랜드에 가지고 있는 골프코스는 모두 세계 최고 수준이지만, 티타임을 찾는 것은 어렵지 않다. 그린피가 비싸기도 하고, 트럼프 이름 때문에 플레이를 꺼리는 골퍼가 많기 때문이다. 2019년 나토 정상회담은 영국 총선을 일주일 앞두고 개최되었다. 트럼프는 보리스 존슨을 좋아하지만, 보리스 존슨은 트럼프와 친해 보이는 것이 선거에 도움이 되지 않는다고 판단했다. 영국 로열패밀리 중에도 트럼프에 반감을 품은 인사가 있다. 여러 가지가 마뜩잖았을 트럼프는 나토 회담에서 몇몇 정상에게 불편한 심기를 드러냈다.

더그로브 직원에게 당시 트럼프가 골프를 쳤는지 물어봤다. "아무리 트럼프라고 해도 다른 정상들이 회의하고 있는데 혼자 골프를 치겠는가?"라는 답이 돌아왔다. 트럼프는 더그로브에서 방위비 약속을 지키지 않는 정상들과 회담하는 것보다 창밖으로 보이는 세계적 코스에서 골프를 치고 싶었을 수도 있다. 골프를 치고 싶은 사람은 골프를 치게 해야 한다.

타이거 우즈는 골프를 어떻게 변화시켰나?
– 코스에서 신발까지 모든 것을 변화시키다

　우아한 골프 스윙의 대명사인 프레드 커플스Fred Couples는 LIV 골프를 비판하면서 이렇게 물었다. "아놀드 파머가 골프를 바꿨다. 잭 니클라우스가 골프를 바꿨다. 타이거 우즈가 골프를 바꿨다. LIV가 하나라도 바꾸어놓은 것이 무엇인가?" 타이거 우즈가 골프를 지배했다는 사실은 알고 있지만, 그가 골프를 어떻게 변화시켰는지에 대해서는 주의를 기울이지 않는 골프 팬이 있다. 그러나 지난 20년간의 변화를 주의 깊게 살펴보면, 상당 부분이 타이거 우즈에서 비롯되었음을 깨닫게 된다.

　골프 리조트 더그로브가 가진 철학도 그 변화의 연장선에 있다. 그래서 더그로브 곳곳에 남겨진 타이거 우즈의 흔적과 기록은 특별하다.

　더그로브 9번 홀 티샷박스에는 "타이거 우즈가 더그로브를 무너트렸다"라고 쓰인 기념판이 서 있다. 페어웨이 중간에는 "2006년 9월 28일 목요일, 대회 첫째 날 타이거 우즈의 티샷이 이곳에 떨어졌고, 핀까지 270야드를 남겨두었다. 그는 이 홀에서 이글을 기록했다. 당신도 도전해보라. 수많은 관중을 상상하며 이곳에 공을 하나 놓고 쳐보라"라고 쓰인 표지석이 있다. 9월 29일 금요일과 9월 30일 토요일 표지석은 또 따로 있다. 알바트로스도 아니고 이글을 성대하게 기념하는 이유가 궁금해졌다. '18번 홀이었다면 더 좋았겠다'라는 생각도 들었다.

2006년 월드골프챔피언십이 더그로브에서 열렸을 때는 지금의 10번 홀이 1번 홀이었고, 1번 홀이 10번 홀이었다. 그러므로 타이거 우즈의 기록이 담긴 9번 홀은 대회 당시에는 18번 홀이었다.

타이거 우즈는 이 홀에서 첫째 날, 둘째 날과 셋째 날에 모두 이글을 기록했다. 마지막 라운드에서 친 세컨 샷은 그린을 조금 벗어나서 어프로치를 남겨두었는데, 한 해설자는 "이것마저 들어갈 것이다"라고 예상했다. 다른 해설자는 그럴 리 없다고 말했지만, 타이거 우즈의 어프로치 샷은 홀을 향해 들어갈 것 같이 날아가더니 깃대를 살짝 지나섰다. 해설자와 관중 모두 아쉬운 탄성을 질렀다.

그는 23언더파를 기록하며 공동 2위인 아담 스콧과 이안 폴터Ian Poulter를 8타 차로 물리쳤다. 더그로브에서 그의 승리는 6개 대회 연속이었다. 1948년 벤 호건 이후 6개 대회 연속 우승은 단 두 차례 나왔는데, 1999년 시즌의 타이거 우즈와 2006년 시즌의 타이거 우즈다.

골프는 운이 많이 좌우하기 때문에 한 선수가 게임을 지배하기 어렵다. 140명이 주사위 던지기 대회를 하면 누군가는 우승하지만, 그 결과는 랜덤한 행운이다. 연속 우승하는 것은 희박한 확률이다. 골프가 주사위 던지기 같지는 않지만, "모든 스포츠를 통틀어 가장 랜덤하다"

라고는 말할 수 있다.

　전 대회에서 컷오프당한 선수가 다음 대회를 우승하고, 전 대회 우승 선수가 다음 대회에서 최하위가 되는 경우가 자주 있다. 존 람, 캐머런 스미스와 브룩스 켑카Brooks Koepka가 전성기를 지난 선수가 많이 포진한 LIV 대회에서 쉽게 우승할 수 있을 것 같지만 그렇지 않다. 지난 몇 년간 PGA와 LPGA에서는 다승자와 연승 우승자가 잘 나타나지 않았다. 이런 현상은 골프의 특성이라고 할 수 있다. 골프에서 타이틀 방어나 몇 대회 연속 우승은 어렵다. 6개 대회를 연속으로 우승하는 것은 현대 골프에서 상상하기 어렵다. 그것을 두 번이나 달성한 선수가 타이거 우즈다. 2024년에는 스코티 셰플러와 넬리 코르다Nelly Korda가 타이거 우즈 이후에 오랜만에 연승 행진을 이어가기는 했다.

　타이거 우즈는 PGA 투어를 82번 우승했고, 그중 15번은 메이저대회 우승이었다. 4개 메이저대회를 연속으로 우승했고, 한 해에 9승을 달성한 적도 있으며, 다섯 번 이상 우승한 대회가 6개나 된다. 142개 대회에서 연속으로 컷을 통과했고, 한 해 평균 타수로 68.17을 기록한 적이 있으며, 홀인원을 19번이나 기록했다. 꾸준히 상위권을 유지한 선수가 있고, 몇 개 대회에서 압도적 성적을 낸 선수가 있지만, 현대 골프에서 타이거 우즈만큼 압도적인 꾸준함을 보인 선수는 없다.

　더그로브에서 우승한 후에 타이거 우즈는 이렇게 말했다. "정말 재미난 일주일이었다. 솔직히 말해서 72홀 내내 공을 잘 쳤다. 당신이 골프공을 잘 컨트롤한다고 느낄 때, 골프가 매우 재밌다고 느껴지지 않는가?" 그의 말 중에 컨트롤이라는 단어가 인상적이다. 그는 72홀 내내 공을 스스로 컨트롤할 수 있다고 느꼈다. 그는 골프의 성격을 바꾸어 놓았다. 주사위 던지기에 가까웠던 골프를 100미터 달리기에 가깝도록 만들었다. 더그로브가 타이거 우즈를 기리는 것은 당연해 보인다.

타이거 우즈는 골프를 지배했고, 골프를 변화시켰다

타이거 우즈가 골프코스 전역에서 그의 볼을 컨트롤하자 골프코스 설계자들은 그를 염두에 두지 않을 수 없었다. 타이거 우즈 이후에 만들어진 챔피언십 골프코스는 이전보다 길어졌고, 티샷 안착지점에는 깊은 벙커가 배치되었으며, 페어웨이는 좁아졌다. 또 러프의 길이는 길어졌다. 우즈의 뛰어난 퍼팅 능력과 싸우기 위해 설계자는 그린의 난이도를 올렸고, 그린키퍼는 그린 스피드를 높였다. 보수적인 오거스타 내셔널도 코스를 바꾸었다.

그린이 변하자 공략방식도 바뀌었다. 타이거 우즈 이전의 골프 코치는 그린 주변에서 되도록 굴리는 방법을 권했지만, 지금의 골프는 꼭 그렇지 않다. 그린의 늘어난 변수를 모두 고려하여 공을 굴리는 것이 예전보다 어려운 일이 되었기 때문이다. 공을 띄워 핀에 직접 떨어뜨리는 방식이 점차 늘어났다. 핀이 그린 앞에 있을 경우에 그린 중앙을 보고 백스핀을 담아 핀을 공략하는 것보다는 핀과 그린 중앙 사이에 세우는 전략을 선호하기 시작했다. 그리하여 골퍼의 어드레스 자세와 스윙 궤도가 변하기 시작했다.

2003년에 개장한 더그로브 골프코스의 설계자 카일 필립스는 타이거 우즈를 염두에 두었을 것이다. 타이거 우즈는 3라운드에서 11미터 거리에서 3퍼팅을 하기도 했고, 4미터 이내의 퍼팅 중 여섯 개를 놓쳤다. 그러나 타이거 우즈는 더그로브 그린을 완벽한 상태라고 칭찬했다.

우리 일행은 2024년 2월 중순에 플레이했다. 그린키퍼가 겨울에 그린을 최상의 상태로 유지하는 것은 매우 어렵다. 직전에 비가 온 상태였지만, 그린은 충분히 단단하고 빨랐다. 그린 스피드는 3미터를 넘었다. 잔디 일부가 죽거나 색이 변한 곳이 한 군데도 없었다. 런던의 어느 골프코스도 비가 많이 오는 겨울에 이런 상태를 유지하지는 못한다.

비로 인해 페어웨이 중간중간에 캐주얼 워터가 있었지만, 그 외 부분은 놀랍도록 단단했다. 링크스 코스와 히스랜드 코스에서만 볼 수 있는 일이다. 관리의 비결을 묻는 질문에 골프 디렉터 조엘 웨스트웰은 그린키퍼에게 공을 돌렸다. 보통의 18홀 인랜드 골프코스에는 12명 미만의 그린키퍼가 있지만, 더그로브에는 15명의 잘 교육받은 풀타임 그린키퍼가 있다. 그들은 잔디의 성장을 유도해야 할 때와 억제해야 할 때를 분별하며, 성장이 더딘 겨울철에 잔디가 병에 걸릴 가능성이 크다는 것도 이해하고 있다. 질소, 인, 칼륨 투입량을 신중하게 조절하고, 영양제를 적시에 적절히 투입해 잔디의 건강상태를 최상으로 유지한다.

더그로브가 골프코스에 정성을 다하는 이유는 모든 골퍼에게 최상의 플레이를 제공하기 위함이다. 타이거 우즈 이전에 골프는 백인의 게임이었다. 타이거 우즈로 인해 골프는 아시아, 아프리카와 중남미를 가리지 않는 전 세계의 스포츠가 되었다. 타이거 우즈 이전의 골프는 장

년과 노년 남성의 게임이었다. 그로 인해 골퍼의 연령은 낮아졌고, 골프를 치지 않는 사람도 골프대회를 시청하게 되었다. 그는 골프의 저변을 넓혔고, 시장을 키웠으며, 상금을 높였고, 어린 선수에게 동기를 부여했다. 그의 게임을 보고 로리 맥길로이, 저스틴 토마스, 조던 스피스, 토니 피나우, 브라이슨 디섐보 등이 꿈을 키웠다.

타이거 우즈 이전에 골퍼는 체력훈련과 근육운동을 거의 하지 않았다. 타이거 우즈는 달리기와 테니스로 체력을 다졌고, 피트니스센터에서 골프에 필요한 근육을 만들었다. 근육질 몸을 잘 드러내는 골프 옷이 필요했고, 그 결과 카라가 없는 골프 옷이 나왔다. 구두와 비슷했던 골프화는 운동화와 비슷한 형태로 대체되었다.

클럽 문화에 맞추어져 있던 골프의 초점은 운동에 맞추어지게 되었다. 골프클럽에는 계급이 있었고 지금도 존재한다. 클럽 멤버가 있고 멤버의 손님이 있으며 방문객이 있다. 뮤어필드에 멤버 손님으로 가면 단돈 5파운드에 플레이할 수 있지만, 뮤어필드의 멤버를 알 길 없는 아시아 골퍼나 젊은 골퍼는 몇 년을 기다린 끝에 340파운드를 내야 한다. 뮤어필드에 온 골퍼는 옷과 행동에 이러저러한 지적을 받는다. 골프의 본질이 사라진 자리를 정해진 룰을 따르기 위한 긴장이 대체한다.

골프의 대중화와 비격식화를 위해 노력하는 더그로브

더그로브의 철학은 연중 언제나 모든 게스트에게 똑같은 엘리트 플레이를 경험하게 하는 것이다. 그린피는 겨울 125파운드, 여름 209파운드로 비싼 편이 아니다. 겨울에도 최상의 상태를 유지해 겨울 그린피가 저렴할 이유도 없어 보인다. 모두에게 포용적인 환경을 조성하기 위해 더그로브는 회원을 두지 않는다. 누구나 같은 조건에서 같은 그린피를 낸다. 회원만의 공간은 없으며, 드레스코드나 핸디캡 제한도 없다. 골프를 한 번도 쳐보지 않은 사람도 플레이할 수 있다. 모두에게 열린 환경을 제공하는 것은 타이거 우즈가 가져온 골프의 변화와 궤를 같이한다.

타이거 우즈가 가져온 변화는 골프의 대중화, 골프의 비격식화다. 그로 인해 골퍼는 더 편안한 골프를 즐긴다. 더그로브도 마찬가지다. 더그로브의 객실, 레스토랑과 스파를 즐기는 사람들은 사치스럽지 않은 화려함 속에서 안락함을 느낀다. 창밖으로 보이는 골프코스 풍광은 또 다른 만족감을 준다. 골프를 쳐보지 않은 사람도 마음만 먹으면 트레이닝복 차림에 운동화를 신고 클럽을 빌려 코스에 나갈 수 있다.

많은 런던의 골퍼가 한 번쯤 더그로브에서 플레이해보기를 원한다. 더그로브에 같이 가자는 제안은 거절할 수 없이 좋다. 원한다면 너무 쉽지도 어렵지도 않게 예약할 수 있다. 퀄리티와 가격이 조화를 이루고 있기 때문에 가능한 일이다. 영국식 골프에 익숙한 골퍼는 이곳에서 변화를 느끼며, 한국식 골프에 익숙한 골퍼는 이곳에서 조화의 경지를 느낀다. 더그로브는 골프클럽 중심의 전통 골프에 도전하며 자신들만의 골프철학을 정립하고 있다.

골프는 우리가 행운아임을 깨닫게 해준다

– LIV의 논란은 변화로 이어질 수 있을까?

케빈 나를 생각하면 자동으로 떠오르는 한 장면이 있다. 2019년 플레이어스 챔피언십에서 벌어진 일이다. 그가 퍼팅하고 볼이 홀컵에 들어가기도 전에 줍는 자세를 취했다. 공은 홀컵에 떨어지자마자 그의 손에 쥐어 올려졌다. 이를 워킹인walking in이라고 한다. 그의 제스처는 코믹했고 관중은 환호했다. 그 광경을 보고 환하게 웃은 타이거 우즈가 워킹인을 따라 했다. 우즈의 행동은 케빈 나만큼 자연스럽지 못했고 과장되었기에 더 코믹했다. TV 해설자는 진지한 플레이의 대명사인 타이거 우즈가 보여준 쇼맨십에 놀라면서 이렇게 말했다. "이것이 새로운 타이거 우즈다. 이런 것이 골프가 관중에게 줄 수 있는 최고의 즐거움이다."

케빈 나에게 당시 상황에 대해 설명해달라고 요청했다. 케빈은 "종종 워킹인 플레이를 해왔다. 소그래스 골프코스 시그너처 홀인 17번 홀

(파3)에서 일어난 일이다. 타이거 우즈는 나의 워킹인을 그때 처음 봤다. 타이거 우즈가 따라 할 것이라고는 상상하지 못했다. 타이거 우즈와 함께 골프 팬에게 즐거움을 줄 수 있었던 것은 영광이다. 타이거 우즈가 누구인가?"라고 답했다. 골프 역사에서 가장 인상적인 장면 중 하나로 기억될 이 사건을 역대 최고의 골퍼와 케빈이 함께 만들었다. 그 사건이 있고 4주 후에 '새로운 타이거'는 다시 한번 마스터스 그린자켓을 입었다.

캐디는 골퍼의 행복이다

케빈 나를 생각하면 떠오르는 두 번째 장면은 2011년 발레로 텍사스 오픈 첫날 9번 홀(파4)에서 16타를 친 사건이다. 첫 번째 샷이 오른쪽으로 밀려 숲에 들어갔고, 캐디의 조언에 따라 플레이를 포기하고 다시 티샷박스로 돌아가 세 번째 샷을 쳤다. 세 번째 샷이 다시 숲으로 갔고, 캐디는 티샷박스로 갈 것을 권했지만 케빈은 돌아가지 않았다. 네 번째 샷은 나무에 튕겨 케빈의 몸에 맞았다. 벌타가 더해져 다섯 타가 되었다. 언플레이어블로 인해 여섯 타가 되는 상황이었다. 캐디는 다시 티샷박스로 가기 위해 가방을 들고 나섰지만, 케빈은 캐디를 불러 공을 달라고 한 후에 일곱 번째 샷을 쳤다. 결국, 그는 12샷을 친 후에 숲에서 탈출했고 허탈한 웃음을 지었다. 캐디에게 "우리 샷을 어떻게 세지?"라고 물었지만, 캐디는 퉁명스럽게 "나도 몰라"라고 답했다. 캐디

케빈 나와 그의 캐디 케니 함스

의 얼굴은 잔뜩 찌푸려져 있었다.

케빈 나에게 "숲에서 나온 캐디는 왜 그렇게 화가 났나?"라고 물었다. "내가 그의 말을 듣지 않았기 때문이다. 한 번도 아니고 여러 번이나!" 이후에 케빈은 캐디를 더욱 믿게 되었고, 그 사건 6개월 후에 첫 PGA 우승을 따냈다.

케니 함스는 32년째 캐디로 일하고 있으며, 케빈 나를 만나기 전에는 게리 플레이어와 리 트레비노Lee Trevino의 캐디이기도 했다. 케빈 나에게 그의 캐디 케니 함스에 관해 물었다. "언제 캐디에게 가장 의존하게 되나?" "확신이 서지 않을 때다. 바람이 불거나 생각해야 할 변수가 많을 때, 클럽 선택과 공략 지점에 대해 확신이 없을 때, 케니와 상의해서 결정한다. 그와 상의하면 의심이 지워지고, 샷에 자신감이 생긴다." "만일 캐디의 말을 들었는데, 좋지 않은 결과가 나오면 캐디를 원망하는가?" "한 번도 그런 적이 없다. 간혹 캐디를 원망하는 선수를 본다. 그러나 나는 캐디가 원망스러운 적이 없다. 캐디 말을 듣지 않은 자신을 책망한 적은 있다. 케니 함스는 불평할 것이 없는 세계 최고의 캐디다."

확신이 서지 않을 때 의지할 사람이 있는 것은 행복이다. 골프에서만 아니라 우리 삶에도 마찬가지다. 우리 삶의 캐디는 아버지일 수도 있고, 아들일 수도 있으며, 친구일 수도 있고, 동료일 수도 있다. 우리가 살면서 의존할 수 있는 사람이 그 분야의 최고 전문가라고 하면, 더할 나위 없이 좋은 일이다. 케빈 나는 행복한 선수다. 그리고 그는 행운아다. 골프와 관련하여 많은 사람을 만나면서 가장 자주 듣는 말이 "나는 행운아다"라는 표현이다. 프로 선수, 골프클럽 직원, 캡틴, 주말 골퍼, 레슨 프로, 피팅 전문가 등을 만날 때마다 듣는 말이다. 골프는 우리를 행운아로 만들어 주는 것임이 틀림없다.

LIV와 한국 골프

케빈 나는 2022년 6월 LIV 골프 인비테이셔널이 출범하기 직전

PGA 투어를 탈퇴하고 LIV에 합류했다. LIV에 있는 13개 팀 중 하나인 아이언 헤드 Iron Heads 팀의 캡틴을 맡고 있는 그에게 LIV가 이적 당시 요구한 것이 무엇이었느냐고 물었다. "LIV는 3년에서 5년 안으로 아이언 헤드 팀이 한국 선수 또는 한국계 선수만으로 구성되길 바랐다. 내게 팀을 잘 구성하고 이끌어달라고 말했다."

첫해 아이언 헤드 팀에는 김시환 선수가 있었지만, 성적 부진으로 1년 만에 LIV에서 하차했다. 2024년 아이언 헤드 팀에는 케빈 나, 데니 리 Danny Lee, 고즈마 진이치로 Jinichiro Kozuma와 스콧 빈센트 Scott Vincent 가 있었다. 데니 리는 뉴질랜드 교포이며, 고즈마는 일본인이고, 빈센트는 짐바브웨 선수다. 한국계 팀에서 인터내셔널 팀으로 일시 후퇴한 구성이었다.

LIV가 출범 당시에 세 명의 교포 선수로 구성된 팀을 한국팀으로 생각했다면, 그것은 LIV가 한국을 온전히 이해하지 못했다는 증거다. 한국 골프 팬의 적극적 응원을 받기 위해서는 한국 국적의 선수가 필요하지 않을까? 케빈 나는 이렇게 답했다. 한국 팬들이 좋아하는 선수 한 명을 우리 팀에서 영입할 것이고, LIV도 승인한 상태다. 다만 올해는 존 람이 갑자기 이적하면서 자리가 만들어지지 않았다. 내년이면 그 선수가 조인할 것이고, 그렇다면 한국 팀으로의 정체성이 강해질 것이다."

LIV는 세계 골프계의 한 축으로 성장했다. 고액의 상금을 걸고 진행하는 LIV 대회에 한국인 또는 한국계 선수가 우승 경쟁을 하고 상금을 획득한다면 좋은 일이다. LIV는 2025년 시즌을 시작하기 전에 KPGA

에서 맹활약한 장유빈을 영입했다. 그리고 2025년 5월에는 송도 잭 니클라우스 골프클럽에서 대회를 개최한다. 한국 시장에 대한 위상이 빠르게 높아지고 있다.

LIV에 대한 비판과 오해

LIV는 분명히 골프에 분열을 가져왔다. 그것이 모두 LIV의 책임은 아니다.

2024년과 2025년에 호주의 애들레이드에서 개최된 LIV 대회는 열기가 뜨거웠다. 호주의 그렉 노먼Gregory Norman이 LIV를 대표하고 있기 때문만은 아니었다. 과거의 호주 골프 팬은 저스틴 로즈나 타이거 우즈와 같은 최고 선수의 플레이를 가까이에서 볼 수 있었다. PGA가 전 세계 골프대회를 주도하면서 호주는 소외되기 시작했고, 유럽도 마찬가지였다. 유러피언 투어는 PGA 투어의 하위리그로 전락했고, 갤러리도 많지 않게 되었다. 유러피언 투어가 명맥을 유지할 수 있는 것은 라이더컵 덕분이다. 유럽팀으로 참여하기 위해서는 유러피언 투어에 소속되어야 하며, 멤버십 유지를 위해서는 최소 7개 대회에 참가해야 하기 때문이다. PGA는 골프를 중심과 변방으로 나누고 변방을 소홀히 했다. LIV는 전 세계 골프 팬에게 카메룬 스미스, 브룩스 켑카, 브라이슨 디샘보와 필 미켈슨 같은 지명도 있는 선수의 플레이를 가까이에서 볼 기회를 주고 있다. 이는 분열이라는 비판에 가려져 있는 긍정적인 측면이다.

전통 골프 팬에게 LIV가 마땅하지 못한 이유 중 하나는 소수의 선수에게만 자리를 보장하는 시스템 때문이다. 그러한 배타성은 골프의 기본 정신을 위배하는 것으로 비친다. 이에 대해 케빈 나는 "엘리트 대회는 이전에도 있었고, 그러한 대회를 늘리자는 생각은 광범위하게 존재했다. LIV는 그것을 실현했을 뿐이다. LIV가 생기고 PGA는 LIV 대회에 필적하는 상금을 걸고 소수만을 참여시키는 시그너처 대회를 만들었다"라고 말했다. LIV 대회를 비판하는 태도가 시그너처 대회에 적용되지 않는 것은 이중적이다.

LIV 대회는 샷건(모든 홀에서 모든 선수가 동시에 출발) 방식으로 열린다. 골프클럽에서 주말에 열리는 아마추어 대회에서 보는 방식이다. 선수들이 같은 시간에 출발하여 같은 시간에 끝내는 것은 날씨가 중요한 골프대회에서 더 공정한 것처럼 보일 수 있다.

이에 대해 골프코스의 식물 생장에 대해 해박한 센토사 골프클럽 대표 앤드루 존스톤은 "아침 이른 시간의 골프코스와 오후 늦은 시간의 골프코스는 전혀 다른 코스다. 한 선수가 오전 7시에 플레이하고 다른 선수가 오후 4시에 플레이한다면, 두 선수는 같은 코스에서 플레이했다고 볼 수 없다"라고 말했다. 그런 면에서 샷건이 더 공정한 방식이라고 할 수 있다.

그러나 링크스 골프에 익숙한 골퍼는 샷건을 여전히 납득하지 못한다. 링크스 코스는 9홀을 해변을 따라갔다가 9홀을 돌아오는 방식이다. 10번 홀에서 출발해서 9번 홀에서 끝나는 것은 가능하지 않다. 그리고 좋은 골프코스는 18번 홀이 가지고 있는 피날레적인 아우라가 있다. 그 홀을 중간에 치는 것은 골퍼의 감흥을 떨어뜨린다.

그러나 현대 골프코스는 전반 9홀과 후반 9홀이 각기 완성된 구조를 가지기 때문에 후반을 먼저 치는 것은 가능하다. 그러나 5번 홀에서 시작해서 4번 홀에서 끝나는 것은 골퍼에게는 바람직하지 않다. 후반 9홀을 먼저 치는 것을 두 편으로 구성된 다큐멘터리를 후편부터 보는 것에 비유할 수 있다. 5번 홀부터 치는 것은 전편의 중간부터 다큐멘터리를 보는 것과 같다. 골프라는 게임은 완전한 공정에 도달할 수 없는 게임이고 행운에 노출되는 게임이다. 행운과 싸우는 것도 골퍼가 가지는 숙명의 일부다. 샷건은 분명한 장단점을 가진다. 샷건을 아마추어 방식이라고 하는 것은 과도한 비판이지만, 샷건의 장점이 샷건의 단점을 충분히 누른다고는 생각하지 않는다.

LIV 대회는 개인전과 팀전을 병행하고 있다. 골프는 기본적으로 개인전이다. 라이더컵과 프레지던트컵 같은 팀 형식 있지만, 그것은 무보수 이벤트 경기다. 팀 포맷은 불공정해 보이기도 한다. 좋은 선수와 함께 팀을 이룬 선수는 상금을 쉽게 가져가는 것처럼 보인다. 팀 포맷이 재미를 반감시킨다는 골프 팬도 있다. 이에 대해 케빈은 의외의 답을 했다. "선수 중 팀 포맷에 불만을 가진 경우를 보지 못했다. 주변에서 팀 포맷이 재미없다고 하는 사람도 보지 못했다."

케빈은 다음과 같이 덧붙였다. "PGA 투어에서 컷오프가 사실상 결정된 선수는 두 번째 라운드 후반에서 이미 경기를 포기하고 다음 대회를 생각한다. 연습 모드로 샷을 치게 된다. 팀원의 성적을 합산하면 그런 일은 벌어지지 않는다. 첫 번째와 두 번째 날은 네 선수 중 잘 친

세 선수의 성적을 합산하고, 마지막 날에는 네 명 모두의 성적을 합산한다. 마지막 날에 최하위권에 있다고 해도 샷 하나를 허투루 칠 수 없다. 팀 동료와 팬을 위해 그렇게 해서는 안 된다. 팀 포맷은 선수가 끝까지 최선을 다해야 하는 유인을 주며, 재미를 배가시킨다."

LIV가 생길 때 선수들이 워라밸을 중요시한다는 말을 했다. 이 말은 LIV에 대한 부정적인 이미지에 일조했다. 드문드문 경기를 하는 LIV 선수는 연습을 치열하게 하지 않으면서 많은 상금을 받는다는 인상을 주었다. 몇몇 선수는 정상급 기량을 잃은 상태에서 LIV에 합류했지만 어떤 선수는 기량이 최고조에 올랐을 때 LIV에 합류했다. 카메룬 스미스가 대표적이다. 카메룬 스미스, 브룩스 켑카와 존 람과 같은 선수는 LIV에서 팬들의 높은 기대를 충족시키지 못하고 있다. 이는 LIV에 대한 편견을 강화시켰다.

케빈 나의 생각은 달랐다. "LIV 선수들은 연습을 게을리하지 않는다. 대회가 금요일에 시작하지만, 월요일 아침 일찍부터 연습장에 나와 땀을 흘리는 선수를 많이 본다. 연습량은 LIV 합류 이전보다 줄지 않았다. 더 많은 동기부여가 있고, 더 많이 훈련한다. 다만 선수에게는 기복이 있고, 흐름이 있다. 한 번 온 흐름이 오래갈 것 같아도 슬럼프로 이어지기도 한다. LIV에 와서 슬럼프에 빠지는 선수가 있을 수 있지만, 그것은 연습량과는 관련이 없다. 나의 경우에는 좋은 감각이 1년 반 넘게 유지된 때도 있었지만, 그 이외의 시기에는 업 앤 다운을 겪게 된다."

닉 팔도는 LIV 대회를 리조트 코스에서 반바지를 입고 플레이하는 골프라고 폄하했다. 이에 대해 케빈 나는 "LIV 개회가 개최되는 곳은 최상급 챔피언십 코스다. 대부분의 코스가 이전에 PGA 대회를 오랫동안 개최했던 곳이다. 코스뿐만 아니라 코스 셋업도 PGA 대회보다 더 어렵게 조성된다"라고 말했다. LIV가 개최하는 대회를 보면 참여 선수 중 절반 정도가 3라운드 합산으로 15언더파보다 좋은 성적을 기록하는 경우도 나온다. 셋업이 어렵다면 그렇게 나오기는 힘들지만, 케빈 나의 말대로 LIV가 개최되는 골프코스가 최정상급 챔피언십 코스라는 데는 의심의 여지가 없다. 런던 골프클럽의 폴 스튜어트 PGA 프로페셔널은 LIV에 비판적인 입장이지만, 그들의 코스가 리조트 코스라고 말하는 데는 동의하지 않았다.

LIV가 개최됐던 센토사 골프클럽의 탄종 코스와 세라퐁 코스 역시 정상급 챔피언십 코스다. 그렇다고 해서 센토사가 리조트가 아닌 것은 아니며, 탄종과 세라퐁이 리조트 코스가 아닌 것은 아니다. 센토사 코스는 리조트 코스와 챔피언십 코스를 구분하는 것이 무의미하다는 것을 보여준다.

케빈 나 선수에게 가장 묻고 싶었던 질문이 있었다. "LIV가 엘리트 선수의 무대라면, 오랫동안 공백기를 가졌고, 프로 대회에서 경쟁할 준비가 되지 않은 앤서니 김Anthony Kim에게 특별한 혜택을 주는 이유는 무엇인가?" 케빈은 그 질문에 대답할 수 없는 것에 양해를 구했다. 이것은 LIV가 가지고 있는 자기모순의 한 사례다. 그에 대한 답을 폴 스튜어트가 대신해준 것이 기억난다. "LIV에게는 스토리가 필요하고 뉴스가 필요하다. 존 람을 영입하면서 기세를 올린 LIV는 그 뉴스를 이어갈 스토리가 필요했고, 그것이 앤서니 김이었다. 앤서니 김이 지금과 같이 계속 성적을 내지 못할 경우에 그를 어떻게 내보낼 것인가 하는 문제는 또 다른 화젯거리가 될 것이다."

골프 팬을 위해 가장 좋은 것은 PGA의 주도하에 PGA와 LIV가 통합되는 것이다. LIV에 대한 이런저런 오해의 해소에도 불구하고 여전히 PGA 주도권을 원한다. PGA가 지켜야 할 전통과 명분을 더 많이 가지고 있기 때문이며, PGA가 가진 자기모순이 LIV가 가진 모순보다 덜하다고 생각하기 때문이다.

골프를 치지 않는 날은 잃어버린 날이다
– 서민을 위한 골프코스, 리치몬드파크

골프는 스코틀랜드 양치기들에 의해 시작되었지만, 일단 시작된 골프는 비쌌다. 골프채는 나무를 깎아 어떻게든 만들어본다고 해도 가죽과 새털로 만들어진 골프공이 비쌌다. 골프공 하나 값이 골프채 하나 가격과 비슷했으니, 초창기 골퍼들이 공 찾기에 최선을 다한 것은 당연했다. 수천억 원 자산가도 러프를 뒤져 공을 끝까지 찾고, 남의 공이라도 하나를 줍고 나서야 러프에서 나오는 모습도 보았다. 공을 찾기 위해 최선을 다하는 것은 골프가 시작된 순간부터 골퍼의 DNA에 각인된 것인지도 모른다. 골프클럽 가입비도 비쌌다. 가입비를 마련한다고 해도 골프코스까지 가는 교통수단이 마땅하지 않았다. 그리하여 골프는 여러모로 비쌌다.

여유가 없는 사람은 직접 나무를 깎아 클럽을 만들고, 주운 공으로 골프를 치고, 골프코스까지 먼 길을 걸어갔다. 그것은 순례와 같았다.

그런 골프는 고단했지만, 고단함은 워킹 클래스 정서와 동떨어지지 않았다. 그래서 스코틀랜드 골프는 모든 사람의 취미가 되었다. 스코틀랜드 이외 지역에서의 골프는 훨씬 비쌌다. 도심의 골프는 더욱 그랬다. 골프코스 조성과 관리를 위해 많은 돈이 들어갔고, 비용을 클럽 멤버들이 부담해야 했기 때문이다.

런던 남서부에 리치몬드파크가 있다. 공원이라기보다 생태 자연에 가까운 리치몬드파크는 런던 중심의 거대 공원인 하이드파크보다 6.8배가 크고, 뉴욕의 센트럴파크보다도 2.8배가 크다. 리치몬드파크 인근에는 골프코스가 많다. 공원을 빙 둘러서 로열 윔블던, 쿰힐, 리치몬드, 로열 미드서레이, 로햄턴, 리치몬드파크, 런던 스코티시와 같은 골프클럽이 있다. 10개 골프클럽과 12개 골프코스가 있다.

로열 윔블던 같은 클럽은 가입비도 비쌌지만, 아무나 받아주지도 않았다. 인종적, 종교적 차별이 있었으며 계층적 차별도 있었다. 특히 유대인에 대한 배척이 노골적이었다. 유대인 사업가 루 프리드먼은 위기에 처한 쿰힐 골프클럽을 매입하면서 "쿰힐 골프클럽은 인종이나 신념을 구별하지 않고, 회원 자질을 갖춘 모든 젠틀맨에게 개방된다"라고 선언했다. 많은 유대인이 쿰힐로 모여들었고, 지금까지도 쿰힐은 유대인 클럽으로 통한다. 그러나 '회원 자질을 갖춘'이라는 수식어와 '젠틀맨'이라는 단어를 통해 이 클럽이 모두에게 개방된 것이 아니었음을 짐작할 수 있다.

서민을 위한 골프코스

엘리자베스 2세 여왕의 할아버지였던 조지 5세는 존 헨리 테일러를
불러 골프클럽에 가입하기 어려운 수공업 장인과 서민들을 위해 골프
코스를 만들라고 지시했다. 테일러는 디오픈을 5회 우승한 인물이다.
디오픈을 6회 우승한 해리 바든과 5회 우승한 제임스 브레이드와 함께
19세기 후반과 20세기 초반에 골프 부흥을 이끈 3인방 중 한 명이다.

그렇게 리치몬드파크 동쪽, 런던의 가장 핵심적인 왕실의 땅에

18홀 골프코스가 만들어졌고, 당시에 왕자Prince of Wales였던 에드워드 8세(엘리자베스 2세의 큰아버지)에 의해 개장되었다. 코스 명칭은 '왕자의 코스Prince's Course'로 붙여졌다. 골프코스는 큰 인기를 누렸다. 2년 후에 18홀 코스가 하나 더 만들어졌고, 당시에 공작Duke of York이었던 조지 6세(엘리자베스 2세의 아버지)에 의해 개장되었다. 코스의 명칭은 '공작의 코스Duke's Course'가 되었다.

마거릿 대처에 의해 사유화가 진행되기 전까지 골프코스에 관한 모든 결정은 왕실 업무를 처리하는 정부 기관에서 관장했다. 코스 관리는 구청 공무원이 맡았다. 1982년 마거릿 대처의 개혁으로 골프코스 관리는 기업에 넘어갔고, 2004년부터는 현 관리 기업인 글렌데일이 맡고 있다. 글렌데일은 골프코스 운영자로서 이용자에게 그린피를 받는다.

그린피는 주중 22파운드, 주말 27파운드다. 한 달 그린피는 주중 110파운드, 주말이 포함될 경우 148파운드다. 연간 그린피는 주중 936파운드, 주말이 포함될 경우 1,351파운드다. 이 금액만 내면 1년 내내, 횟수 제한 없이 원하는 대로 골프를 즐길 수 있다. 연회비도 원한다면 매달 분할하여 납부할 수 있다. 누구나 골프를 즐길 수 있는 골프코스를 만들겠다는 왕의 꿈은 리치몬드파크 골프코스에서, 그것도 런던 한가운데에서 완벽하게 이뤄졌다.

초보자와 서민들을 골프로 이끈
친절한 관문

리치몬드파크 골프코스와 리치몬드파크 골프클럽의 관계는 우리나라 골퍼에게는 다소 생소하다. 골프코스는 여전히 왕실의 소유다. 민간 기업인 글렌데일이 임대하여 골프코스를 운영한다. 리치몬드파크 골프클럽은 글렌데일의 고객일 뿐이다. 엄연한 별개의 운용이다. 글렌데일은 자체 회원권을 발행하지만, 그것은 골프코스를 이용할 권리일 뿐이며, 골프클럽으로 운영되는 것은 아니다. 글렌데일 회원 중 다수는 리치몬드파크 골프클럽에 가입한다. 글렌데일 회원이 골프클럽 회원이 되길 원하면, 글렌데일은 리치몬드파크 골프클럽 연회비를 대신 납부해준다. 골프코스를 이용하는 골퍼가 클럽의 멤버가 될 경우에 참여할 수 있는 프로그램이 많고, 그렇게 되면 리치몬드파크 골프코스에 대한 충성심이 높아지기 때문이다.

리치몬드파크 골프코스의 가장 큰 장점은 접근성이다. 43년간 리치몬드파크 골프클럽의 멤버인 피터 해링턴이 1981년에 리치몬드파크 골프코스를 찾은 이유도 집에서 걸어서 올 수 있는 거리에 있었기 때문이다. 회계사였던 그는 은퇴하고 클럽 시크리터리로 일하고 있다. 그는 아내 시나 해링턴과 함께 무보수로 클럽의 중요한 업무부터 세세한 업무까지 도맡아 하고 있다. 그가 처리한 업무 중 기억에 남는 것은 15년간 변하지 않고 있던 클럽 연회비를 지난해에 25% 인상한 일이다. 그 덕에 연회비는 50파운드에서 60파운드가 되었다. 리치몬드파크 골프클럽의 회원은 대개 글렌데일의 회원이지만, 60파운드만 내고 리치몬드파크 골프클럽의 회원이 된 후에 클럽이 치르는 골프대회에 참가할 때만 22파운드를 글렌데일에 그린피로 내는 골퍼도 있다. 리치몬드파크 골프클럽은 골프코스를 만든 왕의 뜻을 따르고 있다.

리치몬드파크 골프코스와 골프클럽은 지난 100년간 변함없이 골프로 가는 친절한 관문 역할을 해왔다. 그것은 피터 해링턴이 리치몬드파크 골프클럽에 가지는 자부심이다. 리치몬드파크 골프코스와 골프클럽은 많은 런던 시민을 골프에 입문시켰다. 그렇다고 하여 골프클럽에 골프초보자와 서민들만 있는 것은 아니다. 피터 해링턴처럼 수십 년간 골프클럽을 지키는 골퍼가 많고, 스크래치 골퍼도 적지 않으며, 다른 골프클럽으로 떠났다가 돌아오는 골퍼도 있다. 멤버 중에는 셀럽도 있고 기업가도 있다. 스타일을 중시하는 유명 패션 기업 CEO도 리치몬드파크 골프클럽의 충성스러운 멤버다. 골프 고수와 초보자가 함께하고, 남녀노소와 계층을 아우르고, 회원 간 친밀도가 높은 것도 리치몬드파크 골프클럽이 가지는 자부심이다.

영국에 온 한국 사람이 회원 도움 없이 쉽게 골프를 칠 수 있는 곳도 리치몬드파크 골프코스다. 프린스 코스와 듀크 코스라는 말에 약간의 기대심이 생기지만, 플레이를 시작하자마자 실망감에 빠진다. 페어웨이 잔디는 균일하지 않으며, 그린은 작다. 코스 길이는 짧고, 난이도 있는 벙커는 없으며, 골퍼를 긴장에 빠트리는 코스 셋업도 보이지 않는다. 골프에 많은 돈을 쓰고 코스의 퀄리티를 중시하는 골퍼는 실망하고 심지어 리치몬드파크 골프코스를 무시하는 생각을 가지게 된다. 나 역시도 그랬다.

골프에 대한 허영을 꾸짖는 소박함

런던에서 처음 플레이해본 골프코스가 리치몬드파크 골프코스였고 이후로 가끔 회원 초대를 받아 골프를 쳤지만, 즐거움보다는 아쉬움이 앞섰다. 그린의 잔디 길이와 스피드, 벙커의 모래, 비가 온 후에 질척이는 페어웨이에 대해 불평했다. 인근의 쿰힐 골프클럽 멤버가 초대하면

기꺼이 갔지만, 리치몬드파크 골프클럽 멤버가 초대하면 안 갈 핑계를 생각해보기도 했다. 결국 코스 관리가 런던 근교 코스 중 최상급에 해당하는 런던 골프클럽에 정착했다. 골프와 관련하여 나의 경제력 대비 과도한 돈을 쓰며, 세계 최고의 골프코스에 다녀온 것을 자랑처럼 이야기했다. 골프 역사를 공부하며 골프 정신에 관해 이야기하지만, 골프에 대한 허영은 좀처럼 고쳐지지 않는다. 나에게는 여전히 골프가 강한 타자의 욕망인 셈이다.

"골프란 당신에게 무엇인가?"라는 질문에 피터 해링턴은 "골프는 시간을 과소비하는 취미다"라고 답했다. 그는 회계사로 일할 때나 은퇴한 지금이나 골프에 많은 시간을 쓴다. 골프는 그가 삶을 즐기는 검소한 방식이다. 같은 질문에 시나 해링턴은 "나의 친구들은 일주일에 8시간 넘게 반려견과 산책하며 시간을 보낸다. 반려견이 없는 내게 골프는 신선한 공기와 자연을 만날 수 있는 핑계를 제공해준다"라고 대답했다. 그녀의 친구들은 반려견을 쫓아가고, 그녀는 골프공을 쫓아가는 것이 다를 뿐이다.

피터 해링턴에게 리치몬드파크 골프코스를 제외하고 그가 가장 좋아하는 골프코스는 어디인지 물었다. 이 질문은 유명 골프클럽 관계자를 만날 때마다 하는 질문이다. 그러나 이번의 경우는 질문하자마자 잘못되었음을 깨달았다. 그에게 그것은 중요한 문제가 아니었기 때문이다. "나는 많은 골프코스를 다니지는 않는다. 버힐도 좋은 코스고, 호브리지도 좋은 코스라고 생각한다." 그는 한참을 생각한 끝에 인근 골프코스 중 좋아하는 코스 두 곳을 댔다. 그의 대답은 예상을 크게 빗나갔다. 삶으로서 그의 골프는 허영적 요소가 있는 골프와는 다르기 때문에 생긴 어색한 질문과 답변이었다. 일상에서 골프와 관련한 자원봉사를 하고, 가까운 곳에서 산책하듯 골프를 즐길 수 있다는 사실 자체가 그에게는 중요하다.

"골프를 치지 않은 날은 잃어버린 날이다"

리치몬드파크 북단에는 로열 미드서레이 골프클럽이 있다. 조지 5세에게 리치몬드파크 골프코스를 만들어달라는 부탁을 받은 존 헨리 테일러가 골프 프로페셔널로 일한 곳이다. 로열 미드서레이 골프클럽의 다이닝룸에는 존 헨리 테일러, 에드워드 8세와 아서 밸푸어Arthur James Balfour 초상화가 나란히 걸려 있다. 아서 밸푸어는 이스라엘 건국의 단초가 된 밸푸어 선언의 주인공이다. 밸푸어 선언 당시(1917년) 외무부 장관이었지만 이전에는 총리를 역임(1902~1905년)하기도 했다. 그의 초상화 밑에는 다음과 같은 말이 쓰여 있다. "골프를 치지 않은 날은 잃어버린 날이다." 심지어 총리직을 수행하고 있을 때도 이러한 말을 자주 했다고 한다.

골프코스를 자주 가고, 골프코스를 갈 수 없을 때는 연습장을 방문해야 하고, 연습장을 갈 수 없다면 골프 채널에서 골프 경기라도 봐야 하는 골프 애호가라면 밸푸어의 말에 크게 공감할 것이다. 어느 골프코스에서 골프를 치느냐보다 중요한 것이 골프를 친다는 사실 그 자체다. 서울 시내에 36홀 골프코스가 있고, 한 라운드 그린피가 3만 8,000원이고, 1년 내내 제한 없이 칠 수 있는 회비가 230만 원이라면, 그것은 축복이다. 쉽게 골프를 즐길 수 있는 코스가 가까이에 만들어졌고, 덕분에 잃어버린 날을 최소화할 수 있다면 골퍼에게 그보다 좋은 일은 없다. 그러한 골프코스가 왕의 지시로 만들어졌다면, 그는 자혜로운 왕이 아닐 수 없다. 민주주의가 시작된 영국에서 왕실이 18세기, 19세기, 20세기를 거쳐 세상을 뒤흔들었던 혁명의 파고를 넘을 수 있었던 것은 영국 왕들이 보여준 현명함 때문이다. 영국에서 왕실 유지 여론은 왕실 폐지 여론보다 늘 두 배 이상 높았다. 리치몬드파크 골프코스는 왕의 자혜로움과 현명함의 상징이다.

감사의 말

골프를 치는 것 못지않게 골프에 대한 글쓰기와 이야기를 좋아한다. 〈주간조선〉에 명문 골프코스에서 깨닫는 삶의 의미를 주제로 칼럼을 쓰고 있고, 〈스포츠동아〉에 골프대회 관전기를 쓰고 있다. 골프를 통해 삶에 대한 우리의 시선이 확장되는 것을 느낀다. 글을 쓰도록 독려해 준 한국학중앙연구원 박대권 교수에게 감사한다. 이 책은 〈주간조선〉에 연재된 '깨닫는 골프'의 골프코스 편을 근간으로 하고 있다. 〈주간조선〉의 정장렬 편집장과 교열 담당자에게 감사한다. 〈스포츠동아〉 연재인 '골프, 시선의 확장'도 이 책에 담겼다. 연재할 수 있도록 도움을 준 연재호 상무에게 감사한다.

덜위치칼리지 골프팀을 이끌고 있는 아드리안 바렛-그린, 스콧 스왈웰, 리차드 써톤 코치에게 감사하며, 골프 친구인 브로디 벨, 루퍼트 포츠와 프랭크 톰슨에게 감사한다.

골프코스 방문을 조언해준 폴 스튜어트 덕분에 책 내용이 풍부해질 수 있었다. 그의 조언이 없었다면, 로열 노스데번, 손턴 골프클럽 같은 곳은 방문할 수 없었다. 그의 감수가 없었다면 이 책은 오류로 가득했을 것이다.

방문을 허용해주고 인터뷰에 응해준 많은 골프클럽에 감사한다. 한국의 500만 골퍼에게 특별한 애정을 보여준 로열 포트콜의 존 에드워드 대표, 로열 포트러시의 존 라울러 대표, 라힌치의 존 글리손 대표, 로열 도녹의 캡틴 데이비드 벨에게 감사한다.

동행하며 골프코스에 대한 자신의 생각을 들려준 닐 자고에, 윤예신, 윤우철, 손원일, 한영성, 박원배, 김민태, 이진형, 윤예준, 제이 스파이서, 이안 퍼킨스와 데이비드 딘에게 감사한다. 덕분에 내용이 풍부해지고 균형감을 가질 수 있게 되었다. 더불어 이 책을 출간한 출판사 메디치미디어 김현종 대표와 이솔림 편집자에게 감사한다.

골프

초판 1쇄 2025년 2월 25일 발행

지은이 윤영호·윤예성
펴낸이 김현종
출판본부장 배소라 **책임편집** 이솔림 **편집** 최세정 진용주
디자인 푸른나무디자인 **마케팅** 안형태 김예리
미디어·경영지원본부 신혜선 백범선 문상철 신잉걸

펴낸곳 (주)메디치미디어
출판등록 2008년 8월 20일 제300-2008-76호
주소 서울특별시 중구 중림로7길 4
전화 02-735-3308 **팩스** 02-735-3309
이메일 medici@medicimedia.co.kr **홈페이지** medicimedia.co.kr
페이스북 medicimedia **인스타그램** medicimedia
유튜브 www.youtube.com/@medici_media

© 윤영호·윤예성, 2025
ISBN 979-11-5706-402-1 (03690)